版权声明

First published by Teachers College Press, Teachers College, Columbia University, New York, New York USA.

Copyright © 2016 by Teachers College, Columbia University.

All rights reserved. No part of this publication may be reproduced or transmitted in any form or by any means, electronic or mechanical, including photocopy, or any information storage and retrieval system, without permission from the publisher.

保留所有权利。非经中国轻工业出版社"万千教育"书面授权，任何人不得以任何方式（包括但不限于电子、机械、手工或其他尚未被发明或应用的技术手段）复印、拍照、扫描、录音、朗读、存储、发表本书中任何部分或本书全部内容，以及其他附带的所有资料（包括但不限于光盘、音频、视频等）。中国轻工业出版社"万千教育"未授权任何机构提供源自本书内容的电子文件阅览、收听或下载服务。如有此类非法行为，查实必究。

原著第三版

Young Investigators
The Project Approach in the Early Years
(Third Edition)

培养小小探索家

幼儿教育中的项目教学法

[美] 裘迪·哈里斯·赫尔姆　丽莲·G. 凯兹　/ 著
　　（Judy Harris Helm）　（Lilian G. Katz）

原晋霞　陈晓红　宋　梅　/ 译

图书在版编目（CIP）数据

培养小小探索家：幼儿教育中的项目教学法／（美）裘迪·哈里斯·赫尔姆，（美）丽莲·G. 凯兹著；原晋霞，陈晓红，宋梅译．—北京：中国轻工业出版社，2022.8（2025.4重印）

ISBN 978-7-5184-3784-9

Ⅰ.①培… Ⅱ.①裘… ②丽… ③原… ④陈… ⑤宋… Ⅲ.①幼儿教育-教学法 Ⅳ.①G612

中国版本图书馆CIP数据核字（2021）第276173号

责任编辑：牟　聪　　　　责任终审：张乃柬
文字编辑：李芳芳　　　　责任校对：刘志颖
策划编辑：吴　红　　　　责任监印：吴维斌

出版发行：中国轻工业出版社（北京鲁谷东街5号，邮编：100040）

印　　刷：三河市鑫金马印装有限公司

经　　销：各地新华书店

版　　次：2025年4月第1版第4次印刷

开　　本：710×1000　1/16　印张：18

字　　数：160千字

书　　号：ISBN 978-7-5184-3784-9　定价：62.00元

读者热线：010-65181109

发行电话：010-85119832　　010-85119912

网　　址：http://www.chlip.com.cn　http://www.wqedu.com

电子信箱：1012305542@qq.com

版权所有　侵权必究

如发现图书残缺请拨打读者热线联系调换

250482Y1C104ZYW

译 者 序

2020年10月，"万千教育"的吴红主任将这本书的英文稿发给我，询问我的翻译意愿，我欣然应允。其原因如下。

第一，项目教学是顺应时代发展、促进幼儿深度学习与核心素养发展的活动形式。众所周知，班级授课制（也称集体教学）兴起于17世纪的工业化社会，对普及教育、提高全民素质和为培养工业革命所需要的大批合格人才做出了重要贡献。但随着时代更迭，人类社会进入人工智能时代，产业结构、经济增长动力以及社会分工体系正在发生深刻的变化。培养学生的创造性思维、批判性思维、问题解决能力和合作能力等核心素养成为新时代对教育的新期盼和新要求。建立在工业化社会基础之上，以划一、高效见长的集体教学难以担当教育的时代使命，诸多学者将希望转寄于项目教学。其实，项目教学实践最早诞生于16世纪中叶的罗马圣卢卡学院，后经过美国的伍德沃德、杜威和克伯屈等人的不断研究与实践，大约于20世纪早期形成了项目教学的理论与模式。20世纪初我国著名幼儿教育家张雪门先生曾在幼稚园行为课程中采用设计教学法[1]。但"教育是一门时代学"（曹培杰，2018），教育实践往往受社会发展的推动和制约，设计教学法在20世纪前叶并未在教育实践中得到广泛使用。直到20世纪后半叶，西方开始真正重视项目教学，我国则在21世纪初开始重视项目教学。这是教育顺应时代发展对人才素质培养需求的改变的积极转向。我认为：面向未来，培养不会被人工智能轻易取代的个性化的"人"，培养能适应社会变化和具有良好学习习惯与学习能力的人，培养具有创造性、批判性以及沟通与合作能力的人，项目活动具有独特的价值。在项目活动中，幼儿在发现问题、合作探究、提出解决方案并解决问题的过程中进行着高认知参与的深度学

---

[1] "设计教学法""项目教学"和"方案教学"均是英文"project approach"的中文翻译。——译者注

习，发展着批判性思维、创造性思维和沟通与合作的能力。因此，在推动高质量教育发展的背景下，项目活动在幼儿园的教育实践中应占有一席之地。

第二，本书作者的项目教学系列著作[1]曾对我国幼儿教育工作者进行项目教学探索发挥着教科书式的指导作用。应该说，我国幼儿教育界再次对项目教学产生兴趣，直接源于瑞吉欧"儿童的一百种语言"教育展览和幼儿教育实践所带来的视觉刺激和心灵震撼。"儿童是有能力的人"的教育理念，在瑞吉欧幼儿教育中体现得淋漓尽致。相比之下，在教育中我们无疑低估了幼儿的能力！我国幼儿教育工作者们跃跃欲试，纷纷开始尝试开展项目活动。《儿童的一百种语言》等瑞吉欧幼儿教育相关著作以及本书作者的项目活动系列著作成了我国幼儿教育工作者探索项目教学的必读书目。与瑞吉欧幼儿教育相关著作相比，本书作者的著作更清晰、更系统地介绍了项目教学法的意义以及实施项目教学法的一般流程与具体策略，对我国幼儿教育工作者进行项目教学探索给予了手把手的指导。我有幸翻译第三版，向我国幼儿教育工作者介绍作者的研究团队在项目教学上的新探索和新进展，相信对我国幼儿教育工作者开阔教育视野和提升教育质量具有重要的意义。

第三，本书具有很强的现实针对性，新增的内容也可解答我国幼儿教育工作者在项目教学探索中遇到的诸多问题。针对小班幼儿可否开展项目活动的疑虑，本书第七章"学步儿教育中项目教学法的运用"通过"消防栓"和"标志"两个项目活动，展示了低龄儿童项目活动开展的水平、挑战及策略，相信会为我国幼儿教育工作者打消疑虑，为全面支持不同年龄的儿童开展项目活动提供信心和指引。针对项目活动与新近兴起的 STEM[2] 教育之间的关系，第九章"将

---

[1] 包括：裴迪·哈里斯·赫尔姆和丽莲·凯兹著《小小探索家——幼儿教育中的项目课程教学》，南京师范大学出版社，2004 年版；裴迪·哈里斯·赫尔姆等著《项目课程的魅力——应对当代幼儿教室挑战的策略与方法》，南京师范大学出版社，2006 年版；丽莲·凯兹等著《开启孩子的心灵世界——项目教学法》，南京师范大学出版社，2007 年版。

[2] 是科学（science）、技术（technology）、工程（engineering）、数学（mathematics）英文首字母的缩写。——译者注

STEM 作为项目活动的探究经验"中介绍了项目活动对 STEM 教育的独特价值，并通过"飞机"项目活动案例详细分析了项目活动中蕴含的 STEM 学习经验，提出在选择项目活动主题时教师可考虑有价值的探究主题，以便在项目活动中整合 STEM 教育。第八章"如何在项目活动中促进儿童与自然的联结"中针对儿童因远离自然所产生的身心发展问题，基于科勒对幼儿自然教育的三条路径和三种经验的精辟分析，提出自然主题的项目活动对于促进幼儿与大自然建立直接联系、感受大自然的丰富和有趣以及产生爱护自然的行动的重要性和不可替代性，并介绍了开展自然主题项目活动的具体策略，最后以"加拿大鹅"项目活动为例，展示了实施自然主题项目活动的生动过程和宝贵经验。针对项目活动与儿童学习标准的关系，第六章"项目活动过程中儿童的参与和学习"通过分析"照相机"项目活动中儿童的兴趣、问题和探究中所蕴含的不同领域课程的学习机会，为教师通过项目活动帮助儿童达成学习标准中的发展指标提供了论证和指引，相信可以为我国幼儿教育工作者在项目活动中落实我国教育部颁发的《3—6 岁儿童学习与发展指南》带来启示。

  本书具有较强的实践性和操作性，适合一线幼儿园教师和在校的准幼儿教师们用来学习项目教学法。本书的翻译工作由原晋霞、陈晓红和宋梅共同完成，原晋霞负责翻译第一章，宋梅负责翻译第二章至第六章，陈晓红负责翻译第七章至第十章、附录，全书由原晋霞统稿并审校。感谢"万千教育"的信任！在翻译和校对过程中，虽已多方努力，但仍难免有错漏欠妥之处，敬请读者批评指正！

原晋霞

2022 年 1 月 12 日

于南京师范大学随园校区

原著序

在准备本书第三版的过程中，我们特别考虑了教师面临的一些问题和疑虑。这些问题和疑虑主要是在和幼儿教师一起工作、帮助他们实施本书所倡导的项目教学法时产生的。面对尚未掌握基本读写技能的婴幼儿，怎样才能更好地支持他们参与项目活动？很多教师会关注诸如此类的问题。

目前，关于项目教学法，可借鉴和使用的常规参考资料大部分都与年龄更大的儿童相关。这些儿童口语表达较流利，已初步掌握读写、算术方面的技能。他们拥有较丰富的词汇量，能够围绕所探究的主题较容易地谈论已有经验。他们已经能提出相关的系列问题，推动自身对答案的追寻。已掌握的读写技能（阅读和书写）让年长的儿童能够探索适宜的主题、记录想法、展示对主题不断加深的理解。而前面所提到的内容，对幼儿来说则是很大的挑战。三四岁幼儿的口头语言流利程度、组织想法和进行交流的能力刚处于初步萌芽阶段。对提出的问题进行探究，对幼儿来说难度不低。到五六岁时，幼儿的发展处于理解和学习"到底阅读与书写是什么"的阶段。处于早期发展阶段的幼儿的探索和表征能力可能会往不同的方向发展。此外，作为项目教学法的一部分，教师需要特别考虑教室里具有特殊需要的儿童的交流和表征技能的发展。在第三版中，我们将针对上述问题，提供解决的思路和方法。

在与一线教师合作时，我们遇到了他们提出的其他疑虑和担忧——项目活动中的"探索性"和"儿童发起"，是否会给儿童造成学业困难等不利影响？在此类情形中，很多学校的管理者和教师认为，低于最佳入学准备标准和来自低收入家庭的儿童最需要正规的学业学习经历。而项目活动中的经验可能被认为更适合出生于富裕家庭和天赋较好的儿童。如果说这些担忧还不足以阻碍教师在课程中尝试项目教学法，那么近期必须遵循州或地方规定中相关表现标准或内容标准的要求，则是给教师带来越来越多的压力。许多教育工作者认为，这些标准只能通过正式的教学来实现。因此，在修订第三版的过程中，我们侧重回应了这方面的担忧。

在过去的30年里，越来越多的教师在期刊和会议中分享他们的经验，人们对项目教学法的兴趣持续增加。例如，芝加哥公立学校与科尔儿童博物馆合作实施了几个主要的项目活动。伊利诺伊项目活动研究小组一直保持着对于项目教学法的交流，参与者也越来越多。除了项目教学法外，开展项目活动的其他方法也在快速增多（例如基于问题的学习和在地化学习），并成为21世纪学校发展计划的组成部分。在一些具有前瞻性的网站上，来自全国各地的学校、各个年龄段学生的项目活动实例也在不断丰富。

意大利北部小城所奉行的瑞吉欧·艾米利亚幼儿教育模式的发展（包括其拓展和实施的项目活动），对照料7岁以下儿童的教育工作者产生了持续的影响。与我们所推荐的项目教学法的开展策略相比，瑞吉欧·艾米利亚模式中的项目活动更加"非正式"和灵活（Hendricks，1997）。事实上，项目教学法是一种满足课程需求、整合学业目标和认知目标及学校标准的途径。而瑞吉欧教育者的工作，特别是使用"图像语言"和细致的档案来丰富幼儿和教师的工作，给其他地区的教育工作者带来了启发和激励（Cadwell，2003；Gandini，Hill，Cadwell，& Schwall，2015）。

在本书的第三版中，我们凸显了几个新的变化。

- 围绕如何面向最年幼的学习者开展教学活动，我们收到越来越多的需求反馈。因此，随着对0—3岁婴幼儿教育重要性的认识日益深化，我们在新版中拓展了对项目活动的探讨。在第七章中，我们介绍了萨莉·赛文的奇妙冒险——支持学步儿探究"消防栓"。此外，我们增加了一个围绕"标志"的学步儿项目活动的新案例。

- 越来越多的研究表明，如今的儿童缺乏与自然世界的亲近联系，这促使我们进一步讨论围绕自然主题的项目活动。于是，在新版中我们增加了全新的第八章，着眼于儿童与自然的联结。更令人欣喜的是，教师们在此过程中逐渐成了儿童探索自然世界的共同学习者。

- 随着越来越多的学校将科学、技术、工程和数学纳入项目教学法，第九章将探索项目教学法如何优化 STEM 的学习效果。由于项目活动中的探究具有整合性的特点，因此我们认为项目教学法是实现 STEM 教学的非常适宜的途径。在第九章中，你将看到科学、技术、工程和数学等方面的学科经验如何自然而然地被应用到儿童的"飞机"项目活动中。
- 很多教师已经认识到项目教学法对儿童非常有意义，但不确定在面对某些特定的挑战时该如何进一步推进。为了回应此类关切，我们在第十章中重点介绍了如何在项目教学中整合必修课程和学习标准、纳入特殊需要儿童，以及为第二语言学习者增加学习机会等内容。

总而言之，本书秉承"所有儿童都是天生的探索家"的信念。我们的经验进一步表明，在儿童早期课程中纳入项目教学法，让儿童有机会观察、探究他们的经验和环境，将使早期教育阶段成为支持和强化所有儿童天性发展的最佳时期。就像读者将在接下来的章节中感受到的那样，我们对这些信念的坚守建立在与众多教师及儿童广泛互动的实践经验的基础上。从他们那里，我们得到了很多的指引和启示。

作者简介

裘迪·哈里斯·赫尔姆（Judy Harris Helm），博士，通过自己的教育咨询和培训公司——最佳实践公司，协助很多学校和儿童教育机构进行了新教学法的研究与应用。她的职业生涯开始于担任一年级教师，后来她从事早期教育和基础教育领域的教学、指导及项目设计方面的工作。此外，赫尔姆博士还负责培训社区学院、本科和研究生水平的教师，并曾担任伊利诺伊州幼儿教育协会主席。

围绕项目教学法、参与式学习以及档案与评估等领域，赫尔姆博士在美国以及其他国家进行过众多的演讲和培训。同时，她参与编著了8本图书。在伊利诺伊州皮奥里亚市的UPC学前探索中心，赫尔姆博士为学习者提供相应的咨询和现场培训。

丽莲·G. 凯兹（Lilian G. Katz），博士，伊利诺伊大学厄巴纳-香槟校区早期教育系名誉教授。她的研究方向为早期教育、教师教育、儿童发展、亲职教育，已发表的文章、评论和已出版的著作达100多篇（部）。作为《早期教育研究季刊》（*Early Childhood Research Quarterly*）的创始编辑，凯兹博士在该刊创建初期担任了6年的主编。凯兹博士于1989年出版的《开启孩子的心灵世界——项目教学法》（*Engaging Children's Minds: The Project Approach*）[与S.C. 查德（S. C. Chard）合著，2014年和S.C. 查德、Y. 科根（Y. Kogan）共同出版该书的第三版]，被视为介绍项目教学法的权威范本。凯兹博士在美国50个州、全球57个国家进行过大量的演讲，并受邀担任澳大利亚、加拿大、英国、德国、印度、以色列、西印度群岛及美国多所大学的访问学者。

目 录

第一章　项目活动与幼儿 ·· 1
　　项目教学法 ··· 3
　　项目活动对幼儿发展的裨益 ································ 11
　　早期发展阶段的认知能力 ···································· 15
　　促进思维和大脑的发展 ······································ 15
　　早期教育中项目活动的实施指南 ··························· 19

第二章　项目活动的开始 ·· 25
　　选择项目活动的主题 ··· 26
　　教师预先的计划 ·· 39
　　建构共同的经验 ·· 48
　　发掘儿童的相关知识 ··· 50
　　引导儿童提出想探究的问题 ································ 55
　　在教室里创设探究环境 ······································ 56
　　下一个阶段 ··· 60

第三章　项目活动的发展：为探究做好准备 ················· 61
　　第二阶段的开始 ·· 61
　　为探究做准备 ·· 67
　　转入探究阶段 ·· 76

第四章 项目活动的发展：儿童的探究 ... 77
实地参访 ... 78
听取报告 ... 90
进入第三阶段 ... 106

第五章 项目活动的结束 ... 107
使项目活动达到高潮 ... 108
档案的用途 ... 115
档案的种类 ... 117
建档时可以运用的物品和设备 ... 129
筛选档案 ... 130
评估项目活动 ... 132

第六章 项目活动过程中儿童的参与和学习 ... 135
"照相机"项目活动 ... 135
学习之旅 ... 155

第七章 学步儿教育中项目教学法的运用 ... 157
"消防栓"项目活动 ... 158
"标志"项目活动 ... 173
通过多元化途径丰富经验 ... 180

第八章 如何在项目活动中促进儿童与自然的联结 ... 181
反思儿童与自然的关系 ... 181

如何为项目活动寻找适合的自然主题 ·················184
　　　克服教师对科学的畏惧 ·····························187
　　　对大自然进行探究 ·································189
　　　让自然主题的项目活动对他人产生影响 ··············193
　　　"加拿大鹅"项目活动 ·····························195

第九章　将STEM作为项目活动的探究经验 ············205
　　　STEM与项目活动 ·································205
　　　STEM涵盖的不同学科领域 ·························208
　　　"飞机"项目活动 ·································213
　　　"飞机"项目活动中的STEM经验 ····················219

第十章　教师在项目活动中面临的挑战 ················221
　　　回应教师面临的挑战 ·······························221
　　　最后的思考 ·······································226

附　录　项目活动计划日志 ··························229
　　　"项目活动计划日志"简介 ·························230
　　　第一阶段·项目活动的开始 ·························236
　　　第二阶段·项目活动的发展 ·························246
　　　第三阶段·项目活动的结束 ·························260

参考文献 ···267

第一章

项目活动与幼儿

我很喜欢在教学过程中采用项目教学法,因为它促使我们班的孩子更加深入地学习。孩子们真的很喜欢探究和发现。开展项目活动让我可以有目的地在教室里提供实物工具,为孩子们创设操作的机会,支持他们通过"动手"来学习……促使孩子们真正围绕某个项目活动的主题进行深入探索。我喜欢开展项目活动的另一个原因是,这种教学法并非局限于单一的课程领域(如读写领域),而是覆盖所有的课程领域,并且能够以引人入胜的方式实现相关课程领域的整合。

——洛拉·泰勒(Lora Taylor),幼儿教师

洛拉·泰勒老师已经实践项目教学法 10 多年了。与过去相比,早期教育工作者(包括洛拉·泰勒老师)现在所处的教学环境发生了很大的变化。由于担心学生学业成绩不佳,以及避免不断涌现的教育责任争议,现在的学校教育越来越强调对必修课程和学习标准的重视,而这两大因素也影响着一线教师的教学实践(甚至是面向三四岁幼儿的教室)。在 20 年前,"好老师"是指那些能让教室里充满活力、为儿童提供有意义且具有发展适宜性的学习经验的教师;而"好学校"(幼儿园、小学一年级)是指能鼓励游戏和社会交往,以及儿童在学习过程中将读写能力融入实际生活的学校。大部分儿童能很好地适应这样的教室环境,而且在更高阶段的教育中获得良好的发展。但受一些特殊挑战因素(如家庭贫困或需要学习第二语言)的影响,有些儿童没能获得良好的发展(Berliner,2009)。而这部分儿童的数量在持续增加,影响着当前的早期教育和学校教育环境。目前,超过 1600 万名美国儿童生活在年收入低于联邦贫困线——四口之家每年总收入为 23550 美元——的家庭中(National Center for

Children in Poverty，2014）。这些儿童约占美国儿童总数的 22%。另一方面，美国公立学校中英语学习者的人数比例从 2002—2003 学年的 8.7% 上升到 2012—2013 学年的 9.2%（National Center for Education Statistics，2015）。入学儿童群体特点的变化，加上对教育问责的忌惮，使得当前的教育更加推崇可测试的、割裂的知识和技能（Ravitch，2010）。

我们需要进一步思考的是，此时正在学校里接受教育的儿童，实际上将生活在一个我们只能靠想象来描绘的未来世界里（Darling-Hammond，2010）。科学技术的变革以及经济全球化的发展，要求我们必须让儿童掌握适应 21 世纪发展的素养（Partnership for 21st Century Skills，2016）。为了成功地适应未来世界的发展要求，我们的学生需要拥有信息化的读写能力、习惯于运用科学技术进行交流，成为具有批判性、创造性的思考者，在协调组织各种各样的关系中与团队成员分工合作，发挥主动性来整合在不同学科中所学到的知识等。最为重要的是，面向未来发展的儿童需要拥有灵敏和开放的心态以及对学习新技能的渴望，以便学会应对瞬息万变的新挑战。

虽然我们已经明确项目教学法在儿童主动、活动引人入胜的教室里会产生良好的教学效果（就像泰勒老师以前所执教的班级），但它依然能适应如今不断强调教育标准化的新要求吗？更为重要的是，项目教学法能为儿童面向 21 世纪的生活要求做好准备吗？对于这两个问题，答案都是肯定的。很多教育工作者对此形成了共同的认识，对项目教学法的兴趣也越来越浓厚，这使得项目教学法成为当前教学改革中最推崇的方法。比如，乔治·卢卡斯教育基金会（George Lucas Foundation）就将项目教学法作为其架构课程学习体系的核心概念之一。这个基金会主要致力于在教育过程中利用前沿的交互型信息化工具和资源来作为构建学习世界的新视角。像泰勒老师一样开展项目教学法的教师，以及很多围绕教育标准实施教学计划的幼儿园或一年级教师，会发现项目教学法能让自己更有意义地将所要教授的知识与技能整合起来。

项目教学法

受丽莲·凯兹和西尔维娅·查德（Katz & Chard, 2000; Chard, 1994）的项目教学法相关研究工作的启发，很多幼儿教师正在教室里创造机会，让儿童把探究作为一种学习方法。早期教育阶段对儿童的全面发展非常重要，此时他们在认知方面的好奇心、探索环境等本能倾向开始萌发（Katz, 1995）。在这个时期，幼儿会学习掌握阅读和书写等技能，开始被激励着发展和运用各种相关的技能。因此，有机会体验主动的、引人入胜的学习活动，对处于早期发展阶段的儿童来说非常重要。

与之相比，由于已经掌握了阅读和书写的技能，年龄大一些的儿童在课程教学中进行研究和探究更容易。而本书中所介绍的教学策略和项目教学法的实践案例主要面向3—5岁或小学一年级（6岁）儿童。他们刚开始学习如何阅读，并且处于前书写阶段。有些实践案例甚至是由学步儿参与完成的项目活动。我们对城市和农村学校，以及儿童照护中心和早期发展干预计划中的项目教学法实践案例进行了概括介绍，并细致地阐述了教师或照顾者如何逐步引导幼儿在项目活动的推进过程中进行探究。其中包括教师如何引导学步儿一起进行项目活动的策略，以及所发生的项目活动故事。

项目教学法的界定

在早期教育中，项目教学法并不是一种全新的教学方法。作为进步主义教育运动的核心之一，项目教学法早在20世纪六七十年代就被广泛应用于英国的幼儿园和学校中（Smith, 1997）。随着凯兹和查德于1989年首次合作出版《开启孩子的心灵世界——项目教学法》，很多人重新审视了项目教学法的潜在价值。瑞吉欧·艾米利亚市属幼儿园里的报告和展览更广泛地引起了教育工作者对项目教学法的浓厚兴趣，展现了儿童在小组项目活动中令人惊叹的表现（Edwards, Gandini, & Forman, 1993, 1998; Gandini, 1993; New, 1990, 1991; Rankin, 1992）。正如甘蒂尼（Gandin, 1997）所说：

"项目"为儿童和教师的学习经验提供了"骨架"。它植根于"做中学"的信念,认为小组讨论、回顾想法和重温经验是促进更好地理解和学习的首要方式。(p.7)

尽管"项目"这个词可以有多种解释,但用在"项目教学法"的语境时,它具有特定的内涵:

"项目"是指学习者对值得充分了解的主题进行深度探究,通常由班级中某个小组的儿童一起进行,有时可能由全班儿童共同进行,偶尔可能由个别儿童单独进行。"项目"的重要特征是聚焦于努力找到相关问题的答案,而这些问题可能由儿童或教师提出,也可能由教师和儿童共同提出。(Katz, 1994, p.1)

在早期教育课程中,有些教学法和项目教学法相似,也融入了深度探究、由学生引发或主导的学习,但强调基于教学内容或其他目标。这些教学法经常被运用在面向年龄较大儿童的教室里,包括"基于项目的学习"(Polman, 2000)和"基于问题的学习"(Barrell, 2006)。与项目教学法一样,"基于项目的学习"也以学习者为中心,而且为学习者提供围绕有价值的主题进行深入探究的机会。另一种方式是将项目教学法的核心应用在学校附近的地区或社区中,进行"在地化学习"(Smith, 2002; Sobel, 2005)。项目教学法以"项目活动"为载体,使学习者在获取对于个体而言更有意义的学习成果时拥有更多独立自主的机会(Grant, 2002)。

项目教学法与单元教学、主题教学以及学习区

很多教师会采用"单元"或"主题"的方式来组织教学活动。主题教学是指围绕某个宽泛的概念或话题(如"季节"或"动物")来组织系列教学活动的方式。教师通过提供与某个主题相关的图书、照片或其他材料,使大部分教学内容或儿童发展经验(涉及语言领域、数学领域或科学领域)与相应的主题产生关联。

单元教学通常由预先计划好的课程或活动组成,围绕教师认为很重要、

需要儿童了解的某个特定话题（如"磁铁"）展开（Harlan，1984）。最明显的特点是，对于想要儿童学习的概念或知识，教师会制订非常清晰的教学计划。

很多教师会采用设置学习区的方式来开展教学活动。通过将教室空间划分成不同的功能区域（如"建构区"或"音乐律动区"），教师为儿童探究或发展某方面的特定知识与技能提供相应的支持（Dodge，Colker，& Heroman，2002）。同时，教师会提供相应的区域材料和设备，以便帮助儿童掌握教师希望他们学习的概念或练习的技能。

尽管在早期教育课程中，主题教学和单元教学都是重要的教学法，但它们关注的核心不是帮助儿童提出需要解决的问题，或促使儿童进行主动探究。事实上，自主提问、探究、决策，对幼儿来说是知识、技能、气质（倾向）发展的契机。项目教学法中的项目活动为儿童提供了学习的情境脉络，让他们可以有目的地表现自己的好奇心、体验自我激励的学习乐趣。对于某个项目活动的发展方向或小组成员对什么主题感兴趣，教师并非时时刻刻都能把握。进展良好的项目活动能够促进儿童的思维参与和情感融入，可能会促成教师与儿童共同经历的探险之旅。图1.1的横向轴呈现了在不同取向的教学法中，儿童在主动发起和做决定方面发挥作用的差别。由于在开展项目活动的教室里，经常由某个或某组儿童主动发起对某个项目活动主题的探究，因此项目教学法位于这个横向轴的最右端。在项目活动推进的过程中，儿童将决定选择什么探究主题、使用何种探究方法、决定如何使项目活动达到高潮。位于这个横向轴的不同位置的每一种教学法，都可以促进有价值的学习经验的产生。采用项目教学法的教师，也会教授单一概念或使用单元教学、主题教学，以及指导调查活动。在开展项目活动的教室里，同一天中可能会进行主题教学或单一概念教学。从本质上来说，有些内容无法成为良好的项目活动主题，而用单一概念教学、单元教学或主题教学的方法会更有效。

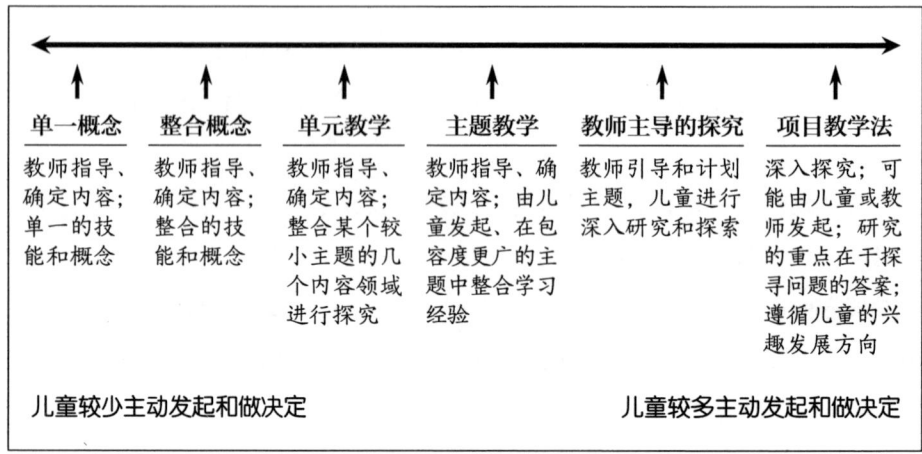

图 1.1 不同教学法中儿童主动发起和做决定的程度

尽管如此，在促进儿童的认知参与程度方面，我们仍然认为项目活动可提供的经验要优于教师计划好的单元教学或主题教学。儿童的自主性、参与程度、对自我活动的掌控以及是否达到自我目的，是项目教学法与单元教学或主题教学之间的不同之处。两类不同取向的教学法之间的差别，还包括围绕主题进行探究时所用的时间、教师角色、实地参访的时间安排及大量资源的运用等方面，表 1.1 对此进行了概括。

表 1.1 教师计划的经验与项目教学法提供的经验之间的差异

在教师计划的经验（如单元教学）中，您更可能会看见	在项目教学法中，您更可能会看见
主题由课程和教师确定；可能是学生的兴趣点，也可能不是。	主题由学生和教师协商确定，课程目标是整合的；学生是否感兴趣是主题选择的重要依据。
学习时间的长短是预先计划好的；时间周期较短，一般是一周或两周。	学习时间的长短由项目活动的实施和进展情况而定；通常是几个星期，有时是几个月。
教师预先拟订计划，展示主题，为儿童设计和预备学习经验。	教师观察儿童的探究，根据儿童的兴趣决定项目活动的下一步进展。

（续表）

在教师计划的经验（如单元教学）中，您更可能会看见	在项目教学法中，您更可能会看见
教师根据课程目的选择教学目标。在达成目标的过程中，不一定会包括探索的经验以及学生进行的相关研究。	教师建构网络图来提前评估学生的已有知识，然后通过项目活动的实施和组织，让学生学习他们还不懂的知识；当项目活动推进时，整合相应的课程目标；通常包括学生的探究。
学生从教师计划好的经验中获得知识；教师为班级提供资源，组织小组活动、集体活动或其他事件。	通过寻找问题的答案或探究项目活动来获得知识；学生参与决定活动和事件，以及决定如何寻找答案。
资源由教师提供，学生也可能带来资源。	资源由学生、教师、来访专家或实地参观现场的专家提供。
可能包括也可能不包括实地参访。实地参访可能被安排在任何时间，但经常被安排在课程单元快结束时，以便学生的学习达到高潮。	实地参访是项目活动过程的重要组成部分。在一个项目活动中，学生可能进行几次实地参访。现场参访通常出现在项目活动的早期阶段。
主题学习经常在教师安排好的一天中的某个特定时间段进行，或者可能渗透在一天中的不同环节的教学内容领域中。	项目教学法渗透在班级一日生活和学习中，融合不同的课程领域和技能。
活动（比如制作一艘船、进行某个科学活动）均被教师提前计划好，并用来教授特定的概念。	活动的重点在于探究、寻找问题的答案及使用资源。当学生分享、交流、讨论时，教师协助他们统整概念。
儿童的表征与特定活动有关，例如：在某个科学实验中通过绘画来展示观察到的东西、制作地图、画一幅画、编一个游戏。表征活动通常不会重复。	各种表征活动（绘画、书写、搭建、建构）挑战儿童对概念的统整能力，表征的内容即儿童学习的内容。在项目活动的推进过程中，各项活动会重复呈现儿童在知识和技能方面的成长。

随着越来越多的教师认可在教学过程中开展项目活动，一些已出版的课程材料中经常通过学习活动或探究活动将其中的经验打造成类似于"项目活动"的经验。尽管这些活动和项目教学法类似，使用了"网络图"和"问题清单"的结构，但它们更像"主题"或"单元"，而非项目教学法。在这些学习活动和探究活动中，活动的主题、所用的材料是事先选定好的，并经常系统且成套

地提供，其中的活动和目标也是专门为教师设定的。我们发现，只有基于观察儿童内在的深度兴趣，教师才更有可能在教室里使项目活动更加丰富。透过儿童的游戏、故事和问题，教师能观察到儿童的知识或植根于其文化情境的经验。即使在深入开展项目活动的过程中，教师仍然可以整合和"覆盖"课程目标和概念，而此时融入这些目标和概念是为了回应儿童的兴趣。与使用成套的课程材料相反，项目教学法中的教师在回应儿童需求的基础上选择材料或规划经验，因而更可能符合儿童的需求和文化。编制好的课程材料包可能会限制教育过程中随机出现的探究方向，无法鼓励教师试图与儿童的认知生活进行关联的努力。此外，由于这些课程材料包是花钱购买的，教师经常会惯性地每年重复使用，而不考虑儿童的兴趣。教师也不需要自己研究、做准备、制订计划，无须投入多少理智思考来构建关于相应主题的、丰富的背景知识。这可能会导致当遇到新的概念或想法时，儿童无法看到自己的教师也成为兴奋且坚定的共同学习者。

在项目教学法中，主题选择和项目活动发展方向由儿童的兴趣和参与状况决定。儿童的问题以及解决问题的方式，决定了项目活动的走向及学习成果。儿童表征随着项目活动焦点的变化而变化。对于教室里是否真正开展了项目活动，教师最简单的检核和判断途径是看儿童的问题在探究中的作用。

- 这个主题来自儿童的生活、因儿童的真实兴趣和问题而选定吗？
- 那些有意义的、复杂的问题是儿童提出来的吗？
- 那些问题对儿童产生了什么作用？
- 儿童的学习如何推动他们的行动和表征？

学业任务和认知目标

分析学业目标和认知目标之间的区别，有助于我们理解项目教学法在早期教育和小学阶段课程中的作用。学业目标侧重于强调教育要素或任务，典型特点是具有精细架构、按层级序列呈现、由脱离情境背景的细小信息和割裂的技能构成，而且经常需要有知识的成人（如父母或教师）提供指导。在早期教育课程中，学业任务通常侧重于强调大部分儿童无法通过自发学习或探索掌握的各种事实或技能。当然，有时在喜欢的前提下，有些儿童也能学会这些事实或技能。比如，在良好的环境条件的支持下，即使没有说教或系统、正式的指导，很多幼儿也可以"偶然习得"颜色和形状的名称。就像我们在儿童创造性的拼写中所看到的，有些儿童可以自发地对知识点进行"构造"，但他们经常会"构造"错误的知识点，而且需要成人的协助才能改正。

再如，作为人类历史长期发展而形成的特定符号体系，字母表的顺序并没有固有、可见的逻辑规律。有知识的成人需要鼓励儿童经常重复，并在不断"纠正"错误的过程中帮助他们逐渐掌握字母表。对大多数幼儿而言，通过"自我发现"的过程来探究字母表、标点规则、效忠誓词、国歌或其他类型的常识，将是一种浪费和低效的学习。

学业目标将重点放在知识和技能的微小单元上，而认知目标强调的是认知品质——整合经验时包含各种倾向的思维习惯（Katz, 1993）。与认知目标有关的一些思维特质包括：

- 使经验和观察有意义
- 推理、分析、假设、综合
- 预测、检核预测的结果
- 解决问题
- 追寻答案的准确性
- 经验性的
- 掌握行动的效果
- 坚持寻找问题的答案
- 推测因果关系
- 预测他人的期望和感觉

这些思维特质（包括其他没提到的气质）都是认知而非学业目标所强调的内容。我们有理由认为，人类天生就具有一些特别重要的认知品质，而且在婴幼儿的身上就显示出强大的人类本能。比如，我们几乎能从所有非常小的孩子身上看到"使经验有意义、保持好奇心、经验性的"等倾向的萌芽（不论儿童的家庭收入或环境条件处于何种水平）。

由于认知品质的发展在每个阶段的项目活动中都会经常出现，因此在制订课程计划和选择教学方法时，教师需要特别关注如何使它们有机会显现和增加，并促进其进一步强化和发展。除非课程能为儿童提供有意义地使用和应用认知品质的情境背景以强化其发展，否则它们就可能会逐渐削弱，甚至消失。而一旦错失，这些认知品质可能将很难复原。玛格丽特·唐纳森（Margaret Donaldson，1978）注意到，似乎儿童的学校经验始于渴望解决问题、提出问题，以及完成学校要求他们学习的东西，然而后来就经常演变成如何理解"开端很美好，但结局很糟糕"的局面（p. 14）。

有些教室里的情况更糟糕。他们的课程或教学既没有促进儿童学业目标的达成，也没有促进儿童认知目标的发展。这些教室里的很多儿童在不需要多少思维参与的活动（如取下和粘贴已经模切好的"情人节"爱心图卡）中耗费大量的时间，或者参与短短几分钟内就会令人心生退却的小组讨论。这类教育取向包含非常有限的学业技能要求，无法促进儿童认知品质的发展。儿童所经历的教学活动，非但不能促使他们识别和解决问题，反而强调积极地遵循教师指导或"被灌输知识"。这些活动经常被宣扬能够确保儿童的学习经验建立在"儿童兴趣"的基础上。虽然这些活动不会对任何人造成伤害，也可能在某些方面有一定的益处，但在支持或促进儿童认知品质发展方面缺乏足够的活力。

项目教学法与其他课程活动

参与项目活动并不能完全覆盖幼儿在课程中应学习的所有经验。其他类型的学习活动也能促进幼儿的发展。

儿童主动参与项目活动的教室，通常是其唱歌、听故事、搭建积木、绘画、参与扮演游戏、学习和实践新技能的地方。项目教学法既可以和不同取向的课程教学法结合使用，也可以运用于不同的课堂结构或环境中。单元教学、主题教学、直接教学可以为儿童提供良好的学习经验以发展某些技能、探究某些主题。在本书中描述的很多教室里，单元学习和项目活动同时存在，项目活动并不是儿童照护中心、托儿所、幼儿园或小学一年级课程的唯一组成部分。

能够顺利开展项目教学法的教师，经常能够将项目活动进行过程中的主要元素（如建构、观察性绘画和档案记录）与其他教学法提供的学习经验进行有效整合。正因如此，有些单元教学或主题教学所提供的学习活动看上去很像项目活动。然而，除非由儿童的兴趣驱动项目活动主题的选择，以及对主题进行探究的过程中包含儿童发起、做决定及参与等关键要素，否则它们依然无法被称为项目活动。它们所提供的学习经验也无法实现项目教学法对儿童发展的独特价值。

只有当儿童对某个主题充满好奇、被吸引、感兴趣时，项目活动的价值才能真正被意识到。儿童也会从拥有更多机会来发起、探究、遵循自身兴趣中获得成长的助力。

项目活动对幼儿发展的裨益

项目活动与学业成就

2012 年，在子女年龄小于 6 岁的美国母亲中，有 64.8% 的人需要外出工作（Bureau of Labor Statistics, 2013）。因此，她们的孩子大部分时间都在家庭以外的地方成长和学习，并且大多处于集体照看的环境中。在这类早期教育机构中，很多儿童在每天的大部分时间里面对的是教师主导的学习经验。而这些经验无法像项目活动那样让儿童有机会在学习过程中发挥主动性和承担责任。很多研究已经阐述了儿童有机会通过自主选择活动和寻找材料来主导自己的工作和满足自身兴趣的益处（Schweinhart，1997）：

相关研究证据表明，在学业和社会性发展方面，儿童发起学习活动的学前教育方案对其短期和长期发展都有促进作用。而教师主导"授课"的学前教育方案虽然对儿童短期的学业发展有一定的积极影响，但会牺牲其社会性和情感

方面的长期发展。因此，研究者建议在选择使用相应的学前教育方案时，应考虑前者而非后者。（p.2）

对教室里进行的工作拥有实质的掌控权，对幼儿发展的促进作用将一直延续到未来。在比较来自两种学前教室环境（教师主导或儿童有充足的机会发起学习）的儿童后，马肯（Marcon，1992，1995，2002）发现，后一种环境中的儿童在基础阅读、语言发展和数学技能方面的成绩更优异。在四年级时，在有充足机会发起学习的环境中儿童的平均总体成绩以及重要学科的平均成绩，仍然比来自教师主导的学习环境的儿童更好。尤其是对于男孩来说，在早期教育阶段经历主动发起学习的经验，从长远来看可能更有利于促进他们适应未来的学校生活（Marcon，1992；Miller & Bizzell，1983）。当五年级快结束时，在早期教育阶段经历过三种不同教学法的儿童在学业成绩方面仍有非常明显的差异。甚至到六年级时教师主导和强调学业导向的消极作用仍然可见，因为与拥有自主发起学习活动经历的儿童相比，在这种环境中的儿童的学习成绩依然处于相当低的水平。这进一步佐证了强烈呼吁儿童主动发起的早期学习经验的价值（Marcon，2002）。

如今的学校和儿童照护中心，尤其是那些拥有大量来自低收入家庭的儿童的机构，经常把经验局限于大组集体指导中相互割裂的基础技能以及大量的训练和练习，使问题复杂化（Knapp，1995）。在这些教育机构中，如果儿童有机会遵循自己的兴趣，发现自己的新兴趣，围绕主题进行深度探究，那么这些将对其学业成绩的发展有非常积极的作用，也会促进其社会性和情感发展。

项目活动与社会性及情感发展

无论处于何种社会经济条件，儿童都能从情感投入、问题解决、掌握新知识和新技能中获得成长的益处。如果儿童错失有意义地参与探究感兴趣的主题的机会，那么可能会影响其实现目标和主动学习方面的认知品质的发展。如果学校或儿童照护中心无法在学习经验中为儿童提供成功投入情感的机会，那么这些孩子的好奇心和渴望学习的天性可能就无法得到充分的强化和发展。有些时间充裕、经济条件较好的家长，可能会在家庭环境中为自己的孩子提供此类经验。他们会关注孩子萌发的兴趣，通过购买相关书籍、带孩子到户外参观以及提供其他相关的资源，鼓励儿童增进对相关主题知识的深入了解。这些家长也在为自己的孩子示范如何在学习过程中投入情感。然而，处于集体照护环境中的大部分儿童都无法获得这种支持其个人兴趣的充足经验。

研究表明，儿童在决定自己的学习经验中所起的作用将与其社会性技能的发展相关。一项针对在幼儿园教室里采用三种不同教学法（直接指导教学法、基于儿童发起活动的建构式教学法、折中取向的教学法）的研究发现，在建构主义取向的教室里儿童的人际互动更为活跃。他们表现出了大量的、多样化的协商策略，并且愿意更多地分享经验（DeVries, Reese-Learned, & Morgan, 1991）。

很多研究者进一步将关注的兴趣聚焦于"参与式学习"（engaged learning）的概念。琼斯、瓦尔德斯、诺瓦科夫斯基、拉斯马森（Jones, Valdez, Nowakowski, & Rasmussen, 1994）认为"参与式学习"是指，在学习过程中学习者能够对自己的工作负责并进行自我调节，同时由学习者确定学习的目标和评估学习的成果。当被"自己的工作"驱动时，学习者解决问题、寻求深入理解的认知品质就会进一步增强和发展。在早期教育阶段为儿童提供参与式学习经验尤为重要，因为此时正是培养他们的学习方式（动机、态度、行为）的关键时期。根据希森（Hyson, 2008）的研究，贫穷、暴力、不稳定等因素造成的家庭环境挑战，再加上强调外部奖赏或惩戒的考试所形成的错误导向，使得在当前的教育中倡导更加注重儿童参与的教学法显得十分迫切。

项目教学法为儿童提供了"参与式学习"的机会，让他们有机会发起活动、进行探究、满足自身的兴趣。由于这些活动和成人探究的历程非常相似，我们将参与其中的儿童称为"小小探索家"。在本书中，"小小探索家"指的是从学步儿到6岁的儿童。尽管在这个阶段，有些儿童可能口语表达不太流利，或者不太擅长基本的读写技能，但在项目教学法中他们可以对某个主题进行主动探究。

项目活动与家长参与

项目教学法对幼儿的另一个潜在益处是，家长更愿意、更容易参与儿童的项目活动，而且表现得很感兴趣。在教育过程中，家长参与和儿童在校的良好表现具有非常明显的相关性（Henderson & Berla，1994）。

家长可以通过多种方式参与项目活动。爱泼斯坦（Epstein，1995）列举了6种对学生成功的在校表现产生重要影响的家长参与方式。其中担任家长志愿者、支持儿童在家里学习、与儿童在家里沟通以及进行社区合作等方式可以被引入项目活动。在教室（包括在托儿所、幼儿园或一年级）里实施项目活动的教师，经常会分享家长如何感兴趣以及怎样参与项目活动的例子。当小小探索家时常在家里广泛且热情地谈论项目活动及所学到的东西时，他们关于学校经历的整体交流会更丰富。

当教师细致地记录小小探索家的探究经验，并向家长分享儿童通过探究学到了什么时，家长经常会对其中所展示出的儿童的思考水平感到十分惊讶和欣慰。由此，他们会饶有兴趣地在校外时间带着自己的孩子去实地参观，或者帮孩子购买与项目活动主题相关的图书资料，甚至有的家长会把家里的资源或材料带到教室里。在开展项目活动的过程中，家长经常会担任来访专家，很喜欢为小小探索家答疑解惑，或者协助教师教儿童相关的技能。有时，家长会参与探究的过程，和小小探索家一起到社区参观，一起了解所探究的主题内容。大部分的项目活动会以高潮活动——"儿童作品展"——作为结束，其中包含了家长参与的机会。高潮活动中所展现出的儿童学习状况经常会频频引发家长的惊喜之情。

随着对项目活动的观察，家长能够看到"参与式学习"及经验如何在家里促进儿童的学习和发展。例如，和班级幼儿一起去实地参观的父亲（母亲）可能会观察到教师如何鼓励小小探索家提出问题，以及怎样引导孩子进行观察和记录。父亲（母亲）可能会看到小小探索家进行绘画、书写或拍照，他（她）之前可能没有意识到自己的孩子已经掌握了这方面的技能。父亲（母亲）还会看到教师如何仔细倾听孩子们的讨论与提问，以及如何以尊重孩子们的方式做出回应。

当然，教师可以通过一系列的家长工作坊直接培训家长如何实施"家庭中的项目活动"，并参照本书中所提供的实施流程（Helm，Berg，& Scranton，2004；Helm，Berg，Scranton，& Wilson，2005）。

早期发展阶段的认知能力

项目活动对处于早期发展阶段的儿童来说有很重要的价值。这一阶段是儿童的认知快速成长且对未来发展产生长远影响的时期。伯克（Berk，2008）讨论了2—4岁儿童萌发的几种认知能力。

- 能从事具象活动（语言发展，扮演游戏，有意义地绘画，理解照片、简单的地图及构造模型中的空间表征符号）。
- 能在简化或熟悉的情境及与他人的日常交流中理解他人的观点。
- 能区分有生命的东西和无生命的东西。
- 能根据基本功能和事物属性对物品进行分类，而不仅仅是根据视觉特征进行分类。
- 能将相似物品进行有层次的分类。（p. 237）

在儿童进入幼儿园和小学一年级后，这些认知能力仍将持续发展。通过观察儿童在认知任务中的表现，成人可以看到上文所提及的儿童的认知能力。

促进思维和大脑的发展

我们可以通过神经科学领域的相关研究来审视项目教学法。这个领域的相关研究表明，人的大脑及思维能力的发展由经验来塑造（Zull，2002）。在生命最开始的几年，儿童的大脑具有非常强大的可塑性和发展潜能。随着时间的推移和经验的丰富，儿童的大脑中以不同方式进行思考的能力（如解决问题的能力、反馈能力、对新想法保持开放的能力）得以不断发展（Wexler，2008）。我们还可以通过早期认知发展方面的实验性研究来进一步认识儿童的认知发展。比如，观察儿童在认知活动和成长过程中大脑内部的变化，以及借助于计算机辅助模型监测早期学习活动中儿童大脑内部的信息网络发展（Blakemore & Frith，2005）。尽管针对此类研究得出更多的结论为时尚早，但回顾了儿童的成长与发展的相关观点后，卡瑟伍德（Catherwood，2000）得出了以下结论：

支持儿童在主要的知识领域间建立联系的经验，如在"基于事件"的课程方案中围绕概念化主题形成的儿童活动，很可能会影响和强化大脑的神经联结。（p.33）

在项目活动中儿童可以获得很多经验，这与卡瑟伍德的结论一致。其中包括重视儿童对项目活动的主题具备一定的背景知识和兴趣、整合多个学习领域、提供有目的的口语交流的机会、实地参观、专家来访以及由儿童推动探究活动等。

通过参与项目活动，幼儿除了能获得整体认知能力的快速发展外，读写的相关技能也开始萌发，对数量化概念与技能的重要性和实用性的相关理解也得以发展，并且他们开始学习进行科学调查。在支持项目活动的班级中，对小小探索家来说，这些重要的认知品质和学业技能都是他们可以充分应用的"学习工具"。

项目活动与读写能力发展

托儿所阶段、幼儿园阶段、小学一年级阶段，被认为是儿童发展交流能力（包括语言和理解符号系统）的关键时期（Machado，1995）。虽然过去有些地区不鼓励教师在托儿所中进行阅读和纸笔活动，但现在我们强烈建议幼儿园和学前班教师应为儿童提供有丰富的读写机会的教室环境（Dickinson，2002）。对于3—5岁幼儿来说，虽然以面向全体、直接教学的方式来教他们学习阅读和书写很困难，但在这个阶段他们已经开始通过绘画和前书写来表征概念和想法。

很多教师的实践经验充分表明，激励幼儿主动且广泛地掌握各种类型的技能（包括阅读技能和书写技能），是项目教学法的优点之一。这似乎与儿童感受到所参与的项目活动的目的有关。比如，在项目活动开始时，儿童阅读标志、小册子或图书的前期努力是为了寻找相应问题的答案。他们进行书写的目的是传递信息或在实地参观期间记录所观察到的东西。此时，儿童的书写不是为了让教师高兴而完成某个任务或解决某件阻碍他们的琐事。

小小探索家经常兴致勃勃地向别人展示自己对某个主题的所学内容。他们会创设游戏情境，用积木进行搭建，构造某些物品，或者制作出与项目活动有关的其他东西。儿童经常希望通过"写出来"的方式，展现他们关于项目活动主题的所学内容。在项目活动中，当儿童用积木搭建与某个主题有关的东西（如探究参观农场时见到的"谷仓"）时，他们经常会把组成部分的名字标志写出来以便区分（如"干草棚"）。当创设扮演游戏（如"餐厅"游戏）的环境时，儿童可能会通过制作标记或其他前书写形式（比如制作菜单、制作提醒营业时间的营业标牌等），使自己的游戏环境更贴近真实生活。

在项目活动实施的第一个阶段，当围绕某个主题进行讨论并建构网络图时（见第二章），教师会将儿童表达的想法记录在相应的网络图上，此时很多孩子会努力去看教师写的东西。当模拟成人环境来创设扮演游戏情境（如"医院"游戏）时，儿童也在进行阅读和书写的角色扮演。小小探索家经常会复制或保存他们感兴趣的事情中出现的词汇。对于三四岁幼儿，在项目活动中张贴"词汇清单"会鼓励他们学习其中的词汇，这些孩子会将阅读与书写当作工具来使用。一项在小学一年级开展的研究表明，在项目教学法中儿童对阅读和研究的参与程度比在教师主导的单元教学中更高（Bryson，1994）。本书中描述的很多实施项目活动的教师也佐证了类似的结论。

项目活动为儿童提供了进行表征的目的。帕姆·斯克兰顿描述了在项目活动中3岁幼儿如何因兴趣引导而进行经验表征的例子。

例如，乔丹对"消防车"项目活动没有多少兴趣，但在"兽医"项目活动中，他开始参与了。通过我拍的这张照片（见图1.2）可以看到，乔丹弯腰和阿什莉说话，而阿什莉正在画她做过的事情。他们说完话后，乔丹来到我面前说：

"老师，可以给我一个记事夹板吗？"随后，他在记事夹板上画了一匹马。乔丹以前没有写过或画过任何东西，而且即使我让他写或画，他也不愿意。因而，此时看见乔丹这么做，我很高兴，孩子们被激励着相互学习。虽然乔丹画的马不是特别好，但他仍然非常自豪。最棒的一点是，这幅画是一个3岁孩子画的，甚至可以说，这是乔丹第一次愿意拿起一支笔来进行表征。

图 1.2

乔丹（3岁）观察阿什莉（4岁）在画什么。受阿什莉的榜样鼓励，他随后要了一个记事夹板来画东西。向同伴学习是儿童在项目活动中所表现出来的特点之一。

这种情况在项目活动中经常出现，很多儿童希望在纸上写出（或画出）自己的想法和看到的东西。

项目活动与问题解决

大多数的项目活动中蕴含了各种各样的问题解决机会，而在教师主导的教学取向中这种机会很少。当教师设置要解决的问题时，儿童未必会被激励并寻找问题的答案。与之相反，在项目活动中，问题和问题解决会随进展过程自然而然地出现。在这个过程中，儿童会不断面临挑战，解决数学问题，进行科学思考，并且开始意识到数字的功能和数量概念。当收集数量信息和用数字进行表征时，项目活动为他们提供了行动的理由。项目活动也会为儿童提供进行区分或分类的理由，发展其对事物不同类别范畴的思考。此外，儿童可以学习使用工具来进行探究、开展实验、观察相应的实验结果，以及对物品进行比较。可以说，项目活动为儿童学习与运用数学和科学思维提供了最自然的"刺激"。

在项目活动实施的第一个阶段，儿童会梳理出"问题清单"（一连串的问题），然后根据汇总的问题讨论和寻找答案以及可能使用的策略。这个"问题清单"呈现了某个项目活动的主题焦点，也是决定所蕴含的学习经验属于"项目活动"而非专题式单元教学的关键标志。当寻找资源或专家时，有时儿童发现如何找到资源和邀请专家会成为他们需要解决的问题。教师可以通过额外的问题来鼓励儿童思考如何着手解决面临的问题。比如，教师可以问："谁可以回答你的问题？""你可以在哪里找到它的答案？"在另一些情况下，小小探索家需要通过最直接的、最原始的探究方法来解决问题。例如，当探究"收音机里有什么？"时，为了能观察收音机的内部情况，"如何打开收音机？"就成为儿童需要面对的新问题。

面向幼儿的项目活动，经常会包括建构模型、绘制图像或图谱、创设游戏环境。这些活动为儿童提供了通过测量、计数和绘图来解决问题的丰富机会。在解决问题的过程中，儿童开始了解数学概念（如形状、区域、距离和体积）。举例来说，如何在教室里用有限的积木设计"医院"，或者如何在不影响其他活动空间的情况下建造"超市"，是小组成员需要认真思考和协商的问题。在项目活动中，小小探索家可能会获得个体独特的问题解决经验。比如，在一次展览中，一名儿童尝试了很多让硬纸板制作的"树"立住的方法，直到找到最合适的方法。随着项目活动的推进以及新问题的出现，儿童的问题解决能力也会不断发生变化。

早期教育中项目活动的实施指南

项目教学法的实施结构

由于没有机会观察他人实施项目教学法的过程，教师经常会不知道如何开启项目活动或遵循什么路径来运用项目教学法。此时,项目教学法的实施流程架构就可以为他们提供参照指南。我们先来看一下"兽医"项目活动的实施概况,这将对没有实际实施过项目活动的教师很有帮助。"兽医"项目活动来自帕姆·斯克兰顿老师执教的班级。这个班是由3—5岁幼儿组成的混龄班。表1.2是关于"兽医"项目活动的概要介绍,呈现了一个项目活动实施过程的缩影。

表 1.2 "兽医"项目活动——由 3—5 岁幼儿共同完成

("聪明的起跑线"教育计划,伊利诺伊州尤里卡市伍德福德县特殊教育协会)

项目进行时间:8 周	班级教师:帕姆·斯克兰顿,布伦达·怀尔斯
第一阶段	**项目活动的开始** 　　"兽医"项目活动源于一个孩子所引发的讨论与关注。这天早上,戴维在晨间的小组集体讨论时哭了,因为他必须把自己的小猫咪留在兽医那里医治,他感觉很难过。小组讨论结束后,小组成员们在其他时间依然经常讨论戴维的小猫咪以及和兽医有关的话题。在第二天的晨间活动时,我们再次一起商讨是不是可以去兽医的诊所里看看。于是,孩子们开始提出想到的问题,猜测在兽医诊所里可能会看到什么。在这个过程中,凯蒂大声提醒说:"老师,您最好记下来!"随后,我们围绕孩子们想了解的内容,记录了一张"问题清单"。透过这份清单可以看出,此时孩子们可使用的关于兽医方面的词汇还很有限。之后,我们决定去图书馆里挑选一些研究资料。
第二阶段	**项目活动的发展** 　　从图书馆回来后,孩子们开始阅读动物医治方面的图书。围绕参观兽医诊所,他们还讨论了可能会看见哪些动物,有的孩子认为,我们可能会见到猴子、斑马、牛和猪。我们制作了初始的网络图,准备好要采访兽医的问题。在现场参观的实际过程中,孩子们被分成了两组。在整个过程中,兴致最高、参与度最高的是负责绘制兽医诊所结构图和其中的某样东西,以及记录问题答案的孩子。作为专家,玛吉医生带着孩子们体验了动物体检的一般流程。孩子们还亲手操作了许多医疗工具。回到班级后,孩子们开始计划建造自己的兽医诊所。他们根据实地参观时画的结构图和拍摄的照片,用纸盒子和家长带到教室里的仿真医疗工具,在班级里创建诊所。由几个孩子组成的项目活动小组非常注意尽可能按照参观时所看到的样子来建造自己的诊所。而如何将兽医诊所里的一些关键部分建造出来,也是项目活动小组成员需要解决的问题。这些孩子还参观了高中美术教室,在那里学美术的哥哥和姐姐鼓励他们用黏土来塑造兽医诊所里的动物。

（续表）

	项目活动的结束
第三阶段	到5月时，几周前特别热闹的"兽医"扮演游戏的热度逐渐消退。我召集这个项目活动小组的成员一起讨论后，他们决定结束这个游戏。这时，我们又一起制作了另一张网络图。从中可以发现，孩子们现在知道了更多的宠物医治方面的词汇，而且能够向别人介绍兽医诊所的构成及重要作用。我们一起讨论如何将了解到的内容告诉家长和隔壁班的同学，并将想法记录在一张表上。最后，小组成员们决定制作一本书，并把需要在书中呈现的内容列成了清单。他们还收集了挂在墙上的图画作品和相关的图表，并将这些东西都放进了自己制作的"兽医"图书里。

在项目活动的进展过程中，教师收集到的关于儿童问题解决的故事、绘画作品，以及早期读写技能发展方面的例子，经常会令他们感到惊讶或出乎意料。有的教师担心自己不知道如何辨别和利用机会来促进儿童在问题解决、读写能力及社会性和情感方面的发展，而这些发展对幼儿来说非常重要。有的教师害怕实施项目活动时将教育计划的掌控权完全交给儿童，他们的教室会变得一片混乱。

凯兹和查德（2000）提出的项目教学法实施流程，可以作为实践参照，减少教师类似的忧虑。项目教学法由三个阶段构成，涵盖教师对某个主题是否合适的评估、可能需要用到的资源、规划外出实地参访的经验、对可以请到班级中接受采访或进行演示的专家的甄选等（见图1.3）。贯穿整个项目活动实施过程的档案记录可以帮助教师识别支持儿童进行问题解决、运用概念和技能的契机。如此，教师就不会错过促进儿童学习的良好机会。

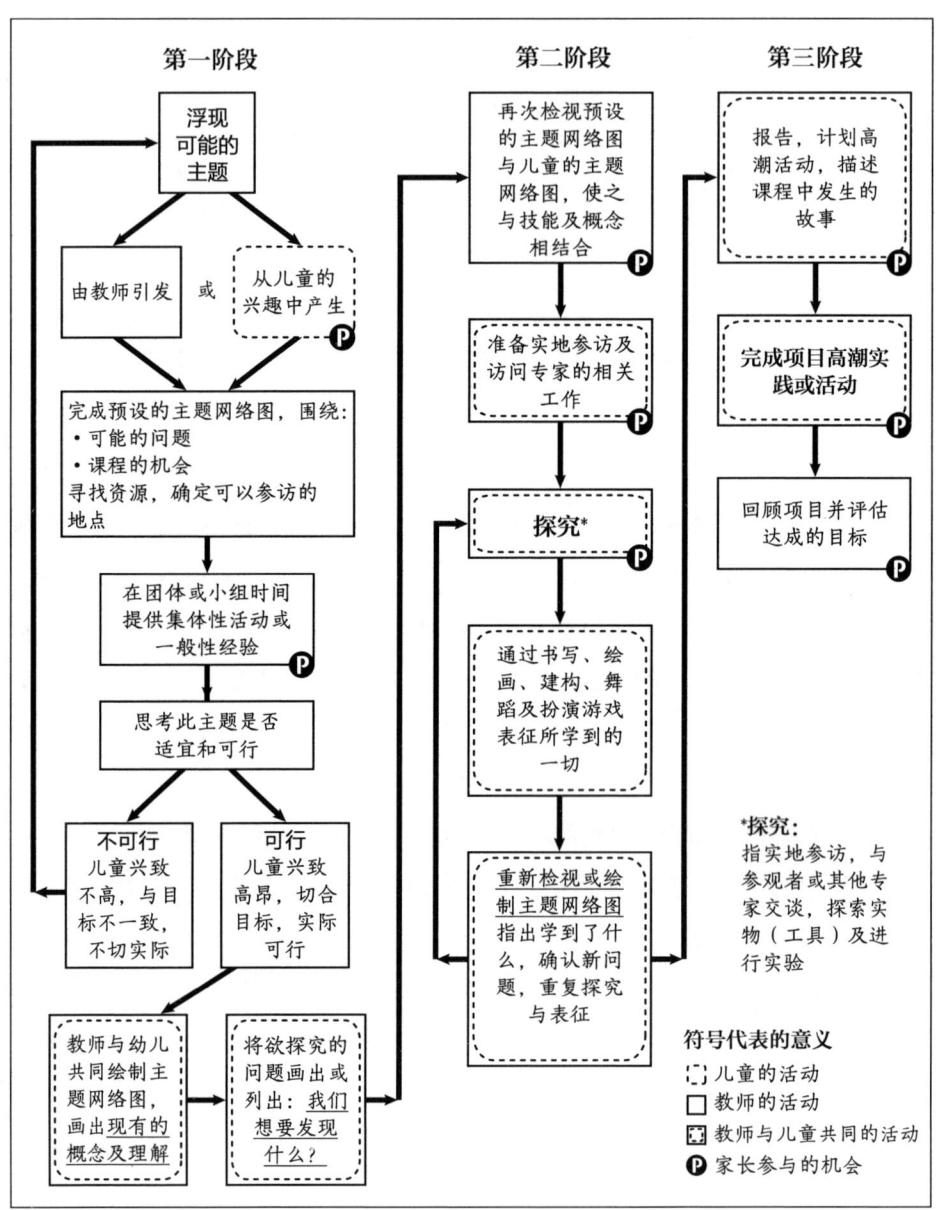

图1.3　项目活动实施流程

项目教学法并不是促进儿童学习经验发展的唯一处方，它只是一种教学法的框架。支持儿童的探究与教师主导的调查，即"为儿童的学习提供支持与掌控儿童的学习经验"之间，需要良好的界限。幼儿教师所面临的最具挑战性的任务就是要学习如何识别这个界限并避免"越界"。表1.2中呈现的项目教学法实施框架，可以帮助教师学会如何平衡这两者的关系。当学习如何运用项目教学法时，教师将学习如何支持而不牺牲儿童的好奇心和天然的学习倾向，同时仍能实现课程目标。"approach"的意思是"完成某件事的方式或方法""一个入口"（*The American Heritage Dictionary of the English Language*，2011）。因此，项目教学法也是一种教学方法的"入口"，是教师支持儿童主动参与、有意义学习和认知发展的教学法。对有些教师来说，它是激发他们选择更有效、更注重回应儿童的教学法的契机。需要特别谨记的是，这个入口并不是唯一的目的地。项目教学法实施"三阶段"的流程架构，是支持儿童学习的指南，而不是要达到的最终目的。

本书的架构

正如项目教学法"三阶段"的实施流程图（图1.3）为教师如何支持儿童进行探究提供了指导框架，本书希望为教师学习如何开展项目活动提供参照指引。本书的第二至五章细致地介绍了项目教学法的每一个阶段，并且重点介绍了在儿童照护与教育机构中，面向儿童（包括学步儿到小学一年级学生）的项目活动是如何发展的。针对每个阶段的阐释都结合了插图以及真实的项目活动中的儿童工作。在第五章中，我们介绍了档案记录的多种方法、项目活动的评估框架，以及在后续的活动中进一步延伸或拓展的方法。

第六章详细地描述了一个幼儿园（4岁幼儿）教室里进行的"照相机"项目活动实例。第七章介绍了"消防栓"和"标志"两个项目活动实例，同时回应了关于能否在3岁以下的儿童中实施项目教学法的争议。

第八章重点关注项目教学法在满足儿童需要更多的机会、以有意义的方式亲近大自然方面的潜在价值。

第九章聚焦的是STEM（科学、技术、工程、数学）技能，探讨了项目教学法不仅是提供STEM学习和经验的基石，还是整合这几个领域的学习的天然方式。项目活动将学习者与成人凝聚在一起，他们知道儿童对哪些东西特别感兴趣。当观察成人如何使用 STEM 技能时，儿童能够理解为什么这些技能很重要。当为了实现自身目的而研究、观察、采访、收集物品、表征所学内容时，其中所蕴含的儿童对项目活动主题的探究兴趣，将促使他们不断学习和应用相应的 STEM 技能。

第十章对刚开始开展项目活动的教师可能普遍存在的问题或担忧，进行了回应和进一步阐释。具体内容包括：如何整合项目活动与必修课程，在有特殊需要儿童的教室里如何开展项目活动，以及项目活动在支持第二语言学习者方面的潜能。

本书附录提供了"项目活动计划日志"，教师可以将其复印下来，并用于指导小小探索家。这个日志最初被用来支持幼儿教师学习如何开启第一个项目活动，现在很多有经验的教师喜欢用它来计划和组织自己的项目活动。它慢慢地成为教师记录项目活动进展、记录自我思考、标注已收集档案的媒介。在本书中描述的很多项目活动实例中，执教教师都采用了这个日志。当阅读本书的第二至八章中所提及的项目教学法的相关内容时，读者会看到这个日志的相应内容。

尽管如此，采用项目教学法并不是说非要使用这个"项目活动计划日志"。虽然目前还没有单独的、面向幼儿实施项目教学法的专门操作指导手册，不过这个计划日志以及本书中所描述的实践案例，都可以为教师学习如何遵循儿童的兴趣提供支撑。可能不同群体的幼儿会对某个相似的项目主题感兴趣，也可能会参与相似的项目活动，但他们所经历的项目过程不会一模一样。真正的项目不可能也不应该被完全复制到不同学校的教室环境中。

学习如何开展项目活动是一段旅程，我们和本书中所提到的案例中的教师先迈出了一步。这段旅程似乎不会有终点，因为小小探索家的教师不会停止探索"儿童究竟可以怎样更好地学习"。让我们和大家一起享受这段学习旅程，从本书的第二章——项目活动的开始——启幕。

第二章

项目活动的开始

项目活动实施的第一个阶段所涉及的主要是如何"锚定"主题。在这一阶段,通过与儿童的讨论以及教师关于可能的子主题的启发,探究的主题就确定了。教师会根据当地的资源,借帮助儿童获得关于此主题的第一手经验的机会,来评估某个主题发展成项目活动的可行性。在这一阶段,教师会创建相应的主题网络图,以确定预期可能的探究发展方向,以及与当地课程要求和地方标准相关联的途径。教师还会评估资源的可用性、潜在的专家访问者及实地参访的站点。

一旦教师和儿童清楚项目活动的主题,教师就会促使儿童讨论自己与主题相关的经历和理解。通过教师的支持,儿童能够生成自己的主题网络,并奠定探究的基础。基于这些讨论和儿童的主题网络,小小探索家在教师的指导下能够生成他们的问题清单。随着探究问题的结束,项目活动将进入第二个阶段——探究。图 2.1 所示的"第一阶段流程图",呈现了项目活动的开始阶段。

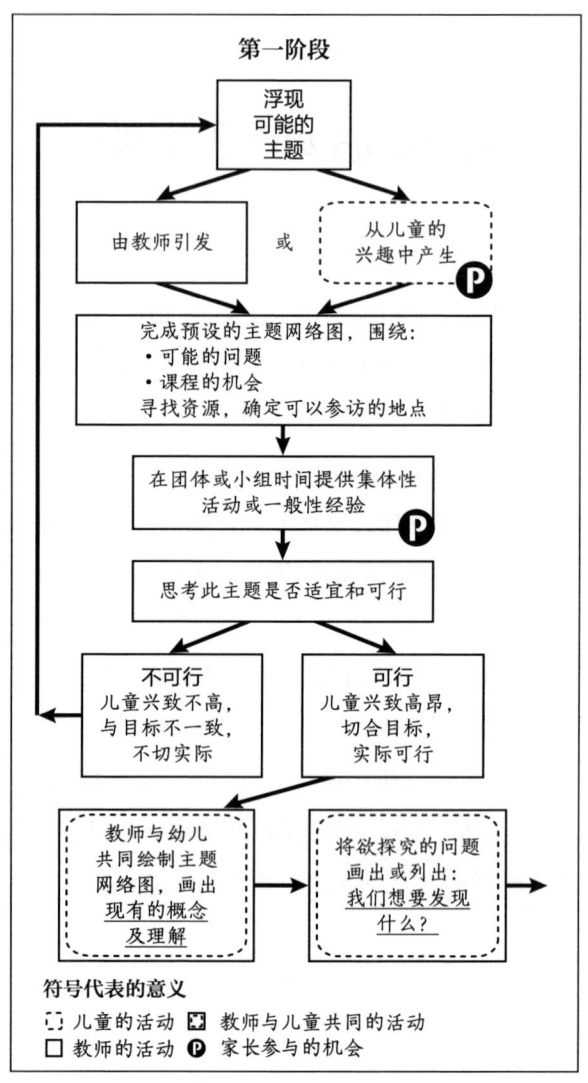

图 2.1　第一阶段流程图

选择项目活动的主题

项目活动第一阶段的最重要特征是选择一个要研究的主题。在选择主题的过程中有一些值得注意的事项。

共同的经验

幼儿所要研究主题的性质实质上影响着项目活动的完成。与年龄较大的小学生相比，学前班和幼儿园里的儿童积累的多样化经验较少，小小探索家和班级成员间的共同经验较少。因此，与年龄较大的儿童相比，在幼儿中开展项目活动需要教师花费更多的时间和精力来提供共同的经验，并激发幼儿的兴趣和好奇心。

当一组幼儿开始进行项目活动时，拥有与该主题相关的共同经验，会增加每个孩子提出关于如何进行探究以及应该包括什么内容的问题、建议和想法的可能性。例如，我们与几位幼儿教师一起开展了"校车"项目活动，因为在他们的幼儿园里，每个孩子都有搭乘校车的经验，这使得幼儿能够立即说出校车的很多特征、提出问题并做进一步的验证。

就某些主题而言，教师需要提供共同的经验来促使某个项目活动开始进行。然而在这种情况下，教师决定了第一步该如何做，容易产生教师讲述和主导经验的风险。如同我们所说，项目活动最核心的特征是儿童与教师共同讨论、共同开始、共做决定，并对所要完成的工作承担主要责任。如果教师过多地安排儿童去做什么，那么该项目活动就无法为儿童提供在主动发起的活动中发展和学习的机会。

明确儿童的兴趣

当项目活动的主题在儿童的兴趣范围内或易于吸引儿童的兴趣时，它很有可能得到儿童的积极反馈。因此，在项目活动的初期，教师的重要任务是明确儿童当时萌发的兴趣，以及思考他们可能会有哪些新兴趣。教师应该毫不犹豫地鼓励儿童产生新兴趣。

一些儿童可能会自发地对某一特定对象（如学校外进行道路维修的反铲挖掘机）、事件（如某个同学住院）、地点（如附近的餐馆），或关于某一主题的故事或书籍表现出兴趣。小小探索家可以通过提问或要求获得关于这个主题的更多信息来向教师表露他们的兴趣。

对于年龄较小的儿童来说，他们的语言技能以及与一个话题相关的词汇都很有限。教师可以通过观察他们的行为表现和自由游戏来发现他们的兴趣。3岁幼儿经常会注意他们感兴趣的物品。他们通常会捡起物品或储藏一些"纪念品"（比如在散步时收集的物品）。低龄幼儿会通过专注于某个物品或延长倾听对方的时间来表明他们的兴趣。对某一特定主题感兴趣的小小探索家即使年龄很小，也会经常密切关注其他孩子对这个主题的看法，并专心地听教师阅读关于这个主题的图书或讲述涉及相关事件或现象的故事。

儿童引发的主题

儿童经常会引出自己的主题。有时，主题萌发于能够诱发儿童好奇心的事件。事情发生了，突然整个班级的儿童都沉浸在这个主题中，提出很多需要探究的问题。这个点燃儿童对某一特定主题的兴趣的事件被称为"催化事件"。有时，这需要经过一系列的过程才会展开。例如，搭设建筑物成为新项目活动的焦点，因为这样的建筑活动发生在学校或儿童照护中心附近，所以孩子们能够在操场上或上学的途中进行实地参观。项目活动的特性是：鉴于儿童拥有的共同经验、来自催化事件的主题活动能够相对较快地进入探究阶段。如"消防车"项目活动始于一个催化事件——有的孩子在散步时看到了一辆消防车。消防员停车并向孩子们展示了消防车，因此所有的孩子拥有了共同的背景知识，于是很快进入探究阶段。

在另一所幼儿园里，一群4岁幼儿因一名同学患有扁桃体炎而对此感兴趣。为了通过这个突发事件来学习，教师根据学生的需要安排全班同学参观医院。这群孩子对医院的兴趣有所增长，课程也进一步发展，教师还特地向幼儿园申请救护车来幼儿园以供幼儿观察。有些孩子以设计图的方式展示他们的经验，并且准备在教室里搭建一辆救护车。他们观察急救设备、采访救护车司机，并对其他子主题做了进一步的探究。

教师引发的主题

教师可以因某个主题能够提供有益的经验而选择它。例如，在伊利诺伊州山谷社区学院早期教育中心主任萨莉·本尼克所整理的"车子"项目活动中，她因一名叫"泰勒"的孩子对机器感兴趣而将"车子"定为主题。在此之前，该幼儿从未参加过班级中的任何活动。当主题的范围广得足以涵盖全班幼儿的兴趣时，由教师引发的项目活动会进行得很好。基于课程目标及先前教学经验的考虑，本尼克决定以"车子"为主题展开项目活动，因为它广得可以容下其他孩子可能感兴趣的子主题。然而，她也知道判断儿童是否会对给定的主题感兴趣和做出热烈的反应是绝对困难的。因此，她耐心地等待他们投入，直到看到这些孩子专注于活动。

另一个由教师引发的项目活动课程是朱迪·卡格尔老师在混龄班实施的"房地产"项目活动。她发现学校对面有一栋房子正在进行隔断工程，她便引导孩子们探究"房子"这一主题。她意识到幼儿将有机会用一整年的时间来观察房子从打桩到真正销售的过程。在项目活动开发的第一个阶段，卡格尔老师倾听并观察孩子们表现出的兴趣。虽然他们一开始都将焦点置于画工地和推土设备上，但他们逐渐对标志和房地产销售感兴趣。最后，项目活动的焦点转移到公寓的买卖上，孩子们开始实地探究附近房地产公司的运营过程。

有时，项目活动形成于教师发起的单元或主题，正如中国香港国际学校实施的"苹果"课程一样。玛丽·简·埃利奥特老师像往常一样开始进行"苹果"的单元教学，并进一步对苹果进行探讨，从而形成有关苹果的项目活动。虽然这个主题由埃利奥特老师引发，但深入探讨苹果是儿童的想法。项目活动经常会从有计划的单元或主题发展而来。由朱迪·卡格尔老师在3—4岁混龄班中开展的"美术馆"项目活动，就是由一个关于艾瑞·卡尔（Eric Carle）（卡尔是几本最受欢迎的儿童读物的作者）的单元发展而来的。

与儿童的现实生活相联系

即使教师对于实施项目教学法已经具备大量的经验，他们也常常会因小小探索家对某个主题的反馈而感到惊讶。有些教师认为会成功的项目活动以失败告终，有些教师持怀疑态度的项目活动却取得成功。另外，有教师表示，有些曾深受儿童喜欢的主题在另一个时间段却被同一个班级中的儿童拒绝。

教师们发现，贝丝–吉恩·霍尔特（Bess-Gene Holt）提出的圆形图（如图2.2）和塞尔夫（Self，1989）提出的距离概念有助于主题的选择。使用这张图的假定是，与儿童当下的现实生活和自我概念密切联系的学习经验越多，项目活动成功的可能性越大。自从我们首次介绍将霍尔特的圆形图用于项目活动主题的选择以来，相关的回顾与讨论为教师提供了其他的视角，以展现此图对教师的帮助。基于此，在图2.2中，我们增加了三层圆圈以表明位于某个发展水平的主题更容易发展为成功的项目活动。

（1）第一个圆圈（内部圆圈）包含了学步儿世界中的话题。一些成功的主题涉及立即发生的事情（现在），学步儿的空间和庇护所（在家里的东西），用来照顾学步儿的东西，学步儿吃的食物，以及能够让他（她）保持温暖的东西。如若这些主题与头发护理、儿童玩具、箱子和树、车、消防栓、汽车座椅等常见事物相联系，则更容易取得成功。

（2）第二个圆圈（包含第一个圆圈中的话题）涉及学龄前儿童世界中的话题。一些成功的主题涉及他们的玩具、亲戚、文化、周围的建筑和企业，以及所使用的设备、邻居、学校里的成人、可观察的植物、操场、当地的野生动物、宠物和害虫。

（3）第三个圆圈（包含第一个和第二个圆圈中的话题）展现了学前班和一年级学生世界中的话题。一些成功的主题涉及农场、池塘和动物栖息地。处于该年龄阶段的儿童对温度、声音、空气和光线的变化很感兴趣。虽然他们在这个年龄对过去的故事很感兴趣，但是还不足以开展独立的研究。

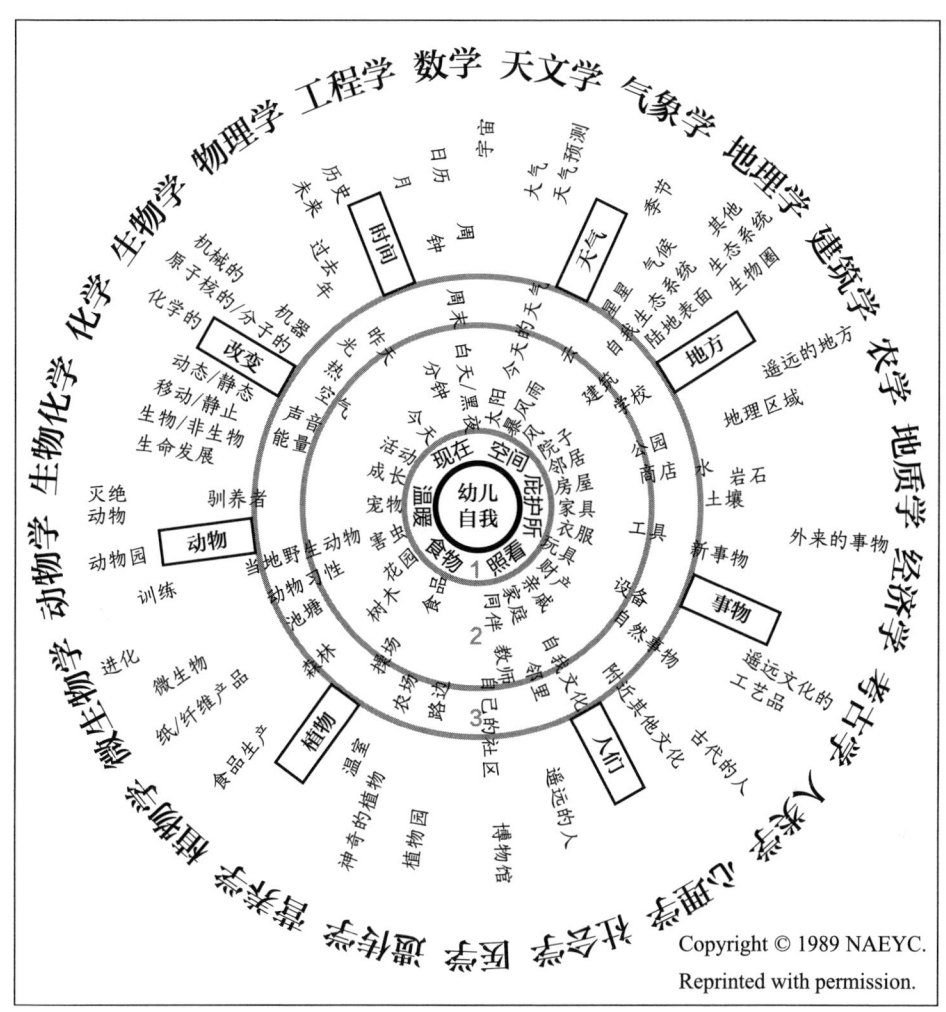

图 2.2 主题层次范畴与儿童距离关系示意图

选择主题的重要标准

评估一个项目活动主题的问题清单如表 2.1 所示,并在本书最后的"项目活动计划日志"中呈现。如果对大部分问题持肯定回答,这个主题将更容易衍生出一段能够成功实现项目活动目标的学习经历。在这些问题所基于的标准中,最后两条对幼儿的深度学习至关重要:①幼儿参与度以及对主题的兴趣;②幼儿对课程的核心理解力。

另外，思考课程目标及教师和家长所重视的学习经验同等重要。例如，许多家长和教育者对幼儿脱离自然的现状表示关注。选择一个幼儿能够探究自然世界的主题可以将儿童与生活的世界（如植物、动物或地球生物等）紧密相连。第八章将向我们展现某些与自然相关的主题及如何吸引幼儿参与自然研究。

表 2.1　选择一个最佳的主题

> 这些问题将有助于我们选择一个有利于项目活动发展的主题。教师如果对大部分问题持肯定回答，那么这将是一个很好的项目活动主题。
> 1. 这个主题是否基于儿童的经验，并且有助于儿童理解和领会自己的世界？
> 2. 这个主题能否给儿童提供有价值的经验及证明主题的教育价值？
> 3. 与主题相关的项目活动和过程能否鼓励儿童近距离地调查和精确地观察？
> 4. 这个主题在整个研究过程中是否可以给儿童提供锻炼多种技能的机会？
> 5. 与主题相关的经验是否能够发展在第一章中提及的认知品质？
> 6. 这个主题是否可为儿童提供各种机会，以便他们展现所学及在展示中发展他们的技能？
> 7. 这个主题是具体的还是抽象的？
> 8. 这个主题是否可为儿童提供充足的、第一手的直接经验以及可操作的真实物体？（至少有 25 个真实物品，不包括书籍和视频）
> 9. 儿童在脱离成人的帮助下是否能够自主地进行研究？这个主题在缺少书籍、网络和视频等第二手资源的情况下能否开展？
> 10. 是否有具体实物等第一手资源，儿童可以直接学习，而不依赖成人的示范、翻译、照片、绘画和其他第二手资源来学习这个主题？
> 11. 这个主题是否涉及附近可供参观的地点，并且这个地点便于参观和反复参观？
> 12. 这个主题是否与儿童本身及其家庭文化相联系？
> 13. 这个主题是否可为儿童提供解决问题以及发展分析、评价和创造等高阶思维能力的机会？
> 14. 这个主题是否能够调动儿童的积极性和兴趣？
> 15. 这个主题是否能够发展儿童对课程内容的核心理解，并且帮助儿童达到诸如州标准中的年龄指标？

选择主题时的实践性考虑

在选择项目活动主题时，即使有些主题与儿童联系最紧密，教师也必须做实践性考虑。这些考虑包括儿童学习的本质以及他们尚未具备熟练的读写技巧的事实。鉴于项目活动主题的适宜性与幼儿实施课程的成败息息相关,以下几点关于主题选择的标准将是有用的,尤其对首次开展项目活动的教师极有帮助。当选择项目活动主题时,对这些实际的标准加以考虑有助于教师选择最有可能成功的主题,同时有利于满足课程发展的需要。

(1)项目活动主题应当十分具体,并且包含充分的第一手材料、直接经验及可供儿童操作的具体实物。现成的与主题相关的人工制品、物品或项目活动(如"医院"项目活动中的三角巾或听诊器),能促使小小探索家以最有效的方式来探究现象,如近距离且细心地触摸、移动、搬运、模仿、聆听、品尝或观看等。当主题本身就十分具体(如"消防车"比"救火"或"用火安全"更具体)时,儿童更容易生成他们想要探究的具体问题。

(2)项目活动主题应当与儿童的先前经验密切联系。对幼儿来说,思考一个其相关经验较少且词汇量储备不足的主题较为困难。"船"的主题或许更适合生活在有船的地方以及具备第一手经验的孩子。若缺乏相关经验,加之缺少教师的大量指导,主题便很难引起儿童参与项目活动并为此付出努力的积极性。

(3)项目活动主题所涉及的参观地点应当邻近学校且幼儿可以随着课程的推进进行多次参观。在第一次实地参观时,幼儿通常无法完全聚焦在某个相关议题上;而当带着新衍生的问题重返参观地点时,幼儿往往会有所收获。随着项目活动的进行,儿童会发展出更好的观察技巧与能力,从而清楚自己更想完成项目活动中的哪个部分。因此,研究学校草地中经常使用的割草机比探讨飞机更好,因为后者牵涉儿童如何去机场参观等复杂问题。如若无法进行反复参观,教师必须设法"捕捉现场",如运用录像或拍照的方式记录参观过程或所参观的事物,以便幼儿能够随时回顾。

(4)项目活动主题应当让儿童在最大限度地脱离成人的协助时可自主探究。儿童的探究包括观察、操作、实验、提出问题、验证想法和进行参观。当儿童处于被动或消极的角色时,或者依赖书籍、录像带、百科全书或成人经验等二手资源时,他们通常不太容易投入探究工作。因此,历史性主题通常不太可能进行得很顺利，如"拓荒者的生活"或"泰坦尼克号沉没记"之类的主题并不适合年幼的儿童，因为他们需要阅读很多的二手资料。然而，"拓荒者"的主题或许比较适合大一点的儿童，因为他们已经有能力阅读，运用百科全书和网络资源，了解媒体对相关资料的介绍及跨越时空界限。

（5）项目活动主题应当允许儿童运用符合其年龄的技能或技术去展现他们的所知和所学。在选择主题的过程中，教师应思索儿童已经具备的且可以运用绘画、雕刻或角色扮演来呈现的知识、概念或技能，这将有助于确定主题。若儿童可以参与创造大型的、可以玩的建构物，将对他们的探究大有裨益。如在"消防车"项目活动中，幼儿用硬纸箱建造了一辆消防车。原则上，在低龄幼儿所参与的项目活动中，提供丰富的扮演游戏并让儿童进行建构是相当重要的。幼儿园教师玛丽·安·戈特里勃说：

我认为允许孩子进行扮演游戏，或者制作一个实用的物品或场所（例如面包店）会更有趣。因为它们建立在孩子们日常生活的基础上，他们可以主动参与。在"医院"项目活动中，我们在走廊上搭建了一间医院，为孩子们提供了扮演的场所及情境，他们总是在其间游玩；在"面包店"项目活动中，我们真的制作了面包，并出售了它们；在"蜡烛"项目活动中，我们制作了蜡烛。这些活动都充满趣味。

（6）项目活动主题应当与教育主管部门制定的课程目标相关，以此可以获得家长及行政部门较多的支持。很多幼儿教育机构及学校都设有特别的课程指引并要求教师遵守，这些指引表明了管理者认为值得儿童学习的内容。课程指引也可以是一系列主题的来源。例如，在开发科学课程"了解有生命的物体赖以生存的要素"时，教师也许会在幼儿先前具有的关于动物和植物的知识中寻找项目活动的主题。课程目标（尤其是那些与阅读技巧、前书写、数量意识和科学探究等有关的目标），都能够整合在儿童发起的项目活动里。事实上，项目活动提供了让儿童了解这些技能的价值、将其应用于真实情境中并加以练习的机会。玛丽·安·戈特里勃说：

必修课程可与项目活动自然地结合在一起。以数学为例，当需要测量时，儿童便有机会使用测量技巧。在之前的项目活动里，孩子们已经学过测量，今天当我们阅读到一个有关大象的故事（其中提及大象的大小）时，有一个小女生马上跳起来，拿一根尺子去测量大象的鼻子有多长，这是她在项目活动中学到的。幼儿可以依据不同的主题，运用各种物品练习掌握分类、归类及序列的概念。任何建构均牵涉数学。而身为教师，你可以将数学的相关概念融入相关的主题中——包括认识数字、一一对应及测量等。

（7）项目活动主题应当与儿童及其家庭文化密切联系，以促进其积极参与和深度学习。儿童所接触的世界大部分与其家庭及其周围的环境（邻居、学校或幼儿教育机构）有关。鉴于儿童已经具有一些知识储备，与此有关的主题就较能吸引儿童的兴趣。相较于他们从没见过的飞机，他们对自己的爸爸开的货车更感兴趣。如果要儿童积极投入，那么主题就必须是他们所熟悉的。

例如，伊利诺伊州皮奥里亚市的幼儿似乎对建筑设备尤其感兴趣，原因之一或许是：在这个地区，很多幼儿的父母及邻居均是专门制造牵引机、引擎、卡车及其他相关重工业机械的公司的员工。当儿童在道路工程或工地上看到这些大型机械时，父母会告诉他们正确的名称，并与孩子讨论。对建筑设备感兴趣是伊利诺伊州中部地区的文化之一，可以形成一个受欢迎的项目活动主题。

当主题具有地方性时，较容易促成亲子间的互动。家长会对儿童在学校里所学到的知识进行巩固，并增强他们对主题探索的好奇心。换句话说，若项目活动与家长们的工作相关，家长们对课程会更有贡献。

成功主题的报告

鉴于一个成功的项目活动有赖于儿童先前的知识、环境、兴趣与好奇心，拟定一张列有一系列主题的推荐表较为困难。正如我们先前所讨论的，主题的选择如此复杂，而儿童的兴趣和好奇心又如此重要，因此此表的存在或许是有益而无害的。巴伯·盖里克描述了他在3—5岁混龄幼儿中成功进行过的几个项目活动：

在整个秋季学期，我们进行了两个项目活动——"蝴蝶花园"和"盖座树屋"。两者都由发生在幼儿身上的事件触发，经由我们的努力转化为项目活动。

在去年春天，我们也进行了"车子/运输方式"项目活动，结果孩子们将其转变为"怪物卡车游行"。他们从家里带来了自己的怪物卡车玩具，计划一场游行并欢迎其他人参加。这样的转变相当不错……至少在这个学期，我们已经从孩子们的游玩及讨论中找到了一个共同的主题。而之前我们抛给他们的两个主题分别是"宠物或宠物店"和"邮局"。

以上描述是关于教师如何选择最好的项目活动主题的典型案例。

识别主题合适与否并非易事。"太空旅行"虽然起初看起来并非合适的主题，但如果学校距航天飞机基地很近，它就很有可能成为合适的主题，尤其是当有家长在相关领域工作时。在选择主题的过程中，倾听并了解儿童的家庭背景、他们的文化及兴趣是有益的。

相异的兴趣

在整个班级或某个小组中，儿童的兴趣可能十分广泛，因而增加了项目活动主题选择的难度。此外，所有儿童对同一个既定主题感兴趣的概率非常低。我们希望一些孩子能够积极参与并响应一个主题。项目活动的实施可能伴随着积木建构、讲故事、角色扮演等其他活动，儿童会以不同的方式参与项目活动。帕姆·斯克兰顿描述了3岁儿童的参与方式：

可能有些孩子对这个主题不感兴趣。我从他们身上了解到，尤其是3岁的孩子，被项目活动吸引的时间可能会晚一点，有时候他们甚至完全没有兴趣。然而，他们也有可能在下一个项目活动中十分投入。

虽然有些儿童可能不会参与项目探究活动，但他们通常对听别人的报告很有兴致，并从观察他人设计项目结构和讨论项目计划实施进度的过程中学到很多。

首次接触项目活动并在混龄班开展项目活动的教师有时会考虑到，儿童在能力及经验上的差异会增加开展项目活动时的难度。然而，在混龄的环境中，可以让年龄较大的儿童开始复杂的活动，让年龄较小、无法自己开始的儿童参与其中，如此也可以提高儿童在项目活动中的参与度。年龄较大的儿童可以自发地开始探究活动，并且教师鼓励他们为年龄较小的儿童寻找合适的角色。如此，可以使年龄较大的儿童在教导年龄较小的儿童的过程中同时增强自己的能力。另外，年龄较大的儿童还能提供许多词汇和动作技能给年龄较小的儿童参考。在这个混龄的案例中，选择主题的过程应考虑各个年龄阶段儿童的兴趣、不同的学习方式及参与程度。

有些教师担心具有特殊需要或发展迟缓的儿童可能无法参与项目活动。然而教师经常也会发现，当对某个特殊的主题表现出兴趣时，这些孩子也可以很容易地投入项目活动。对于这部分儿童，教师可以适当降低他们参与的程度。第十章将对这些内容进行更充分的讨论。

对幼儿园和幼儿教育机构的教师而言，有一项特殊的挑战是：他们需带半日班或隔日班的班级。若一天中同一间教室由一个以上的班级共同使用，对教师来说这就是个特别的挑战。初次实施项目活动的教师会担心如果不同小组进行不同主题的项目活动，那么他们就会面临必须在同一间教室里提供不同的资源、挪出活动的空间，并为两个或更多的项目活动做计划的困境。任教两个班级的教师发现，如果对所有的孩子使用较广泛的主题，那么项目活动较容易成功。教师可以通过记录儿童在制作网络图或问题列表时的对话，寻找儿童共同的兴趣和议题。因此，两个班级可以分工合作，一起进行探究，并寻找答案。当项目活动进行到建构部分时，不同的班级可以分别负责不同的部分。例如：在搭建杂货店时，其中一个班级负责搭建结账区，另一个班级则负责搭建肉品区。每一个班级可以围绕各自探究的子主题来开展活动。

虽然寻找一个对两个不同的班级都有意义的主题并不容易，但通常这类主题的项目活动会进行得相当顺利。例如，上午班的孩子对某个主题的兴趣比下午班的孩子浓厚，下午班的孩子同意参与这个主题的探究，下次再由他们挑选主题。随着该项目活动的开展，两个班级的孩子均发现某个子主题很有趣，于是关于这个主题的活动在两个班级中进行得都很顺利。

教师也可以利用这些机会及挑战增进教学效果,并鼓励儿童锻炼沟通技巧。一个班级的儿童可向另一个班级的儿童询问问题,从而增加他们在某些方面的学习经验。譬如,上午班的孩子也许可以以口述或绘画的方式留言给下午班的孩子,告诉对方他们正在进行的计划,并且征求对方的意见。有一位教师分别有一个4岁年龄段的上午班及下午班,他发现当他要求某个班级在当天活动快结束前做总结报告,或者要求他们留言给另一个班级时,孩子们表现出体贴、尊重并鼓励彼此做出努力。通过这种方式,他们很快学会了如何提出支持性建议。这些小小探索家便有机会有目的地运用沟通及社交技巧,而这些将会使他们受益终生。

一些幼儿教育机构的教师会在一周的前三天给一个班级上课,后两天则给另一个班级上课。这种情形会为选题和开展项目活动带来更多的困难。伊利诺伊州山谷社区学院早期教育中心的萨莉·本尼克老师就教过按这样的课程表上学的孩子。有人认为这是一种不利于项目活动的教学环境,但本尼克老师(Beneke,1998)有不同的看法。

我认为这种出勤模式刚好可以成为教师反对进行短期教学单元的理由,因为如此更有利于项目活动的开展。项目活动提供了足以将团体中的所有成员凝聚在一起的力量。有别于幼儿每天出勤的幼儿教育机构,这些并非逐日延续的经验也形成了一股持续力与凝聚力,很多天没上学的幼儿可能十分期待与他人共同继续探究关于"车子"的主题。(p.19)

对这类形态的课程表来说,考虑主题是否吸引大部分幼儿的注意力尤为重要。

就主题选择而言,我们还有两个忠告。教师应该明智地避免选择那些全班仅有一两个人热衷的主题,这种情形通常发生在仅有少数儿童对某个特殊领域极感兴趣,而其他人缺乏相关经验的情况下。虽然我们应该以各种方式适度鼓励幼儿发掘独特的兴趣,但课程的主题仍应符合班上大部分儿童的兴趣,如此才富有意义。无论如何,教师都不应该认为在课程开始前,所有的儿童均需对某个特殊主题持有高度的积极性。

最后一个忠告是，对刚开始进行项目活动的儿童而言，最好避免在班级中进行多样化的主题活动。除非教师具有充分规划项目活动的经验，或者儿童已习惯了项目活动，否则对该年龄段的儿童来说，同时进行多个有意义的项目活动较为困难。

教师预先的计划

一旦由儿童发起或由教师引发的主题确定后，教师可以通过制作一个由教师而不是儿童创建的计划网络图来继续此主题的计划过程。这张图可以帮助教师思考项目可能发展的方向，它必须包括一个中心主题和相关的、多元的子主题。

整合标准

随着对所有年龄阶段发展指标的日益关注，我们发现大多数教师倾向于制订一个更正式的预期计划来帮助他们整合所需的课程目标。事先计划和组织可以使教师鼓励儿童开始并设立目标，同时达到所要求的内容和技能标准。教师通过制订计划网络图，把握将儿童的兴趣与课程目标相结合的时机。网络图的创建还可以帮助教师预测哪些专家访问和实地参访有益，以及何种材料或物品可能有用。

绘制网络图对规划生成课程而言是一种常见的技术（Jones & Nimmo，1994）。它需要班级进行创造性的头脑风暴，从而展现与主题概念相关的内容（并非详细的方向）。在网络图中标出概念或项目活动的发展方向，决定于学生在探究过程中的兴趣和产生的问题。在项目活动实施的过程中，参考网络图可以避免教师错过将对儿童的技能培养与实践锻炼相结合的机会。

网络图或概念图与更有效的教学成果紧密相关，尤其适用于生成课程。其他形式的计划趋向于直线式。直线式计划始于一张包含目标、活动、方式、策略及材料的清单。这些活动随后会有所介绍。这会使教师陷入无视幼儿的兴趣和好奇心而独自计划活动的窘境。因此，对于项目活动而言，直线式计划并不符合实际。当教师使用计划网络图时，可以从与主题相关的概念入手，之后再确定项目活动可能的发展方向。

绘制计划网络图的重要目的在于将主题概念与专业的技能和标准相联系。如图 2.3 所示，主题概念、专业的技能和标准以及儿童的兴趣之间的关系被象征性地加以呈现。教师认为，一个更为详细的计划网络图可以使其更容易拓展儿童的兴趣并将课程目标和标准加以整合。以下内容提供了可以帮助你创建计划网络图的分步指南。

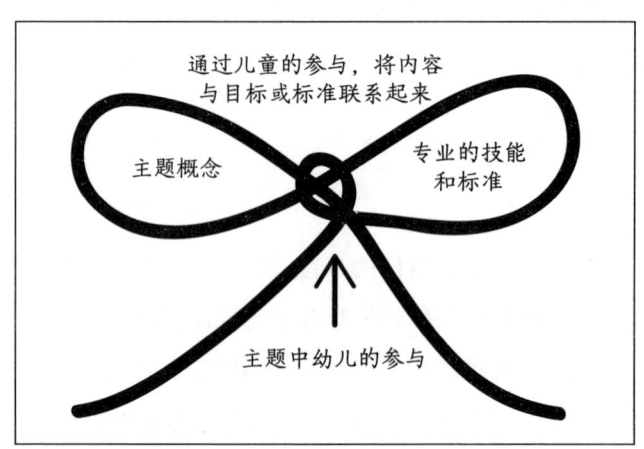

图 2.3　通过儿童的积极参与，主题内容与课程标准紧密联系

步骤 1：将预测的概念列在网络图中

在此步骤中，你将预测项目活动主题可能涉及的概念。首先，请使用彩色记号笔在空白页的中心写上探究的主题，并在其周围画一个圆圈。在主题的四周，用同样颜色的记号笔以网络结构的形式添加相关概念，并用直线将其与圆圈连接起来。例如，在"鞋子"主题的网络图中，相关概念可能包括"鞋子的构成""尺码""获取鞋子"等（如图 2.4）。教师应当聚焦于与鞋子有关的概念，而非为儿童列出与鞋子有关的活动，这可以在稍后的环节中去做。大多数有经

验的教师自然会想到过去很成功的学习活动。虽然教师容易受以往课程经验的影响，但如果你能首先集中精力去识别主题中的概念，并保留计划活动，直到你看到孩子们最感兴趣的东西，它会更有帮助。

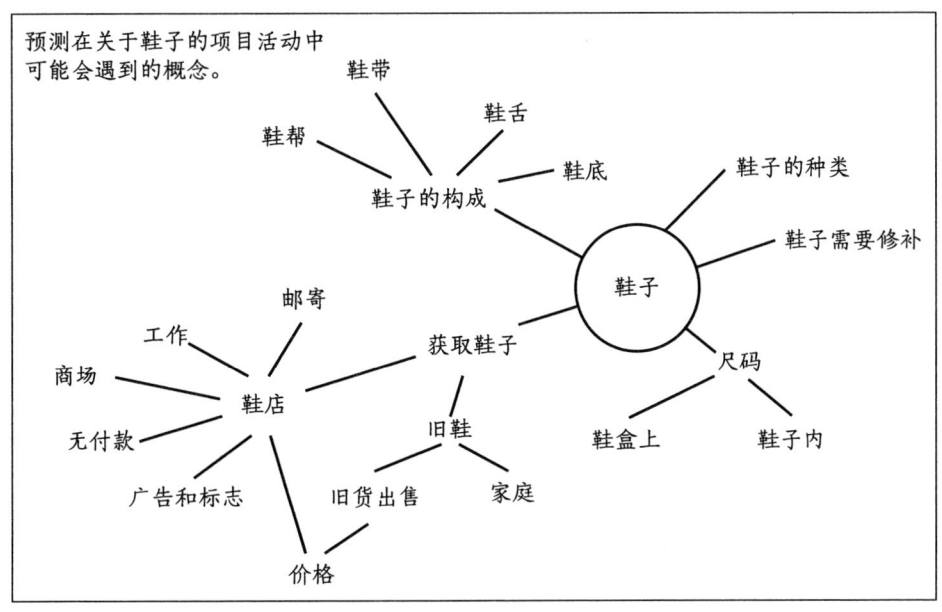

图 2.4　步骤 1：标注与项目活动相关的概念

如果教师对列出概念感到困难，可通过想象为儿童制作一本书来确定概念，如"鞋子的一切"（或者任何正在考虑的主题），并思考在书中可以找到的概念。这本书不会包含与鞋子有关的活动，只包括与"鞋子的世界"有关的内容。

随着概念图的发展，你会发现对于这个你正在考虑的主题，你或多或少知道一些事情。如果你发现自己关于这个主题的知识有限，你可能需要停止计划过程，直到你有时间阅读更多关于该主题的资料。例如，孩子们可能在操场上发现了一只蝉蜕，并为此感到非常兴奋。这个主题可以发展为一个项目活动，因为幼儿们高度投入，你知道"了解生物需要什么"符合科学课程标准。然而，当你为蝉蜕的主题绘制网络图时，你发现你知道的很少。这是一种昆虫吗？那是一个空壳还是尸体？有什么东西吃掉了蝉的内脏吗？蝉有危险吗？借助于互联网来做一个小调查或许能够填补你的知识空缺，并且你的计划网络图会变得更丰富，更有助于你为幼儿创造在项目活动中学习知识、提升技能和认知品质的机会。

步骤2：确定整合标准和目标的机会

在此步骤中，你将会发现把标准和目标整合到项目活动中的真实机会。根据标准和必修课程目标中所包含的知识和技能的详细要求，你需要思考哪些目标与主题中的固有概念自然且真实地存在联系，并可用一种新的颜色的记号笔将这些概念标注在网络图上。例如，在"鞋子"这一主题活动中，孩子们会产生数字识别的需要［"区分数字与字母，识别一些个位数的书面数字"——伊利诺伊州早期学习和发展标准（伊利诺伊州教育委员会，2013）］。各种鞋子的尺码、价格、销售标签和存货清单都涉及数字。当孩子们遇到鞋子尺码和买卖鞋子的地方等概念时，使用数字的需要就会清楚地显现出来，这激励着他们学习和练习使用数字。

一张带有主题概念和课程目标的计划网络图会提醒你，孩子们可能有机会在项目活动中学习一些特定的知识或技能。学习机会可能包括阅读印在鞋子里和鞋盒上的尺码，或者在商铺广告或标签上显示的鞋子价格。在计划阶段，你要专注于识别儿童有意义地接触知识与技能的机会，而非考虑由教师主导的活动。通过审视概念网络图，以确保其真正能够与幼儿特定的知识与技能（或适当标准的简略版本）相联系，并用一种新的颜色的记号笔将这些目标写在概念网络图的旁边。这将有助于儿童在下一个步骤中获得适宜且真实的学习经历。例如，在"尺码"旁边写上"数字识别"（如图2.5所示）。

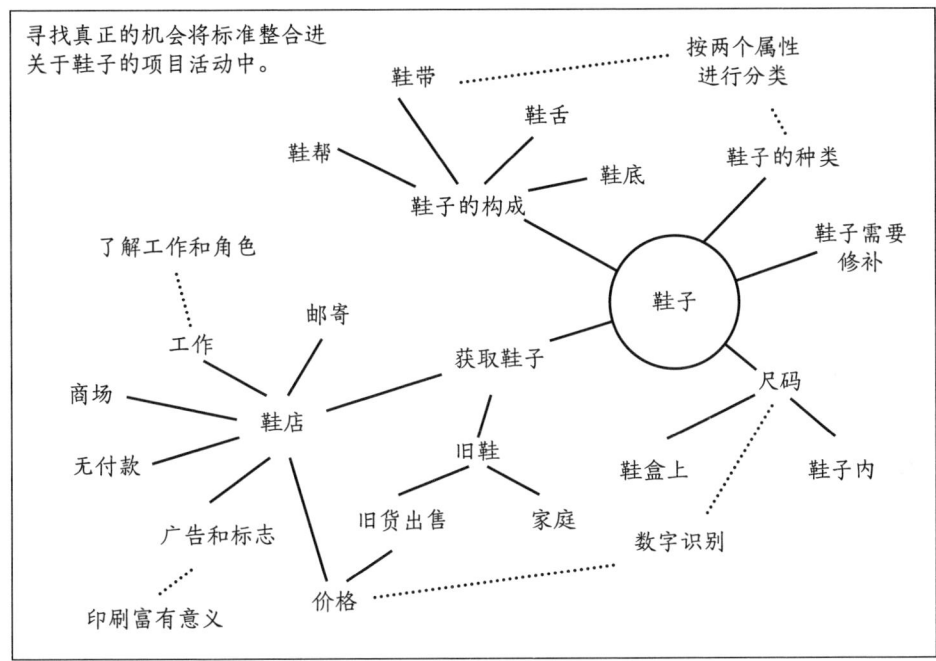

图 2.5 步骤 2：明确课程目标和标准位于何处

在制作网络图时，你应该把注意力集中在界定概念上，通过这些概念，孩子们可以体会到相关知识和技能有用。与此同时，你要能够识别儿童自然地练习与运用这些知识与能力的机会。这一步的目的在于找到概念与课程之间的真实交叉点，从而有助于促进儿童认识到课程目标的意义与学习价值。

步骤3：将目标或标准与主题概念联系在一起

在此步骤中，你要思考如何将目标或标准与主题概念挂钩。教师们发现，回顾步骤1和步骤2中创建的概念和课程目标的网络图，并通过虚线将目标和概念结合在一起很有帮助。

你可以审视你的网络图，并使用标记将概念与知识和技能逐一相连。当概念、知识与技能相融合时，就可以在计划网络图上用虚线圈加以标注，从而表明此处可以引导儿童参与。图2.6表明当课程目标或标准与主题概念加以整合时主题网络图的外观。

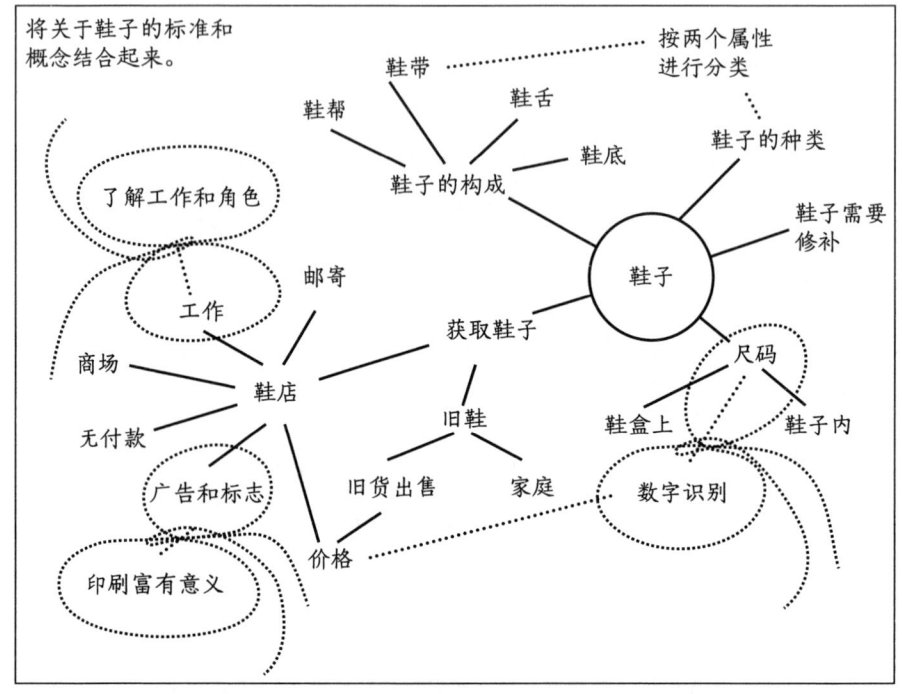

图 2.6　步骤 3：将概念与课程目标或标准紧密相连

步骤 4：明确项目活动过程中可能开展的子活动

你现在可以计划有吸引力的学习实践活动，以推动项目活动向前发展。在此步骤中，你可以列一张"项目活动过程中可能开展的子活动"清单，以扩展儿童的兴趣，并将目标/标准与儿童感兴趣的内容相联系。在你的网络图中，用一种颜色标注概念，用另一种颜色标注知识和技能，用虚线将概念和目标/标准（如"尺码"和"数字识别"）连接在一起。你现在需要思考具有可行性、能够包含上述要素的儿童学习实践活动。有些学习实践活动可以在项目活动的第一阶段（开始阶段）加以落实，从而建构儿童的背景知识并确定项目活动的发展方向。在探究过程中，你可以用一些实践活动来回应儿童的兴趣和问题，或者利用在其他环节（如团体讨论时间和阅读时间）中教师引发的活动。努力保持活动的现实性和真实性非常重要。例如，你可以计划向孩子们展示鞋的大小，然后帮助孩子们按大小分类鞋子，就像在商店里一样。虽然这个活动由教师指导，但它可由儿童在鞋店里真正执行。这种经验向孩子们展示了数字的有用性，并激励他们学习。他们很可能会在家里重复这个活动，从而获得额外的练习。这项任务很可能对孩子们来说非常具有吸引力。

相较于常见的关于鞋子的主题活动，分类活动具有不真实性。在此活动中，教师用纸制作了一双鞋。其中一只鞋上贴有圆点，另一只鞋上写有数字。通过将圆点与数字相匹配的方式来引导幼儿制作成对的纸鞋。虽然此活动没有消极影响，但它缺乏吸引力，尚未显示在现实世界中学习数学或应用数学的价值，并且需要教师监督儿童完成这项任务。

通过将有关活动和经验的头脑风暴推迟到计划过程的这个阶段，你更有可能产生真实且富有意义的想法。期待这种整合的机会将使你能够准备入门课程、材料和用品，并在孩子们完成项目活动的任务时与他们互动。

图 2.7 中的斜体字部分有助于你思考真实的学习活动。在你的网络图中将概念和目标配对，所形成的活动将会吸引儿童参与。在"领结"的左尾，你可以列出环境的改变、有益的挑战或特定的问题。在"领结"的右尾，你可以列出儿童所期待做的事（如图 2.7 所示）。例如，你计划利用小组活动的时间来让孩子们观察和谈论他们的鞋子（环境：观察鞋子的时间）。当孩子们正在观察和谈论他们的鞋子时，你可以提出问题（问题：所有男孩和女孩的鞋子是同一个尺码吗？当你挑选鞋子时，你如何得知它有多大呢？）。你也可以向他们发出挑战（挑战：我们如何得知在班级中有多少人穿 6 码的鞋？）。

然而，在你制作的每一张网络图中添加如此详细的注释是不太可能的。对"领结"的每一个部分加以思考，将有助于完善计划并为回应儿童的参与做准备。大部分教师可以在他们的网络图上简单地用曲线加以标注，并单独列出一张可能的学习活动清单（如图 2.7 底部所示）。随着项目活动的推进，当主题焦点出现转移并形成新概念时，教师发现回顾计划网络图是有用的。回顾网络图有助于你思考应该如何加深儿童的体验并拓展他们的思维。

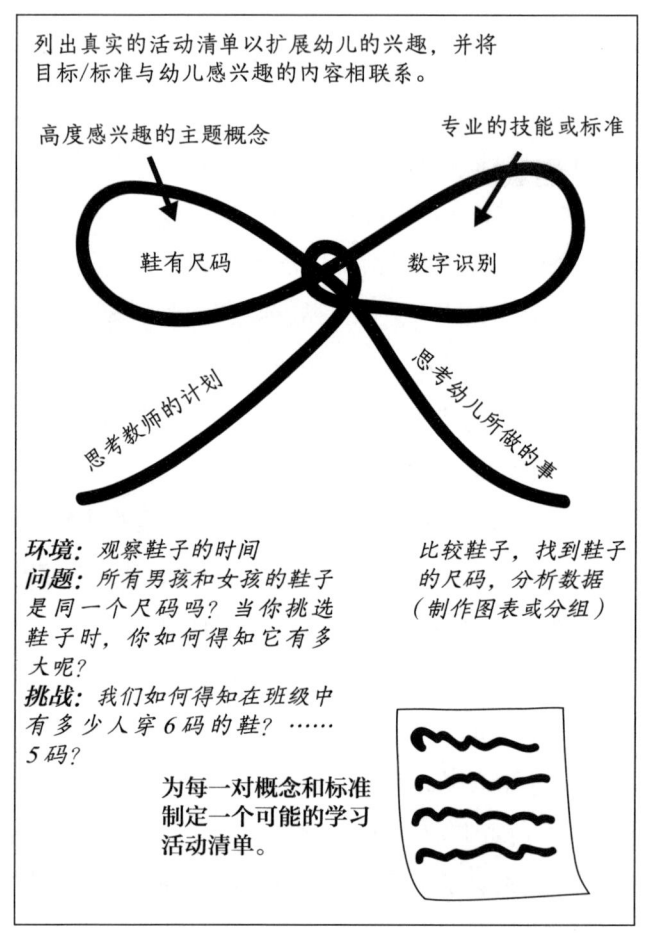

图 2.7 步骤 4：确定最初的项目活动以构建背景知识

步骤 5：追随幼儿的兴趣

完成计划网络图的最后一个步骤是，根据幼儿的兴趣修改你的网络图。在最初的实践完成后，儿童会萌发自己的兴趣。通过观察儿童在这些最初的学习经历中的参与情况，你能够明确大多数儿童对哪个概念最感兴趣。如果儿童对修鞋比对鞋店或鞋子的来源更感兴趣，那么修鞋便可以成为项目活动的主题，最大限度地提高儿童开始、参与和决策的积极性。许多教师发现，当某个部分成为项目活动的焦点时，应将其从本来的位置移至网络图的中心。例如，在

图2.8中,"鞋子需要修补"被移至网络图的中心,以提醒你、其他教职工以及家长主题活动的焦点。不同于"鞋子"项目活动,孩子们将对"修鞋"项目活动展开深入探究。在计划阶段的最后一步,缩小主题范围以满足儿童的兴趣,主题便发展为项目活动。通过缩小主题范围以符合儿童参与的需要,之后鼓励儿童提出并寻找问题的答案,尊重儿童的主体性,从而促进儿童的决策和参与。在教学法连续体中,幼儿学习经验的来源向右推移至项目教学法(如图1.1所示)。

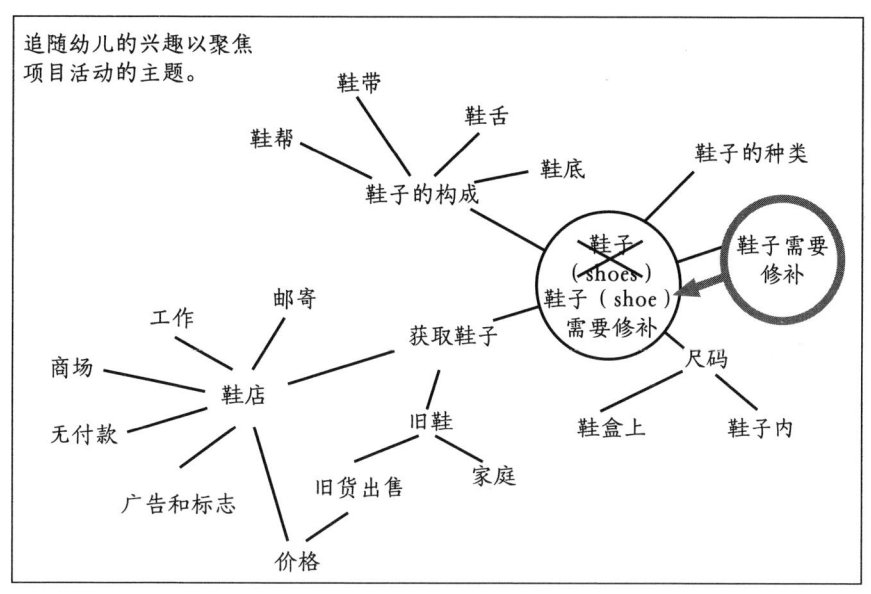

图2.8 步骤5:追随幼儿的兴趣以聚焦项目活动的主题

当将幼儿感兴趣的内容移至计划网络图的中心位置时,许多概念以及知识和技能的有效应用将仍然适用于聚焦的新主题。然而,其他的概念和应用将会被取代、删除或移至另一个新添加的概念网络结构中。作为教师,加强儿童的决策力和引导他们的探究比实施预设的活动更重要,虽然有时候教师很难接受这样的做法。在一个二年级班级实施的有关鱼的项目活动中,教师将"水族馆"预设为焦点。然而,学生对鱼的身体更感兴趣,项目活动的焦点便转化为"鱼骨骼"。通过增加与幼儿的新兴趣相关的新概念和转移活动来整合不同的学习目标，教师仍然能够将大量的、必需的课程内容涵盖进来。即使没有水族馆，学生们也可以开展一个很棒的项目活动。记住，在项目活动的进行过程中要不断回顾计划网络图，并随时调整或增加内容。

总结

检查计划网络图和回顾本章前面讨论的主题选择的指南，可以帮助教师评估一个主题的潜在价值。一旦选定某个主题并进入探究阶段，网络图可以帮助教师预测项目活动可能的发展方向。因此，教师需要准备幼儿的问题和相关建议的提纲。网络图可以反映项目活动与目标的整合以及知识与技能的应用。尽管这是一个漫长的过程，但是"提炼一个主题"并制作计划网络图不仅可以帮助教师评估主题的价值和实践性，还可以帮助教师整合课程内容。

在制作计划网络图以及与课程内容建立联系的过程中，与计划相关的问题随之而来，例如：

- 是否有专家与儿童互动？
- 是否有相关的场所以供参观？
- 家长们会如何回应这个主题？
- 家长们如何参与这个项目活动？
- 小小探索家如何呈现他们探究与学习的成果？

对这些问题的回答有助于教师评估项目活动主题的可行性。此外，教师可以通过计划网络图来明确资源（如可以将书籍带到班级中），以关注和丰富初步的对话，并建构共同的经验。

建构共同的经验

如果一个主题由教师引发，那么在儿童开始探索前，教师可以利用各种技巧给他们提供共同的经验，借此丰富他们的讨论与互动过程。教师可以述说与主题相关且亲身经历的故事或让有类似经验的儿童说故事。在讨论的时候，教师可以呈现一件相似的物品，以诱发儿童的好奇心并引发相互讨论，也可以与他们一起阅读并讨论一本图画书。教师应鼓励儿童进行有关主题的对话。

鉴于儿童能够从自发性游戏中表现出他们的经验与理解，因此教师在项目活动中就可以将道具、用品或扮演服装放入娃娃家或角色区中。当运用这些物品进行角色扮演时，这些小小探索家就能展现并强化他们的理解，也经常能够彼此交换与主题相关的观点。儿童也许会将他们所知道的事物绘成图画或搭建积木。建立一个共享的观点十分重要，这会让整个团体有共同参与探索某件有趣事物的感受，而分享或讨论他们早期的探索经验则有助于建立共享的观点。

帕姆·斯克兰顿在谈及"兽医"项目活动（如表1.2）的开始策略时说：

"兽医"项目活动是一个很好的范例，可以用来说明在仅具备有限知识的儿童中进行项目活动的过程。戴维沮丧地走进教室，因为他的小猫必须在兽医诊所里过夜且要做绝育手术，他很想弄清楚这件事，但其他孩子丝毫不了解兽医是什么。班级中的孩子对该主题的相关经验较少，但我想这个主题有希望发展成一个成功的项目活动。因此，我们花了几天的时间了解这个主题。我们到图书馆里查阅资料，正好图书管理员有几本相关的书籍，她还有一套计算机游戏软件——"我想要当兽医"，孩子们能够通过屏幕看到兽医诊所。我们就让他们在图书馆里探索。回到教室之后，我们开始阅读有关兽医的书籍，内容涉及大型动物兽医、小型动物兽医和兽医使用的术语等。我们收集信息并建立起有关的知识背景。

有时我们称这类活动为"与主题交往"。在这个活动中，儿童建立了知识背景，并认识了一些基本词汇和相关概念。活动可以为儿童提供一个可以深入发展的知识基础，这对低龄幼儿来说尤为重要。这段时间也能让教师观察儿童对此主题的兴趣。

发掘儿童的相关知识

一旦教师认为大部分儿童都已经具有有关这个主题的知识背景，他们便能运用更正式的方法找出儿童已掌握的相关知识。教师通过与儿童交谈，将儿童所知道的内容以图示的方式（如网络图）加以呈现。此方式不仅有助于儿童建立共同的知识基础，使讨论成为可能，还可以帮助他们了解与该主题相关的词汇。每一个参与的人（包括教师、儿童及其家长），都可以了解儿童刚开始时对主题的认识。

清单

小小探索家可以通过很多方式记录并呈现他们的知识。最简单的方式就是在班级团体讨论时列出儿童关于主题的已有经验的清单。就3岁儿童而言，他们可能需要教师相当多的协助来表达自己对主题的响应。当教师将儿童的讨论写于纸上时，他们会看到以书写方式呈现的话语及概念的对应词。

网络图

网络图以图示的方式呈现儿童的讨论或问题之间的关系。虽然网络图与清单相似，但其各个项目都是通过某个中心思想向四周扩散。一些不曾进行过项目活动的教师有时会对网络图持怀疑态度，因为他们认为儿童无法阅读，也不了解这些连接线所表示的相互关系。然而，有经验的教师认为比起清单，儿童似乎较能理解网络图并对它会有反应。很多3岁的儿童似乎已经可以理解他们的话语被书写下来的过程。若在网络图中增加图画或照片，则能帮助儿童将自己和他人的话语与书写文字相联系。当教师将儿童的话语呈现在网络图上时，许多4岁的儿童能够真正说明字词之间的关系，而且能够认出某些字。小小探索家成功制作网络图的关键在于，当他们第一次绘制网络图时，教师让他们做了充分的准备，并给予他们足够的支持，确认他们对这个主题具有预备知识，并且这些知识与这个网络图产生了有意义的关联。帕姆·斯克兰顿说明了3—

4岁混龄班儿童绘制网络图与清单的策略,并且班上还包括有特殊需要的儿童。

我认为在开始绘制网络图之前,儿童需要先进行与主题有关的很多思考。在绘制前,我们通常会讨论主题至少两次。我也会跟个别孩子聊天。甚至在团体讨论时,我会问这样的问题:"你们认为我们的项目活动要怎么进行?""你们想要看到什么?"

我与大约8个对主题最感兴趣的孩子一起绘制网络图。我未曾有效地与整个班级一起绘制网络图……我将一张大的空白纸张夹在画架上,让他们自由发挥。在这个过程中,儿童绘制网络图的能力得以增强。在"消防车"项目活动中,网络图的箭头扩散得很广。在接下来的"兽医"项目活动中,他们根据大小将动物分为两类。他们开始产生想法,并告诉我要写在哪里。他们按动物的大小将问题分列在清单上,并对我说:"嗯,你最好将它归到大型动物那边!"(见表2.2)。

表 2.2 "兽医"项目活动动物分类

(当帕姆·斯克兰顿的班级在进行"兽医"项目活动时,孩子们决定把问题分为"大型动物"和"小型动物"两类)

小型动物
1. "为什么猫咪需要结扎?"
2. "狗狗也像小孩一样需要打预防针吗?"
3. "它们打预防针的时候会哭吗?"
4. "你们会照顾松鼠吗?它们很娇小。"
5. "你如何喂狗狗吃药?"
大型动物
1. "给马打预防针时你如何够得着它呢?"
2. "为什么马儿整天都站着?"
3. "你会帮绵羊理毛吗?就是剪羊毛。"
4. "为什么牛也要到兽医诊所?它们也生病了吗?"

若儿童年龄太小或从未参与过项目活动,教师需要引导儿童并加以示范。可从说故事开始,这对他们来说相对容易。在绘制网络图时,我们会为孩子们提供很多参与讨论的机会。我可以问他们诸如"你们想知道关于兽医的哪些事

情？""哪些事情是你们最想要知道的？"等问题。

在"兽医"项目活动中，我将书找出来并带着儿童重新阅读，这触动了他们的记忆，并使他们想起一些词汇。当看到一张手术室的图片时，你可以问："你想要知道里面的哪个部分？"有时候他们会给我一张清单，然后他们会提问。这个发展方向是我所希望的——形成探究的问题。有时这些问题只是从网络图中涌出来，我会将这些问题列在另一张纸上，或者我会将我们想了解的事物列在另一张网络图上。在"兽医"项目活动中，问题最后向我们想知道的内容发展："那里有药丸吗？""为什么小狗需要被关在笼子里？""如果松鼠生病了怎么办？"

许多具有丰富的项目活动实施经验的教师认为，儿童所绘制的第一个网络图与其后来绘制的网络图有明显差异。处于混龄班时，年龄较小的儿童会很快地从有经验的儿童那里学会一些技巧。3岁的儿童即使无法在真正绘制网络图时帮上忙，也会学习如何画网络图。教师们指出，这些儿童在下个项目活动中会自发地帮助绘制网络图，有时甚至会走上主导者的位置。与儿童一起绘制网络图的关键之处在于，教师花费足够的时间获得预备知识，并帮助儿童了解相关的词汇，以利于其与主题的互动和对主题的思考。

有时候教师很难将儿童的注意力集中在架构网络图的过程中，尤其对还不会阅读的儿童来说，这更是一项挑战。重要的是要记住，绘制网络图的主要目的是将儿童的想法与问题付诸文字。虽然说出自己的想法、看到教师示范书写过程对儿童来说是有帮助的，但这些事情也可以在一天中的其他时间进行。在绘制项目活动的网络图时，教师必须精神饱满，掌握好节奏，让儿童很快地将他们的想法表达出来。假如必须等待很久才能说出想法，他们可能会忘记自己要说的话。利用投影仪来投射网络图也是有帮助的。小空间使教师能够快速地书写，而且幼儿能看到书写的过程，并且能跟随整个流程。当教师书写时，儿童也可以指着屏幕告诉教师，他想让教师将字写在何处。低龄儿童很喜欢用便利贴来制作网络图，这样他们可以自己将便利贴贴在网络图上。

相较于托儿所的儿童，幼儿园、小学一年级的儿童绘制网络图更为容易。

在已具备项目活动的相关经验时，他们较能专注于问题，并能发现概念之间的关系。其中有许多孩子喜欢思考主题各部分之间的联系。在开始绘制网络图前，对儿童先前的知识储备和之后展开广泛讨论的评估对低龄且缺乏经验的儿童来说比结果本身更为重要。对很多幼儿园及一年级的儿童来说，如果这个主题适合他们且他们感到熟悉，那么只要教师在画架上放一张纸，要求他们列出问题清单，他们就能列出来。教师甚至能够通过儿童所组织的网络，拓展他们对此主题的了解以及各子主题之间的关系。玛丽·安·戈特里勃描述了她执教4—5岁混龄班的经验。

今年我做了不同的尝试。之前我会将各种想法呈现出来并画成网络图，然后由我架构和组织，包括决定写在哪里、如何联结概念。现在，我要儿童自己看出事情之间的关联性。当孩子们告诉我他们的想法时，我将每一个想法写在便利贴上。我们之后会进行回顾（通常是隔天），孩子们会将这些想法组织成一张网络图。同时，我将这些想法写在主题的四周，然后让孩子们在晚些时候组织它们。我知道他们能做到。他们会找到这些想法的共通性，并将它们组织在一起。他们还指出了我们可以如何称呼它们。只是我们必须每次一小部分一小部分地进行。

同时，戈特里勃老师发现保留网络图是有帮助的。他将这些图影印在12厘米×18厘米的纸张上并把它们放在活页夹里。这些网络图记录了他们整年的探索历程。儿童可以审视、增加内容、修订、回顾，并讨论自己所学、所知的一切。

扮演游戏

正如我们所建议的那样，儿童通常通过扮演游戏表明他们所知道的内容。教师可以在生活区或扮演区放置一些与主题相关的道具。当幼儿运用这些道具扮演角色时，他们对此主题的了解会更加深入。他们也可以理解相关主题中大人的角色。通常，在扮演区运用道具是一种聚焦的手段，教师想借此观察和了解幼儿的预备知识。

使用这种策略的一个例子是，在为"餐馆"这个项目活动做准备时，教师在娃娃家介绍菜单、点购单、餐巾及围裙等物品。当儿童使用这些物品时，不仅能够显示出他们对餐馆的了解，也能够表现出他们对此主题的兴趣。对语言不流利、正在学习第二语言或语言发展迟缓的儿童来说，这是个特别有效的技巧。通过让儿童参与游戏，教师可以为儿童提供更多表达的机会。这种游戏要求儿童能够说出每件事物的名称，教师可以把特定的物品拿给儿童，并观察儿童如何使用，记录下儿童已掌握的词汇，这些均可以通过角色扮演活动达成。

绘画

在项目活动的第一阶段，教师通常会请年龄大一些的儿童将与主题相关的印象最深的或最喜欢的经历画下来。对于大多数学前班和一年级的孩子来说，他们可以做得很好，但是对于幼儿园阶段的儿童来说，他们只能从观察中学点皮毛。然而，多次参与项目活动的小小探索家或许能够做得很好。他们的绘画能够帮助其聚焦于自己的想法，并为教师提供洞察他们对于某个主题的概念掌握程度的机会。例如，一个孩子在画乌龟时，在一个圆圈里画了一个小圆圈来作为乌龟的头，然后在小圆圈上画出乌龟的笑容。教师从中可以看出，这个孩子不是很了解乌龟的脸、嘴的功能以及眼睛和四肢的位置。

建构物

小小探索家也可以通过建构物来展现他们所知道的内容。通常，儿童会通过自主性建构来表现出他们的兴趣及最初的知识。例如，一群儿童持续地在建构区搭建，搭建出一些地面移动设备。教师可以通过在积木区增加一些与主题相关的物品、在桌上的玩具区加入乐高积木等方式来鼓励儿童的探索行为。美工区也是一个可以让教师发现和了解儿童所掌握的相关知识的区域。

保留第一件呈现的作品

第一件作品是档案收集的起点，由此我们开始建立完整的项目活动档案。

当儿童探索一个主题时，他们同时在为自己所具有的知识技能和认知品质提供相关的证据。这些都该仔细地保留下来，因为从这些很完整的档案资料中，教师可以回溯儿童成长的足迹。在项目活动的预备阶段及发展阶段中，教师应该收集所有的网络图、建构物、绘画作品或游戏经历等重要资源，它们都是揭示儿童成长的重要证据。基于此，教师必须标明儿童作品完成或制作的时间。第五章将会针对档案的收集进行详尽的讨论。

引导儿童提出想探究的问题

当教师开始整理与主题有关的档案时，他会区分出哪些是儿童不知道的事，哪些是儿童想要知道的事。4—6岁儿童总是能够很快、很自然地抛出问题。教师可以列出所有问题，以便构建集体探索的基础。然而，对于年龄较小的儿童来说，通过说故事的方式来直接问他们想要知道什么更为合适。正如帕姆·斯克兰顿所说，教师可以通过小心地调整儿童的兴趣和组织他们的想法来帮助他们提出问题。

"什么是你想要知道的呢？"

"你想知道怎么用那个吗？"

"我想知道……你怎么想？"

有时候教师也可以借助于介绍某件作品与儿童展开讨论，从而引出他们的想法。

"你认为这有什么用呢？"

"你认为要怎么做才合适呢？"

如前文所言，询问儿童想知道、想发现什么，可以刺激他们形成探究的问题。例如，在为一位专家的来访做准备时，教师可以询问儿童想要聊什么，想对专家说什么，想请他多介绍什么，以此制作一张简易的问题清单。通过这种方式，儿童可以阐述他们想要了解的事情，教师可以将他们的反馈转换为问题清单。

教师可以通过帮助儿童制作问题表格（如表2.3所示）的方式来加强对项

目活动的聚焦。当每个儿童提出自己的猜想，并且他们的猜想看起来较为合理时，比较好的做法就是问儿童"你为什么会这样想？"，一些儿童或许会以"我不知道"来反馈，一些儿童或许会说"我爸爸告诉我的"。但是有一两个儿童会为他们的猜想提供合理的理由。通过不断地追问，教师能够有意识地促进儿童认知品质的发展并发现其观点背后的理由。

表 2.3　教师聚焦主题研究并通过引导儿童提出问题和猜想结果来引发儿童的思考

问题	猜想	结果
超市里有多少种谷物？	10 30 100	126
超市里有多少种杂志？	25 100	142

将第一张问题清单视为探究的第一步非常重要。这张清单未来可能会被整理出来的标有新方向、新兴趣的清单取代，而问题也会随着答案的出现日益减少。

在教室里创设探究环境

大多数托儿所和幼儿园中设有积木区、有画架的美工区、娃娃家或扮演区、讨论区、感观区以及有沙、水和背光桌等道具的科学探索区。这些均是进行项目活动的自然场合。一年级的教室空间有些变化，所有年龄层的儿童都需要桌子或书架来展示与课程相关的作品、书籍或其他资源。公布栏中则可以展示网络图、与课程有关的文字、图片或儿童的作品。鉴于学前阶段的项目活动中经常涉及搭建作品，如果不影响其他活动的进行，教室里应该有足够的空间来容纳这些作品。这样做可以鼓励儿童回顾和审视自己的作品，并完善一些细节。

教师有时会为了项目活动中的建构物而改变教室空间的布局，例如，将积木区变成种植区，将娃娃家变成餐厅。决定将建构物放在哪里，如何挪出空间是问题解决过程的一部分。儿童应该提供自己的想法，并选择解决的方式。有时走廊与多功能公共空间都可以被充分利用。有些项目活动会产生一些小型作品（如黏土雕塑等）。这些作品可以被收集在有盖的塑料盒中。这种暂时存放作品的塑料盒非常有用，尤其是当两组儿童使用同一间教室的时候。

收集设备与材料

有些材料与设备无论在哪个项目活动中都很适用，包括建构类、艺术类以及与读写相关的材料。即使大部分的学前儿童不会阅读书籍，书籍仍是项目活动进行时的重要资源。与主题相关的图画书很有用处，一些为年龄较大的儿童所写的图书中若有照片、绘画或图表，也可用来拓展儿童的见闻。对项目活动而言，写实的书籍比童话书更好，因为有些童话书可能会传递错误的信息，儿童最好在课程即将结束时再使用和欣赏这些童话书。

此外，还有一些材料是儿童团体进行项目活动时所需要的。带有铅笔的记事夹板经常可以成为儿童珍视且感到骄傲的奖赏物，因为通常记事夹板是成人而非儿童用品。对儿童来说，这体现了项目活动的重要性。为让儿童携带方便，教师应该用线将铅笔系在记事夹板上。洗衣篮或有把手的搬运箱可以很方便地用来放置记事夹板，也可以很方便地运送到参观地点。儿童个人的记事日志有助于其书写及描绘关于主题或班级的经验。当他们专注于搭建活动时，某个幼儿可能会成为某方面的"专家"或"研究者"。例如，在"消防车"项目活动进行的过程中，乔丹成了一个"梯子专家"，他花了很多天研究怎样搭建梯子。为儿童个人准备的储藏空间，可以鼓励儿童继续前一天的工作，从而使其作品更加完善。

项目活动与每日作息表

在儿童早期教育教室里进行项目活动有几种方式。对儿童来说，不把时间切割成短暂的、针对特定的领域（如数学时间或阅读时间）似乎更有益。大多数的教师会试着让每天的活动有条理地、流畅地进行，这样在活动与活动之间就不需要有突如其来的转换过程。通常他们会将一天的时间分为几个时段，对儿童来说，每天至少应该有 45~60 分钟的发现、探索时间，这段时间可称为

"自选活动时间""自由游戏时间""工作时间"或"区域时间"。很多教师会运用类似表 2.4 的时间表,这张表将一整天分为几个时段,每个时段均有典型的活动,并且可以整合在每日的作息时间中。活动可能只安排在每天的一两个时段中,也可能在某个特别的日子里整天进行。

表 2.4　每日作息及项目活动表

典型的作息时间	可能发生的项目活动
早晨问候 集合时间	• 观赏与主题有关的展示品 • 在地毯上浏览书籍和各种资料 • 复习或讨论先前活动的照片
团体讨论时间	• 讨论与新主题有关的探究结果 • 分享小组的探究结果 • 回顾作品 • 介绍诸如书籍、新作品等资源 • 专家报告与交流
工作(或区域) 时间(不少于 45 分钟)	• 个人或小组的探究活动 • 小组会议 • 展示写生、绘画或用黏土完成的作品 • 创设游戏环境 • 搭建模型及建构物
回顾时间	• 报告小组进度 • 介绍新想法 • 欣赏作品 • 发展新的探究问题
户外时间	• 可能与主题有关的探究或观察活动 • 与项目活动有关的角色扮演
小组活动	• 聚焦小组的工作内容 • 示范或演练相关的内容、技巧 • 继续未完成的工作 • 成人在小组中分享资源 • 专家报告或操作示范 • 需要教师较多指引的活动(与小组进行细节的搭建、模仿、复习与讨论)

（续表）

典型的作息时间	可能发生的项目活动
故事或图书时间	• 共同阅读与主题相关的书籍 • 共同阅读与项目活动发展历程相关的书籍 • 共同阅读与主题相关的、写实的故事书 • 书写日志
音乐时间	共同欣赏与主题相关的音乐
读写或数学工作坊（一年级）	介绍有关主题内容的技能，如制图、绘表、数数、测量、问题解决、复习与增加词汇量、制作与别人沟通时所需的物品（记号、邀请函、小册子、感谢信）、书写日志，以及将对话及故事记录下来，以便将来展示或制作项目活动发展历程书

儿童负责任

在主题探索的过程中，项目活动有自己的生命力。有时主题的内容对儿童极具吸引力，一些突发事件能使儿童开始推动项目活动的进展。此处，我们讲述了娜塔莉亚·菲尔在小朋友学习中心（皮奥里亚）里第一次与一群4—5岁的幼儿进行项目活动的故事。这个班级曾经研究过"车子"的主题，他们探讨交通工具（汽车、公交车）与救护车，然后他们开始注意到诸如卡车、吊车、挖掘机、推土机及起重机等重型车辆。

我试图让他们的思想集中在对某个主题的选择上，但他们却选择了另一个完全不同的方向。其中一名幼儿说："我爸爸在直升机制造厂上班，我们为什么不做个大的机器呢？"另一名幼儿则对我说："我有个很特别的想法，我爸爸有件衣服，上面有公司的标志。如果我把那件衣服给你，你来做我们的老板如何？"我意识到孩子们正引领我进入一个主题，我停止说话，然后他们开始讨论直升机制造厂的人。当我说话时，我看见孩子们因兴奋而坐立不安，眼神中闪耀着光芒。他们一致同意当工厂的工人，而我则是他们的老板。之后有一名幼儿说："我们应该制定一些工作规定！"接下来就到了休息时间。

我们在户外看到不远处有正在进行的建筑工程，孩子们问我是否可以靠近一些。他们专注地看着在沙尘中工作的机械，同时关注工人的腰上绑的工具以及工人如何运用这些工具。

突然,一台重型机械从一栋建筑物后驶出来,停在两栋房子之间。司机马上着手操作机器,开始工作起来。这对孩子们而言是绝佳的示范,他们惊叫说:"那是重型推土机,一台重型推土机!"我们看了将近20分钟……孩子们注意到它运作时的许多细节,其中一个孩子说:"我们要不要也做一台重型推土机?"另一个孩子回应:"我们先来画一张图吧!"

接下来的一切都不在我的掌控之中。孩子们的动机很强烈,他们想组成一个团队,从而开始这个活动。我迅速地进入教室,幼儿们也随后进来,他们提醒我带纸和彩笔出去。我心想:"这就是项目活动的开始。"我们又出去了,孩子们开始画画。一名幼儿问:"我们可以画一个计划表,计划谁负责什么事吗?"

幼儿们的建议层出不穷,快得让我无法确切地写下他们的话。但我试着尽量将每个孩子所说的话写下来。有人说:"那我们的团队要起什么名字呢?"另一个人说:"黄色,黄色,因为推土机本来就是黄色的!"又一个人回答:"嗯,车子上面有一个符号,我们可以将这个作为我们团队的标志。"他们又决定由谁来写名字,我帮戴维拼写"黄色"(yellow),后来他有些困难,杰西卡帮他完成。接下来,第三个孩子帮忙写"团队"(team)这个词,其他人也在旁边帮忙,每个队员都感到十分兴奋。我告诉他们:"明天再继续!"这就是这个项目活动的开始。

下一个阶段

一旦对某个主题的想法确定之后,小小探索家就会知道自己想知道什么。如果教室里也准备好了各类资源及设备,那么这个班级已经做好准备进入第二阶段——项目活动的探究。

第三章

项目活动的发展：为探究做好准备

当一系列等待解答的研究问题初步形成时，项目活动便进入第二阶段。第二阶段将在本章及第四章中加以阐述。本阶段最主要的特征是这些小小探索家将对主题进行深入探究，努力寻求答案，并明确新的问题。

第二阶段的开始

如图 3.1 所示，第二阶段的第一部分开始于教师再一次审视自己预先计划的网络图以及儿童的网络图。接下来，为收集相关资料和信息做准备，如选择一个参观的地点。教师可同参观的人员和专家探讨儿童如何通过项目活动学习及可能提出的问题。如有必要，教师会找机会介绍一些特别的研究技巧给儿

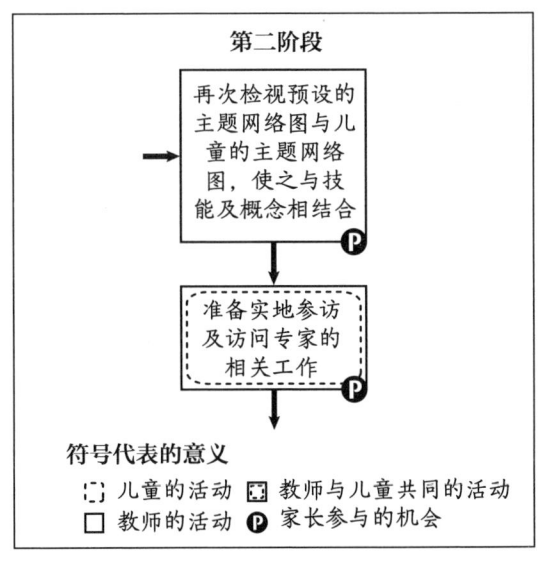

图 3.1　第二阶段第一部分流程图

童——"如何提出问题""如何在建构时使用订书机和胶带等工具""如何进行观察性绘画"等,并且在必要时让他们有机会进行练习。

重新检视儿童的网络图

很多教师在儿童完成网络图和问题清单后的一两天内会重新检视它们。假如网络图和清单展示在教室里,那么随着每日活动的进行,儿童将会迸发出许多额外的想法。如果教师经常提醒初学阅读与不会阅读的儿童注意这些问题的内容,那么这种情形就会经常发生。例如,教师可以在"这里有多少轮胎?"这个问题旁画一个轮胎。教师也可以用照片或复印图片的方式将问题附加在网络图中(如图3.2)。这样较有利于儿童探究这种图标呈现的方式,使不会阅读的儿童也能将主题记在心中,就如同会阅读的孩子不用图标仅用清单就可以想

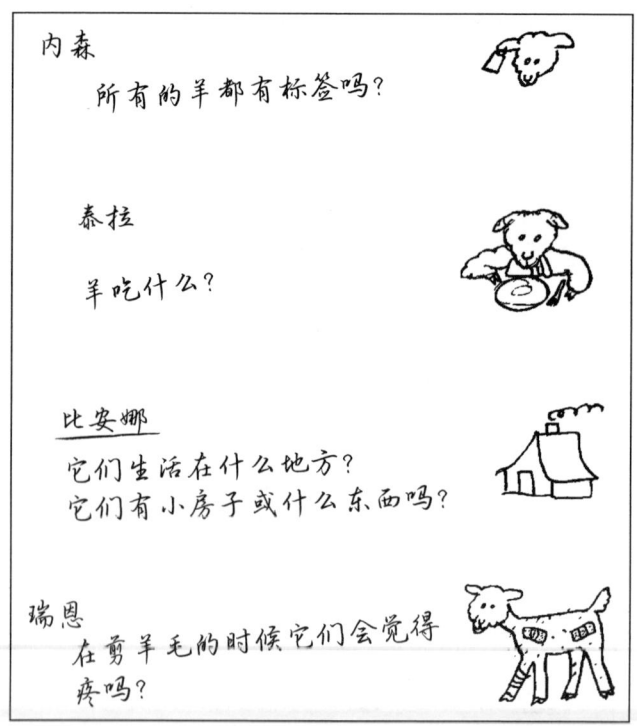

图3.2 以图标的方式呈现给不会阅读的幼儿

起相关信息一样。在准备阶段，教师可以将图标加入问题清单中，让儿童自由发现，或在小组时间由教师展示出来。教师通过观察 3—4 岁儿童的表现，发现他们已经学会观察问题清单，增添说明符号或详细的图标，甚至增加更多的问题。例如，在"校车"项目活动中，儿童对于司机拉动驾驶方向盘旁边的控制杆而打开车门的方式相当感兴趣。当教师在问题清单中画出车门打开的样子时，一名幼儿走向前，拿起记号笔，将方向盘旁的控制杆圈出来，并表示那是最吸引他的部分。

重新检视、扩展问题的目的之一是鼓励儿童对主题有更深入的思考。在第二阶段中，反复解释问题清单可以使儿童随着知识的逐渐增长而询问出更复杂的问题。然而，儿童可能会觉得第一阶段所提出的问题完全适用于整个项目活动的进程，教师对此也不用过于惊讶。在第二阶段初期，3—4 岁的孩子在重新检视原始的问题清单时，通常不会产生更明确或更复杂的问题。但是，重看一次问题清单对儿童来说还是有价值的。当儿童有任何新发现时，他们就会将新信息融入讨论当中，增加网络图的内容，有助于他们认识到自己所了解的与主题相关的知识正在增长。这种情形会使幼儿对主题产生新的热情。但是，重新检视原有的问题清单可能有时会出现过度的情况，我们需要加以注意。

重新检视教师预先设计的网络图

在第二阶段开始时，除了重新检视儿童的问题清单及网络图之外，教师也可检视自己在第一阶段时所制作的计划网络图。一旦教师对儿童所列的问题清单感到满意，并认为主题已具备足够的焦点时，计划将变得更为具体。教师在设计最初的计划网络图时会预测儿童想要了解的内容及问题，这些也许在此时可以成为课程的焦点。计划网络图上的其他概念可能变得不那么重要。然而，有时候儿童的注意力会集中在教师不曾预料的子主题上。例如，有个班级在项目活动刚开始时所探讨的主题是冰激凌店，但儿童的兴趣转向了探究牛奶及牛奶从哪里来。这时，正如第二章所言，有些教师会将网络图中的新焦点圈起来，并将其视为计划的重点，以重新设计网络图。有些教师则是根据非预期的状况转换项目活动的方向，并且重新制作一张主题网络图（如图 2.8 所示），通常从主题教学转为项目教学。

当教师再次检阅计划网络图时，思考展示研究成果的方式是有帮助的。他必须预估到儿童可能会选择的游戏情境、建构模型或墙面绘画。在"超市"项目活动中，教师预料儿童可能会想在教室里搭建一家超市。为此，她仔细地在超市过道、收银区及走道标志等地方照相，以便给儿童后续的探究提供参考依据。正如所料，在教室里搭建一家超市，并在超市中进行扮演游戏成了这个项目活动的重点。

家长参与

虽然已有家长参与了第一阶段的活动，但在第二阶段开始时教师仍然需要寻求家长的帮助。此时是教师写信给家长的好时机，从而告诉他们项目活动的主题和计划，包括列出儿童将探究的问题清单。这封信同时可以说明儿童的兴趣来源，向家长介绍主题与年度课程目标之间的关系。这也是教师提前设计计划网络图的好处之一。教师可以吸收一些他有信心会用到的内容知识、技能与认知品质等项目活动经验。当他们开始进行该年度的第一个项目活动时，很多教师会提供一份"我们如何学习：项目教学法的介绍"（如表 3.1 所示）给家长。这份介绍将为家长提供关于项目活动的较为清晰的说明。由于他们的孩子正在开展项目活动，所以这对家长们来说是一件有意义的事情。

表 3.1　我们如何学习：项目教学法的介绍

1. 什么是项目教学法？ 　　项目教学法是一种由某个或某组儿童发起、围绕某个主题进行深入探究的教学方法。 2. 项目教学法和其他教学方式有何不同之处？ 　　在实施这种教学法的过程中，儿童围绕某个主题进行较长时间的学习。确定选择某个主题，是因为儿童感兴趣，而且对他们自身及生活很有意义。儿童将非常深入地探索，其中表现出的水平经常超出成人的预期。教师会将数学、阅读、科学等领域的相关知识内容整合到项目活动中。

（续表）

3. 如何为项目活动制订计划？

儿童在教师的帮助下，会为自己制订很多计划。这些计划通常包括实地参访或与专家交流。任何对某个主题有丰富的知识的人都可以成为这个项目活动中的专家。

4. 儿童如何学习？

儿童通过使用各种各样的资源来解决自己的问题，包括使用传统资源（比如图书）。为了与专家交流，儿童需要提前计划好相关的问题。在实地参访过程中，每个儿童都会承担相应的任务或与专家交流。儿童把参观的东西记成笔记，或者画下来。他们会围绕建构物品、创设游戏环境，制订相应的计划。这些活动将帮助儿童梳理自己正在学习关于这个主题的哪些内容。

教师通过将问题结构化，以及协助儿童寻找解决问题的办法和资源来支持儿童独立解决问题。随着知识的增长，儿童会自己重新编制或者重新书写。他们记录所学内容的方式包括项目活动的自制图书、海报、墙面绘画、美工作品、结构图、建构物以及日志等。

5. 教师如何知道儿童的学习正在发生？

教师收集儿童的作品，观察他们正在做什么，并分析他们的作品，这种行为可被称为"建立档案"。学校或中心的课程目标得以落实，档案就是用来确认儿童正在学习的特定目标中的概念和技巧的文件。在项目活动中，我们通常以展示作品的方式来展现儿童正在学习什么。

6. 这是儿童唯一的学习方式吗？

项目教学法是为儿童提供学习经验的方式之一。它整合了很多较正式的教学方式下的学习活动，具有更大的好处。它可以提供机会让儿童运用他们正在学习的能力解决问题，向他人分享他们所获得的项目活动经验，发展团体合作能力（如与别人一起工作），同时促进儿童思考如何应对挑战，而这有助于其脑部的发展。

7. 其他人如何为项目活动提供帮助？

儿童会有自己想要探究的问题，并且正在学习通过你或很多其他资源来寻找问题的答案。认真对待儿童的问题，倾听他们想说的话。为他们提供绘画或拍摄正在学习的东西的空间和机会。当多种感官参与时，儿童的学习效果最佳，因此任何他们可以摸一摸、近距离观察或者听一听的东西都是非常有帮助的。可以带到教室里以供儿童学习的物品，也是有价值和值得感激的（尤其是机器的构成部分、工具、产品的样品等）。我们希望你能追根究底且再接再厉，通过查看已有的档案来了解幼儿在项目活动中究竟如何学习。

（注：在项目活动开始前，可以将这份文字资料发放给家长、专家和参观地点的工作人员。）

对教师而言，第二阶段的开始是询问家长或有关人士是否有可用的作品或资源以供儿童学习的好时机。家长通常会建议专家来访或者进行实地参观，因为研究问题和课程的焦点已经日益清晰,所以这时与他人沟通可能会使项目活动发展得更丰富。例如,如果家长知道幼儿正在探究这些问题——"乌龟吃什么?""乌龟在哪儿睡觉?""乌龟有没有玩具?",那么他们就不会建议请专家来,尤其是当专家的着重点远超儿童目前所能理解的范畴时。他们也不会邀请研究已灭绝乌龟的大学教授。他们较有可能想到邀请在院子里养了将近25年乌龟的邻居。同时,家长能轻易分辨出将哪些物品或作品拿到教室里与儿童分享对儿童会有帮助。例如,家长可能会与儿童分享自己小时候养乌龟的照片,了解到儿童正在寻求哪些信息,从而知道自己能提供哪些有价值的帮助。

在第二阶段中,儿童逐渐拥有在家里延伸学习的机会。与家长沟通项目活动中的具体方面(如小小探索家的问题和现有的理解)可以鼓励家长与儿童在家里互动和交流。关于乌龟的新概念也可以成为餐桌上讨论的话题。通过亲子之间的讨论,家长可以帮助儿童巩固正在学习的事物,并培养他们的好奇心和解决问题的兴趣。

当家庭成员有所察觉或沉浸其中时,儿童从项目活动中所获得的知识可以改变家庭的动力结构。"马铃薯"项目活动提供了一个清晰的例证。故事主角正在读幼儿园,通常很少在晚餐时发言,话题都由他的哥哥和姐姐掌控。然而,有一天晚上,在哥哥畅谈他在学校里所学的知识之后,这个孩子就打开了话匣子,开始谈论所有他在班级中学到的有关马铃薯的知识。这个孩子就读于斯坦福大学附属幼儿园,他的老师是简·法里西和马克·马伯瑞。他的表现让家人们大吃一惊,因为他对马铃薯的了解远远超过餐桌上的每一位成员。于是他的母亲向教师表示,从那一刻起,家里的动力结构改变了,大家不再视他为家里最小的成员,反而会尊重他且倾听他的话语。随后,在家里又产生了许多有关马铃薯的对话,而他们也确实尝试吃了各种不同的马铃薯。

为探究做准备

选择实地参访的地点

第二阶段是教师开始仔细评估参访地点的时机。项目活动中的实地参访在某种程度上不同于模式化的、传统的校外教学。传统的校外教学通常在单元主题结束时进行，以确保儿童亲眼见到他们已学到的事物。传统的校外教学的参观点较项目活动广泛。儿童可能去动物园，并在时间允许的范围内尽可能地参观。很多传统形态的校外教学规划了许多设备的参观，如一间快餐店可能提供给儿童或学生团体参观的机会。"校外教学"这个术语可以指简单地、漫无目的地参观，就像是在社区街道上随意散步一般。任何形态的户外参观，对儿童来说都是宝贵的经验。然而，它们都与项目活动中的实地参访有所不同。

在项目活动进行的过程中，实地参访经验是独特的。它属于项目活动的一部分，让儿童有机会到现场研究并深入地思考主题。在实地考察工作中，小小探索家试着为自己提出的特定问题找出答案。他们近距离地接近参访地点，专心查看各种设备与材料，并访问现场人员。小小探索家扮演着相当主动的角色，通过写生、摄影与录像获取经验，以使自己以后可以再次审视这些记录。同时，他们可以借一些资料到教室里，以便进一步探究。这一类实地考察需要教师仔细地准备。教师的准备工作相当重要，因为儿童踏出教室的第一步就决定了这段冒险的成败。除了教师要做好准备工作之外，儿童也是参与计划的一分子。

在实施参访之前，教师需要帮助儿童明确：在参观时谁负责哪些问题，谁负责描绘哪些东西，谁负责收集哪些资料等。在校外参访期间，教师的角色之一是提醒儿童明确自己的责任，并支持儿童全心全意地投入探究。

对年龄较小的孩子而言，选择容易参访的地点并拥有多次参访的机会很有帮助。如第二章所言，这就是为何在选择主题的过程中教师必须考虑校外参访的可能性。许多教师对带着一大群孩子开展校外实践感到畏惧，因为他们担心儿童可能很难专注于项目活动的主题。许多教师有过带着一大群孩子到校外参观的经验——参观结束之后,儿童印象最深刻的是搭乘巴士。因此,校外参观的地点离学校很近,并能够进行多次参观,对年幼的儿童来说是有益的。如果多次参观不可行,那么教师或许可以慎重考虑,在带领儿童参观时,尽可能地将可捕捉到的事物拍照留存(电子版或打印版)或通过录像、录音记录下来,并将所有的记录带回教室。我们在瑞吉欧教学法的例子中可以观察到他们如何使用照片做记录。

一些与儿童成功实施过项目活动的教师相信,在参访之前,教师有必要独自做行前勘察的工作。这里有一个在没有做行前勘察的情况下教师安排儿童到广播站参观的例子。当她与孩子们到达时,她发现播音室一次只能容纳几个孩子,孩子们很难进行探索、描绘,并且缺乏足够的时间来观察设备。假如做行前勘察有困难,教师可以与参访地点的人员采用打电话的方式进行广泛的对话。行前勘察与电话询问的好处在于可以帮助教师了解更真实的参访地点,对实际参访会有很多潜在的帮助。下面所列的这些问题能帮助教师衡量参观地点。

安全性

- 儿童到这个地方参观安全吗?
- 儿童在此地探索时,教师照看他们是否会有困难?
- 能够避免交通意外、运行的机器、开放性水域或其他危险的事物吗?

调查

- 有没有什么区域、过程或设备能让幼儿自行探索,而不仅仅听某个人介绍?
- 儿童可以爬上去、爬进去或看、推、拉、抬、压按钮吗?可以大声喧哗吗?
- 那里有没有什么工具、机械、车辆或过程能引起儿童的兴趣或激发他们的好奇心?

具体的物品

- 是否有具体的物品可以让儿童与之互动？这个物品能触摸、搬动、品尝、闻到或听到吗？
- 有什么物品能让儿童进行小组写生或近距离地研究吗？

专家

- 那里是否有负责人充当专家的角色，并回答儿童的问题？
- 此地的职员是否有年龄相仿的孩子或孙子，他们是否有与儿童互动的经验，并能够为参观的儿童做说明？

物资

- 有哪些可以借出的物资（工具、设备、产品等），可将之带回班级做进一步的探索？

在行前勘察或电话中询问以上问题，教师能够对参访的地点有所了解，并借此评估此地点的参访价值。

与参访地点的接待人员沟通

假如教师有足够的理由相信参访对儿童来说有益，那么他（她）便可以着手为这次参访做进一步的规划。他（她）可以接着打一些电话。在本书最后的"项目活动计划日志"中列有检核清单，教师可以将此作为打电话或参访的参考依据。

我们必须与接待人员沟通儿童学习的方式，这是非常重要的。教师必须跟他们说明探究活动对儿童的重要性，以及儿童的问题从何而来。教师们发现，让接待人员了解儿童既有的知识以及他们对哪些事物感兴趣是有帮助的。有些人员不习惯接待这么小的孩子，可能对于儿童会问的问题缺乏了解。如果一名接待人员事先知道儿童可能会问的问题，或许会更顺利一点，但并不一定都需要这样。因为有些人员喜欢自然地回应儿童的问题。在此种情形之下，我们可以预先提供几个问题范例，以便让现场接待人员稍有准备，同时对大部分儿童的问题保持自然、自发性的回应。

此外，在讨论中与他们说明儿童探索行为的重要性以及探究调查的真正目的也相当重要。有一位教师发现以下的说法很有效。

我们的孩子正在学习如何——
- 提出自己的问题
- 运用专家的资源
- 为自己的问题寻求解答

教师也应该具有这样的信念，即相信儿童在此次参访中所捕捉到的以及他们带回教室进行研究的一切都很重要，尤其是在不可能有第二次参观机会的情况下。让参访地点的负责人知道儿童将如何记录他们在参访地点所学到的事物是有帮助的。教师事先将运用录音、录像或摄影等方式进行记录及其原因告诉负责人是必要的。虽然有些地点（如银行）不允许摄影，但必须让接待人员事先知道，儿童会带着记事夹板做笔记和写生。

很多教师提到，向接待人员寻求可供儿童写生的物品是有帮助的。例如：一位快餐店的经理建议在桌上放一盒薯条，以供孩子们进行观察和写生；另一位快餐店的经理则将苏打水调配机的盖子掀开，以便儿童看清里面的管子；一位银行经理准确地预测到儿童会对免下车出纳窗口传送存折及支票、现金的真空管子有兴趣，于是他安排一个空间且清空车道，让每个孩子能亲身体验使用管子的过程，也能坐在车道上进行实地写生。一旦成人了解儿童的知识与问题的层次，他们便能经常参与儿童的探究，并提供学习经验。

与参访地点的负责人进行头脑风暴，思考哪些物资可以带回教室也是有意义的。教师可以询问他们哪些物资（工具、设备、产品等）能够出借，以便儿童带回教室做进一步探究（如图3.3）。教师最好能区分借到的与被赠予的物品之间的差别。参访地点的负责人通常愿意给儿童的东西都是相对较小、价格不昂贵、不是非常复杂的或是他们不感兴趣的。然而，在确知物品会被归还的情况下，参访地点的负责人会愿意出借昂贵或复杂的设备。为项目活动而借回教室的物品如下。

- 全套的消防员灭火防护服
- 脚踏车（商店老板与孩子们一起在教室里将它拆散）
- 校车顶部闪烁的警示灯
- 修理工在修车时用的躺板
- 小动物和它们的容身之处（如装在笼子里的小鸟与蛇）
- 与主题相关的出版物（如校车杂志）

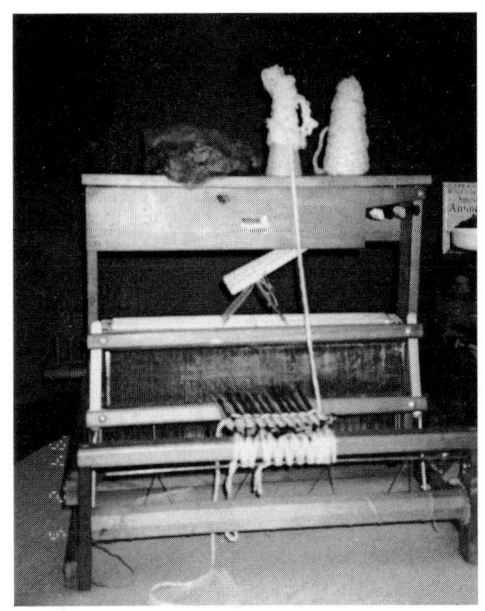

图 3.3

这架织布机为伊利诺伊大学附属小学所有，是乔恩·布兰克的班级在进行"衣服"项目活动时借来的。通常，向来访的专家或参访地点的人员借来物品，可以鼓励儿童讨论和探索。

从参访地点借回物品而不接受馈赠的另一个理由是，当项目活动结束后，可以物归原主，从而解决安置这些物品的问题。

为专家来访做准备

第二阶段通常包括邀请某个领域的专家来访，这通常在实地参访的前后进行。在实地参访后，儿童通常会产生很多新的问题，此时教师可以邀请一位专家到教室里来解答这些问题。在专家到访期间，教师可以像与参访地点的负责人沟通一样，向专家询问问题并与其进行头脑风暴。安全问题是首要考虑的因素，我们一定要确保专家带到教室里的物品是安全的。如果来访专家能够预先知道儿童已有的知识以及欲了解的内容，那么这将使来访活动更加顺利。本书的"项目活动计划日志"中列有与来访专家沟通的检核清单。

在项目活动的第二阶段，来自图书管理员的支持在项目活动的早期更为重要。虽然在第一阶段，儿童在构建与主题相关的背景知识时与图书管理员有过接触，但在形成研究问题之后，仍然可以再次与图书管理员接触，以获得一些特别的和额外的书籍。花一点时间与图书管理员解释儿童想研究的问题和班级的网络图是有帮助的。除了与参访地点负责人、来访专家沟通信息外，让图书管理员明白教师的计划网络图相当重要。

有些教师在与图书管理员分享种种信息之后，会获得一些与主题密切相关的书籍、网址或录像带等额外的资源。对图书管理员来说，了解儿童有能力积极寻求答案、独立运用图书馆资源很重要。因为儿童能从图书、图片、绘画或图解中获得许多信息，所以具有这些内容的书籍对项目活动具有非凡的价值。然而，除非教师能告知图书管理员儿童如何使用这类资源，否则一些图书管理员很难理解这些为成人或年龄大一点的儿童设计的书籍会是3—6岁儿童进行项目活动时所需要的。进行项目活动的教师经常这样谈论，他们惊讶地发现儿童可以花费大量的时间研究成人的杂志，如与主题相关且附有图片的专业杂志（如图3.4）。在某个项目活动中，一本建筑杂志曾经成为图书角中最受欢迎的书籍。

图 3.4
当一些专为成人设计的杂志、期刊或目录与幼儿进行的主题有关时，也应被提供给幼儿。通常它们会成为很受欢迎的阅读资料，幼儿会利用它们展开研究。

给小小探索家介绍技巧

儿童在项目活动的第二阶段需要运用很多技巧。教师可以在儿童探索前介绍并让其练习一些必要的技巧。

询问问题。有一项必要的技巧是在进行调查时有效地向成人提出问题，尤其是在面对不熟悉的成人的情况下。处在一个被倾听并鼓励探索的环境中时，大部分孩子通常会很自然地提出自己的问题。然而，儿童通常不知道他们在做的事就是提出问题。当别人问他们："有什么问题吗？"他们通常会感到困惑。因此，当他们询问问题时，教师可以通过非正式的方式引导他们明白何为"问题"。

贾森：那本红色的恐龙书在哪里？

教师：这真是个好问题，让我们来看看能否找到答案。我们来问马特这个问题吧！今天早上我看到他在看这本书。马特，贾森有问题要问你！

当儿童为首次的实地参访做准备时，很多教师发现让他们事先练习提出已准备好的问题对他们会有帮助。在实地参访时，教师通常会在纸上写下或画出问题，并将其夹在记事夹板上以提醒儿童（如图 3.5）。在简单的扮演游戏中，由教师或一个儿童扮演成人，让另一个儿童将记事夹板上的问题念出来。经由这样的过程，儿童开始明白自己的音量必须能让别人听得见，他们也会知道如何利用记事夹板来提醒自己要说些什么。类似这样的练习不要过多,也不要告诉儿童只能询问事先准备的问题或只问记事夹板上记录的问题,这些是重要的注意事项。我们应该鼓励儿童自发地询问。教师也可以在实地参访之前,让儿童回顾已有的经验。一般来说,儿童的年龄越小,这种排练越有益处。

图 3.5

这是一张夹在记事夹板上的纸,上面的字是琳达·伦德伯格老师记下来的儿童的问题,以及在实地参访中儿童所记录的答案。其中一个儿童采用书写的方式记录,另一个则采用绘画的方式。平日的练习有助于记录答案。

处理数量问题。在参访时,儿童通常需要获得一些信息,以便处理数量问题。他们对数出给定物品的数量尤其感兴趣。很多孩子提出的问题中包括"有多少"这样的字眼。例如,在"消防车"项目活动中,他们想要知道一台消防车上设有几架梯子。许多儿童可以学习做简单的计算或画图标,即使他们是

3岁的孩子。儿童可以在教室里练习这些内容。儿童可以正确数出自己的同学或自己喜欢的事物的数量。例如，他们可以计算教室里网球鞋的数量，或者调查大家最喜欢哪种口味的冰激凌。4岁的儿童已经开始运用计算符号，并学习写数字。教师可以将一些简单的绘制简图活动加进每天的作息表中，儿童便可以经常练习，最后变得熟练。

观察。儿童是天生的观察者。然而，在某个特殊时间中，为了特定目的而观察某一个特定物体需要一些准备。当带儿童在校园里散步时，教师通常会向他们提供练习的机会。在回到教室后，教师会鼓励儿童在集体讨论时谈论自己所看到的一切。一位教师带着一群儿童走进办公室，秘书为儿童展示了复印机是如何运作的，并回答了他们的问题。获得这个经验是实地参访前的绝佳准备。

速写。在实地参访之前，教师可以先介绍写生及速写的技巧。假如儿童每天在教室里都能够获得速写的经验，那么写生和速写就是一种令儿童感到熟悉且有较高成效的记录方式。它可以被用来记录儿童所观察到的事物，而不会只成为参访中的一个新奇的体验。

教师可以在美工区放置一件物品和一些纸张，也可以有选择性地放置记事夹板，以供儿童练习速写。教师可以坐下来进行示范。教师示范的目的不在于让儿童模仿如何作画，而是示范观察、绘画及修改的技巧。让儿童带着记事夹板到学校一角进行写生也是一种很好的练习。例如，儿童可以对办公室或办公室的设备进行写生。史密斯和绘画研究团体（1998）提供了如何将速写介绍给儿童的方法。

拍照。在第二阶段，另一项儿童会用到的技巧是拍照。3岁的孩子可以在参访时拍照。每张照片都由个别的儿童负责。当儿童尚有手眼协调的问题时，成人可以帮他携带照相机，直到需要拍照时才给他照相机。拍照也是一项可以提前练习的技能。因此，将整卷胶卷都交给儿童练习拍照是值得的。教师可以带儿童在校内走一走，并指定每个孩子用照相机、手机或平板电脑等设备拍一张照片。有时候，教师可以将这些练习拍摄的照片做成一本册子，起名为"我们的学校"。儿童的口述内容可以作为标题附在照片上。教师可以与儿童一起讨论哪一张照片拍得最好，照片是不是清晰，以及照相机离物品够不够近等问题。这些照片对儿童而言意义重大。

让儿童拍照也有助于他们在参访时集中注意力并提升观察能力。

使用建构材料或工具。项目活动会让儿童在建构的过程中磨炼他们的技巧并熟悉材料（如胶带、胶水、剪刀及订书机）的使用方法。虽然他们在项目活动的建构过程中将会学习到如何使用这些材料与工具，但是先前的经验仍是有帮助的。这些材料与工具使儿童能通过建构游戏情境、模型与展示作品，表达出自己对主题的想法并呈现他们的知识。另外，儿童在项目活动进行前的经验也将使他们易如反掌地展现出复杂的作品。教师可以在美工区或建构区放置硬纸板、胶带与其他工具来为儿童提供获得这些经验的机会，并鼓励他们创作一些诸如房子或车子等有趣的作品。此外，教师也可以鼓励他们收集和添加回收材料到美工区，以便创作。

在项目活动中，黏土是一种很好的媒介。儿童可以利用黏土来捏制动物、雕塑品、建筑物，甚至是更复杂的景观。然而，他们使用黏土的能力取决于其对黏土的熟悉度。教师必须花一点时间在班级中介绍黏土。当儿童使用黏土作为呈现想法的媒介时，他们也必须经历一段自由探索的时间。计划与儿童共同完成项目活动的教师，如果能够花点时间学习如何使用黏土，那么将受益匪浅。教师应学习如何选择黏土，如何保持它的可用性，如何切割，以及掌握一些基本的捏塑技巧，比如加入小纸片、捏土圈、捏瓶子或锅。有一些书教儿童如何使用黏土，也给教师提供了背景知识来协助儿童成功地使用黏土。儿童若有机会观赏陶艺或观看黏土工作者捏制作品，那么这对他们来说也非常有帮助。当他们在项目活动中需要使用这些技能时，这些经验将能帮助儿童建立使用黏土的自信心，儿童的技能也就随之获得。

转入探究阶段

随着项目活动的发展，儿童的这些技能都会得到进一步的提高。教师不应该认为这些都是在项目活动进行之前必备的，重要的是要保持项目活动推进的速度，这样才能维持儿童的兴趣。一旦教师可以安排实地参访或专家来访，儿童就可以开始正式的探究活动。

第四章

项目活动的发展：儿童的探究

第三章略述了第二阶段的开始。在此期间开始准备进行探究：实地参访的地点已选择，专家访问已安排，教室里也增加了特别的供儿童探究的资源。然而，第二阶段的主要工作是儿童开展探究的实际过程。在整个第二阶段中，小小探索家将通过参与多样化的活动来寻求第一阶段中问题的答案。

第二阶段的探究活动包括实地调查、访问专家、探索第一手资料及运用书或录像带等多样化的额外资源。在进行这些实践时，儿童会以绘画的方式记录他们的所见、以书写的方式记录他们的所思与所学，并以建构和角色扮演的方式来呈现他们所学习到的一切。

当儿童找到问题的答案，并能够使用多样化的媒介来表达他们的知识和理解时，他们的兴趣可能会下降，这时可能是进入第三阶段（即项目活动的高潮部分）的时候了。无论如何，探究的新问题经常在第二阶段中产生，而且儿童的兴趣会被更新。这些事件发展的顺序包括：探究、表征、讨论已经学到的内容——这可能会重复循环很多次（如图 4.1）。在与儿童进行项目活动时，新的问题会产生，并引发一个不太一样但相关的次主题和概念。在儿童的兴趣减退之前，多次的实地调查和专家访问要紧跟着儿童作品的呈现而进行，之后项目活动将逐渐进入第三阶段。

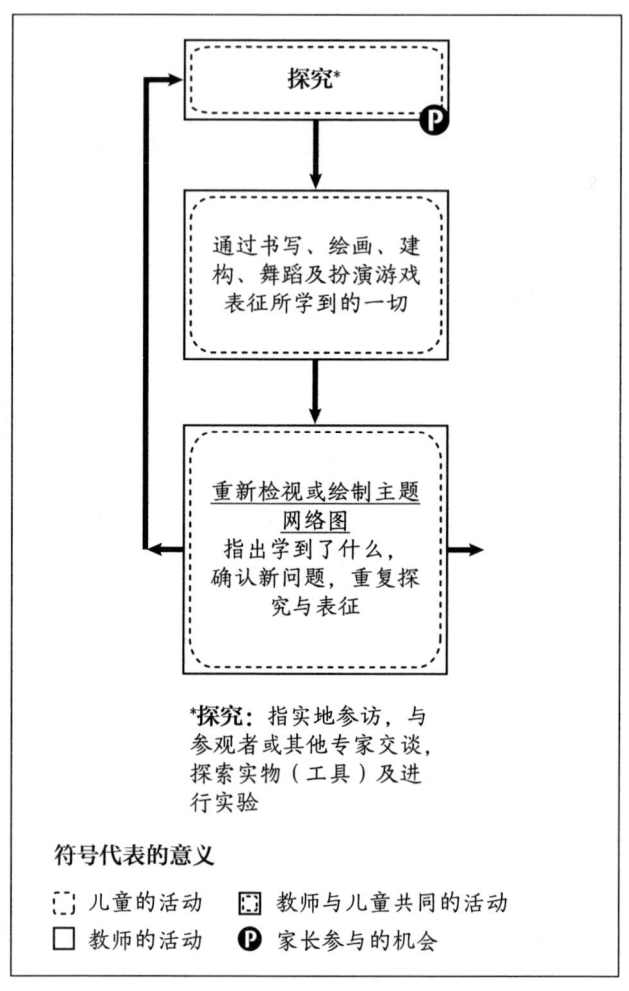

图 4.1　第二阶段第二部分流程图

实　地　参　访

组织实地参访工作

有几位成人或者其他志愿者协助教师陪同儿童进行实地参访是必要的（如图 4.2）。这些陪同的成人需被充分地告知计划、期望、实地参访的目的，以及儿童在实地参访时的责任，这将会为项目活动带来更实际的帮助。成人可以被分配到特定的小组以及活动团体中，教师可以告诉他们在小组团体中儿童可能问的问题、可能画的画以及可能发生的事件。儿童的记事夹板及任何记录着工作分配方案的便利贴，可以放在成人团体领导者的背包中，或者集中放在一个大的容器中，被集体运送到实地调查的地点。铅笔可以绑在记事夹板上或者夹在记事板的夹子上，以防遗失。

图 4.2
一位家长协助"农场"项目活动，她负责引领幼儿上车。

一位教师或者其他的成人可以负责携带照相机、手机、平板电脑或其他设备，以及儿童决定要拍摄的照片清单。其他的成人可以另外携带照相机、摄像机、录音机来记录这次实地参访的过程。大的购物袋或箱子可以用来装从参访地点借回教室的实物。

对于3—6岁的孩子来说，实地参访通常在项目活动的初期进行。许多教师认为，在项目活动发展的早期进行实地参访对幼儿极为重要。玛丽·安·戈特里勃强调：

实地参访是项目活动中很重要的部分。儿童需要到实地进行参观。在项目活动开始时进行实地参访比快结束时要好，尤其是针对没有太多经验的儿童。先设立期望或者想法，然后进行实地参访，儿童往往会发现现实与想象不太一样，从而增加了理解的难度。先实地调查能让主题和探究立即向正确的方向发展。

提出问题和保持自发性

正如第三章所建议的，对儿童而言，多次的实地参访可加深其学习的深度，而且会超出单次实地参访所能达成的目标。如果有多次的实地参访，教师必须计划实地参访的焦点，以及所要提供的经验，并且决定哪个实地参访要先进行、哪个要延后，但是教师要注意避免过度计划。如果只有一个实地参访的地点，教师更应该特别注意让儿童在实地参访的情境中自由地问他们自然产生的问题，就像他们可以问那些已经有进一步准备且列在记事夹板上的问题一样。儿童可以花时间专注于感兴趣的事物，而这些事物可能是在参访前的计划中所无法预期的。例如，一个特殊教育班级因"球"的项目活动参观保龄球馆，几个孩子被球如何滚回来以及保龄球回球机如何运作迷住了。他们特别感兴趣的问题是：球如何掉进斜坡球槽？推倒球的杠杆是怎么运作的？它如何阻止球在斜的球槽中往下滚？当球经过之后，什么东西"砰"的一声响？教师鼓励儿童尽情地探索这些非预期的现象及问题。

如果实地参访的焦点仅仅限制于事先决定的问题和活动，那么就会容易错失像这样深入探究的机会。成人必须了解到，年龄很小的儿童可能在实地参访中无法对感兴趣的事物提出问题。例如，教师问："有没有人有其他想要问的问题？"这未必能引发儿童产生更多的问题，特别是当他们第一次参与项目活动时。教师和成人必须是儿童行为的良好观察者，能够时刻注意到儿童兴趣的征兆。有些征兆是非语言性的，如儿童停下来注视某物、伸手碰触某个物品或者落在队伍之后，以及花较多时间操作或观察某个特定的物品。口语表达能力差的儿童可能只会问一般的问题——"那是什么？"，或只是指向一个物品以显示出他的兴趣所在。

在前面提到的有关保龄球回球机的实地调查中，当儿童指着杠杆问"那是什么？"时，教师认为儿童想要表达一些无法用语言组织的问题，比如："那个叫什么？""当球过去的时候，为什么它升上去又降下来？""什么让它升上去又降下来？""我可以推它下来吗？""如果我用力推球，我可以把球推回来吗？""如果我真的很用力呢？""如果把球推上球道，它是否仍会往下滚？"当儿童被允许亲自动手操作机器时，他可能会想到这些问题。儿童简单地表达自己的兴趣，他的想法被教师了解，教师就会接着说："我想米歇尔对这个东西，以及它如何运作很感兴趣。"这句话可以吸引大家的注意。教师对于米歇尔的兴趣和行为的敏感，可以让大家进行更深入的探索。

在实地参访地点写生

在理论上，儿童在实地参访前会有许多在教室、学校或幼儿中心附近用记事夹板记录所观察到的事物的机会。绘画和写生是项目活动的一部分，尤其是在实地参访地点绘画，以服务于探究的特殊目的。

实地写生包括仔细地观察物体以及人们，并剖析物体的组成部分、过程中的几个阶段或者一个人采取行动的顺序。实地写生可以使儿童专注于实地调查，丰富回到教室之后的讨论内容（Chard，1998）。

图 4.3 提供了该观点的例证。一名儿童在写生之前仔细地研究一辆牵引机的轮子。

图 4.3
观察性绘画要求高度的专注力和仔细研究。把注意力集中在一件物品的某一部分，对幼儿来说，画这个大的牵引机中的轮胎就比画整个牵引机更简单。

幼儿观察性绘画的能力常使大人感到惊讶。在琳达·伦德伯格的学校里进行的"校车"项目活动中，一个 5 岁的儿童在公交车车库里画了如图 4.4 所示的电话素描。注意这张画的细节部分，它强调电话的形状和大小。同时，这个儿童在同一张纸上也画了一个人。这个人是儿童通过自己的记忆和印象画出来的，而电话则属于观察性绘画。一眼看去，别人或许会认为这幅画出自不同孩子之手，因为其反映了不同层次的绘画水平。然而，这幅画揭示的是儿童活动目的的不同，而非发展水平的差异。许多教师指出，他们对儿童的实地写生以及观察后所作的绘画感到惊讶。有些教师认为，儿童的观察性绘画超出了 3 岁儿童的能力。然而，这本书中描绘的项目活动以及我们所观察到的例子，均提供了可信服的证据。乔恩·布兰克虽然已经成功地引导 6 岁的儿童进行了多个项目活动，但当她开始教 3—4 岁的儿童时，她不知道她对这些儿童的期待是什么。

图 4.4

在绘制"校车"项目活动中的通讯室的平面图时,这名幼儿园小朋友画了一个详细、准确的电话。然而这幅图画中的人物是儿童根据记忆画的,而且不太详细。

虽然教师知道3—4岁或者5岁的孩子可以做些什么,但并不意味着这个阶段的孩子不应该有机会去超越这些限制。如果他们有意愿和能力,他们可能通过活动告诉你:"你看,我现在是4岁,虽然这些事我可能到5岁才会做,但是我现在就做到了!"项目活动允许个性化和差异化的活动。儿童可以参与许多层次的活动,在所有的层次中他们的认知能力是被尊重的。

图4.5是一个3岁儿童的绘画作品。有些教师会怀疑3—4岁的儿童在绘画时或在项目活动中进行写生时是否可以真正地运用符号来呈现。查德已经广泛地研究过儿童的画作,并认为绘画是种技巧,它可以通过模仿、记忆以及练习而习得,类似于学习书写。

图 4.5　3 岁儿童的观察性绘画作品

人们曾经认为儿童必须在用写作表达自己的想法之前学会书写。比如,他们可以在运用文字工具之前先掌握书写技巧。现在,我们知道儿童可以通过书写学习写作。这个道理也适用于我们中心里 3—4 岁儿童的绘画。绘画的技巧和在绘画中有意义地呈现想法可以共同发展。在儿童的媒介使用及表达方式运用能力进步的情况下,教师可以鼓励儿童在这两个领域中坚持下去,这样一定可以使其能力得到有益的提升(Chard,1998b)。

许多孩子在实地参访时所画的画属于观察性写生。然而,教师通常会惊讶地看到,这些写生包含一些儿童在实地参访场所中没有看到的细节。例如,一个儿童在农场中画了一匹马，然后在马背上画了一个骑士。在现实中，农场的马的背上并没有骑士，显然这个儿童画的不是他所看到的，而是他从其他经验中得知的内容。

选择合适的物体让初学绘画的儿童在实地参访中进行写生尤其重要。已经与儿童进行多次实地写生的教师指出，对儿童而言，画大的东西比画小的东西困难，他们好像不容易将大图像画到一张小纸上。例如，当他们刚开始学习写生时，画一辆牵引机比画车库容易。对3岁的孩子而言，他们通常较容易画出牵引机的某个部分（比如车轮），然后才是整个牵引机。如果画的东西较贴近儿童的生活，而且在某些情况下儿童可以碰触或者可以进行细节核实，那么成人与儿童可以更容易地进行有关绘画的沟通。

南希·史密斯和绘画研究团体提出：不要告诉儿童下一步要做什么，让他们自己建构绘画技巧非常重要；建议他们在学习绘画的过程中捕捉一系列的偶发事件，而不是遵循一个个既定的步骤。这些在教师协助儿童绘画时很有帮助，特别是在实地探究时。建议使用以下可以激发幼儿积极性的策略。

- 提出一个能把儿童的注意力吸引到这个主题上的问题。
- 提出一个可以测试儿童知识储备量的问题，比如："这个叫什么？这个是做什么的？"
- 提出问题，帮助儿童进行联想、澄清误解，激发儿童对学习的热情："这些轮子哪里一样？哪里不一样？"
- 提出问题，帮助儿童了解所见到的不同组成部分的作用："你认为哪个部分对你的驾驶有帮助？"
- 提出问题，帮助儿童想象出画面："你觉得当轮子旋转时轮胎会怎么样？"
- 提出问题，帮助儿童了解如何将自己的回答以符号和线条的形式（不是教师的解决方法，而是这个年龄阶段儿童的解决方法）呈现在纸上："哪个部分连接轮子？你将如何画出它们的形状？"
- 提出问题，帮助儿童转换观察的角度，并且帮助他们开始建构。你可以问他们："你会从哪个部分开始？你如何连接这两个部分？"

除了问这些问题，帕姆建议问儿童一些其他的问题，从而把儿童的注意力吸引在纸上，并且促使他们开始绘画，比如问："你将要画在哪里（这个孩子已经决定了画什么）？""你可以用铅笔指出你要从哪里开始画消防车吗？"

一开始，当教师首次和儿童一起进行项目活动时，他们一般不愿意支持或指导儿童在此期间绘画。他们犹豫着要不要给儿童以指导，尤其是在他们将绘画视为严格的表达创意的媒介时。利用绘画进行深入的学习和记录，不应与儿童的自由探索和自由艺术创作相混淆。教师应鼓励儿童运用绘画媒介来呈现和表达想法，并且应该注意到其中的价值。当3—4岁的儿童没有投入项目活动时，或当他们的话并没有像观察和记录信息时那样具有特别的目的时，他们可能画出非表征的单色画和彩色画。如果儿童知道所有的表达方式都被尊重且被视为有价值时，他们将会毫无困难地、反复地观察绘画，自由探索，依记忆而绘制单色画和彩色画。当他们进行表征工作时，他们以探索和绘画形状为乐。

绘画是儿童发展出较好、较深入的世界观的媒介，他们可以利用绘画并依据概念来对关系和经验进行分类，并沟通他们的想法。4岁的莎拉在乔恩·布兰克的教室里为苹果店做架子的例子可以呈现出儿童如何使用绘画来区分关系。莎拉看到其他儿童试着做架子，就利用厚纸板进行实践，最后将它固定成一个建构物（见图4.6和图4.7）。图4.8是莎拉对这个工作的思考过程的绘图，第一幅图是俯视图，第二幅图是她最后完成的侧视图。绘图能够帮助莎拉思考。在5岁左右，儿童开始通过绘画来表达主题，并且依据所描绘的内容来完成作品。

第四章　项目活动的发展：儿童的探究 | 87

图 4.6

莎拉，4 岁，她拿着两块厚纸板，尝试着让其立起来，将其做成一个架子。

图 4.7

这是莎拉第二次尝试做架子，她增加了更多的厚纸板，并且增加了一块顶板，以使其更坚固。

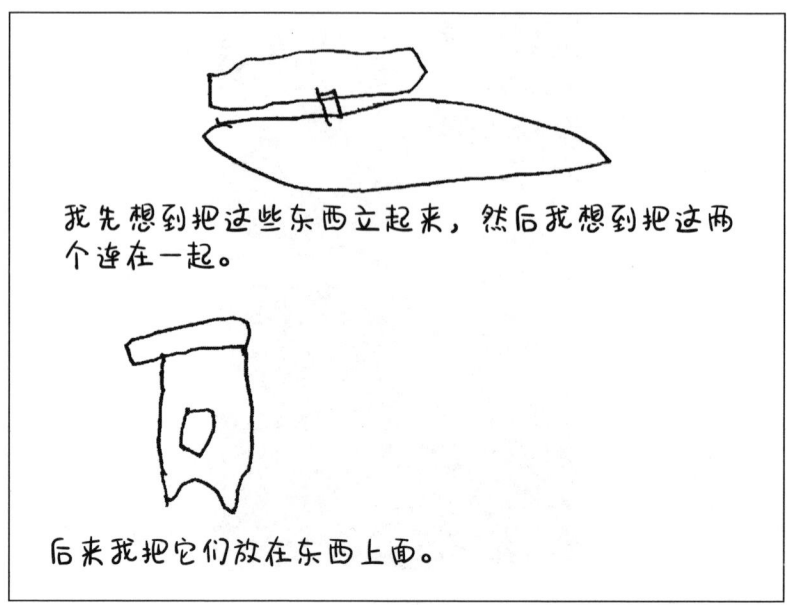

图 4.8
这是莎拉绘制的图,以及她制作架子时的思考过程。

测量

小小探索家也通过测量和数数来呈现与收集信息。儿童更喜欢运用计算符号来收集信息,如图 4.9 所示。教师可以通过让儿童同时记录信息和绘制图表的方式来简化计数和制作图表的过程,这对儿童在参访地点收集数据非常有益。一个简单的方法是制作一组大小相同的坐标方格,儿童可以在格子里做记号或涂上颜色,以呈现对一个事物的观察结果。使用坐标方格的好处在于每个格子的大小一样,儿童可以通过比较行或列中的格子的长度,得到真切的数量感。如果团体中有 4—5 岁的孩子,那么这些计数的纸可以促使这些儿童书写数字,教师可以将空白的计数纸或图纸事先存放在每个儿童的记事夹板上。

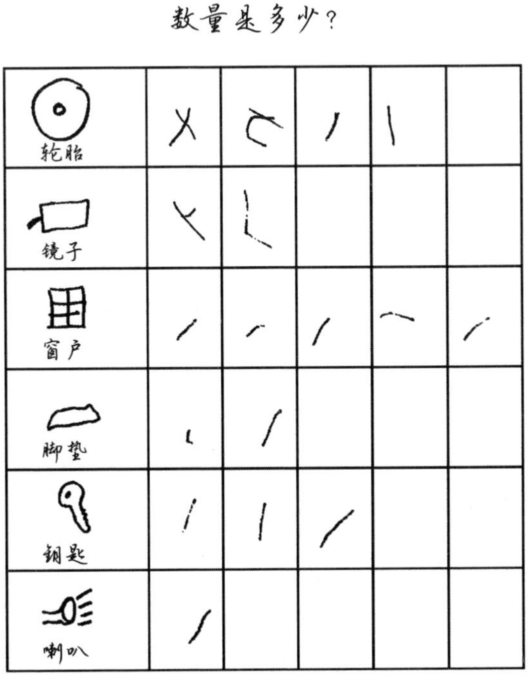

数量是多少？

轮胎 ⊙	✗	⌒	／	＼	
镜子 ▱	✓	∟			
窗户 ⊞	／	＼	／	⌒	／
脚垫 ▱	⌊	／			
钥匙 ♀	／	／	／		
喇叭 ⋈	／				

图 4.9

这张统计表显示了一名成人如何处理幼儿提出的有关车子的问题以及教幼儿统计数目的方法。幼儿可以用方形格计数并有意识地进行比较。

书写

当小小探索家开始读写之旅时，他们通常会对标志或物品上的字母产生强烈的兴趣。例如，他们常问："那个是什么？"实地参访通常能够提供多样化的机会来收集印刷品。大部分实地参访的地点有多种标志：方向的、信息的、邀请的以及警告的标志。许多物体上都有这些标志。许多标志可以被画下来或仿写，儿童甚至可以将这些标志拍下来，以便回教室后仿制。如果有录像机记录儿童的经验，那么这对于提醒儿童注意实地参访地点的字母和文字是有帮助的。当儿童回教室里看实地参访的录像时，教师可以将录像画面放大，以便儿童分辨其中的文字。成人摄影者也可以通过观察录像来帮助和引导儿童。

幼儿也会想在观察性绘画上写文字。如果儿童事先已决定好要画的具体物品，那么可以将写字单夹在记事夹板上，以便其仿写标志或用于实地写生。

听取报告

回顾经验和实地参访

当儿童从实地参访地点回来后，他们常会交流已经学到的东西。教师指出，进行一个有关这次参观的讨论是很有帮助的。在讨论中，儿童可以分享他们记得的、喜欢的、吃惊的以及真正感兴趣的东西。通常一般性的讨论会变成一个聚焦探究的丰富的讨论。儿童讨论着他们所找到的与问题清单或主题网络图，以及与他们想知道的内容有关的资料。儿童互相交流所获得的答案，教师也会针对其清单上的问题和主题网络图做出解答。

小小探索家有时会在讨论过程中分享各种形式的呈现方式，这些方式可能是参访时完成的统计单或者参访时的写生。教师通常会在班级里提供一个公告栏来展示这些表格和儿童所收集到的资料。在进行这些讨论时，新的问题可能会出现，儿童可以用不同颜色的记号笔将这些问题添加至清单中，或者重新写一张新的问题清单。

如果在实地参访时拍了照片，那么应该在拿到照片后马上和大家一同欣赏。一名幼儿教师喜欢让儿童在展板上布置照片，以展现儿童的探索经历。这种记录方式有助于引发许多讨论，而且通常提供使用新词汇的情境。儿童有时会口述照片中发生的事。这样的讨论不止包含有关实地参访的资料，而且通常包含儿童所学到的东西。在整个项目活动期间，所有的展示物应保留且应经常被看到，因为这可以让儿童随时回味他们的经历。在第三阶段，这些写生作品和照片可能会以书的形式"出版"，从而有助于家长及其他人分享。

有些教一年级或者幼儿园阶段的儿童，甚至是年龄更小的儿童的教师对书写很感兴趣，他们常常会将儿童口述的经验记录下来，制成经验图表或者大尺寸的书。当儿童看到教师将他们说的话转化成符号，或将他们的故事转化成印刷品时，他们便会意识到读写的重要性。在这个过程中，有些教师也会开始在墙面上列出与项目活动有关的字，如图4.10所示，这些字通常被写在大张的纸上。有些教师喜欢用分类卡，以便从墙上摘下分类卡，然后将其放在桌上给想要仿写的小朋友。儿童也通常会建议将新的字加到墙上。

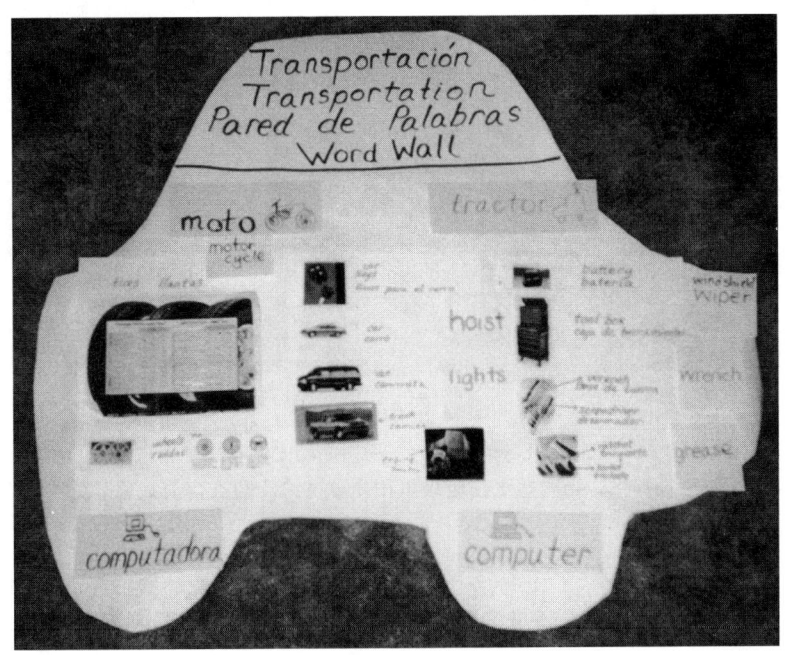

图 4.10

这是丽贝卡·威尔森双语幼儿园教室里展示"车库"项目活动的词汇墙，这个词汇墙用来让儿童找出他们在写探究日志时所用的字，并促进与项目活动有关的读写活动。

在实地参访中，教师也可将收集到的实物带回教室，并将其展示在桌上或者架子上，以利于儿童就近研究。在教室里，教师可依种类将实物陈列在不同的地方。有些实物可放在感官区或科学区，在那里儿童可以触碰和操作。空的沙水桌上可以放一些小物品（比如汽车零件）。易碎以及不适合幼儿长时间摆弄的东西可以放在艺术区的展示台上，教师可以鼓励幼儿观察或描绘这些东西而不去触碰它们。不过，有些教师喜欢将所有与项目活动有关的实物放在同一个地方且设立一个专门的桌子（见图4.11）。

图 4.11

这是圣三一路德教堂幼儿园的"花园"项目活动中的专用桌。大部分的东西由一位家长提供,当时她正在班级里和儿童讨论及回答有关其家庭花园的问题。

在实地参访期间拍摄的录像带,可以供儿童回到教室后观看。一些活动会随着观看录像带而出现,如在主题网络图中添加文字或注释,以及增加字词到词汇墙上。在回顾实地参访的经验时,教师也可以要求儿童重新绘出他们在实地参访时写生的物品。在观看照片、实物或者部分相关的录像带时,要求儿童重新绘出他们在实地参访地点写生的物品是有益处的。有些孩子(特别是幼儿园或一年级的儿童),喜欢用彩色铅笔来进行第二次或第三次的绘画;有些较小的孩子也许会对加上的颜色感到困扰,他们可能比较习惯使用铅笔或细的黑色记号笔。

我们观察到,在许多项目活动进行的过程中,教师经常会让儿童重新接触实物和文件资料,并进行绘画或再次绘画。刚开始时,有些教师会犹豫要不要让儿童再画一两次同样的东西。然而他们发现,每当儿童回顾并再画一次时,其所呈现的东西都会更详细。有些教师发现,让儿童初步绘画后观看录像带、照片或实物,然后在相同的绘画中增加更多的细节的做法非常好。重新绘画可能发生在参访后的隔天或者之后几天。为记录此过程，教师通常将儿童第一次的绘画以及接下来几次增加的部分影印下来。如此，当儿童拓展了与主题有关的知识并提升了表达能力时，教师能察觉到他们在理解能力方面的成长。这些连续的绘画——不论是仿画照片，还是凭印象的绘画——通常会被称为第一次／第二次绘画，这些对教师和家长而言都相当有意义。

有些孩子可能希望尝试其他的绘画表现方式，并且将实地参访时的写生当作计划及制作油彩画或墙面画的资源。有位教师喜欢将儿童的画制作成投影片，这些投影片可以将画投射到墙壁上，以供儿童欣赏。投射出来的影像也可以被儿童描绘在大张的纸或塑料上，之后儿童可以将它们涂色，制作成一个色彩缤纷且令人满意的墙面画。这些文件资料和在瑞吉欧学校中的其他艺术表现方式会为幼儿教师们带来灵感，从而使其能在教室里向儿童介绍新材料或日常物品的新用途。教师不应低估幼儿尝试新素材的意愿。

为进一步的研究提供第二手资料

在回顾并呈现实地参访经验时，教师通常会介绍其他的资源。在许多班级中，家长会提供物品，以供儿童学习。例如，家长可以提供与主题相关的书籍、文件资料或实地参访地点之外的实物。这些都可与儿童分享，从而增加教室里的资源。在探索这些额外的资源时，问题会随之产生，这些问题可以成为进一步探究的焦点。教师和儿童可以进一步拟订计划来寻找这些新问题的答案。教师可以引发新的实地参访活动或者邀请专家到教室里，也可以带少部分儿童回到先前的参访地点进行深度探索。家长也应该响应自己的孩子对这个主题的兴趣，并且带他们到其他参访地点进行探索。之后，这些儿童将向班级成员报告自学到的东西。

在游戏中运用新知识

小小探索家通常通过游戏整理和延伸他们所学习到的知识。在游戏环境中增添道具可以鼓励儿童游戏。例如，在娃娃家里增添医院游戏中经常使用的东西，可以将游戏变成与医院有关的活动。通过在墙壁上放映实地参访的幻灯片，以营造一个"即时"的环境，让儿童可以通过扮演而"进入"实际体会的过程。将照片制作成彩色投影片，将其投射在地板或墙上，也可以达到同样的效果。儿童喜欢变换图像，并喜欢在投影片所创造出来的各种各样的背景下玩游戏。

游戏环境的创设通常成为儿童的焦点。我们所观察到的项目活动中儿童创设的一些游戏环境，包括一辆消防车、一家商店、一家餐厅、一个病房或一个兽医诊所。当小学生进行一个项目活动时，他们常制作模型或者展示他们观察和学习到的东西。然而，对于年龄更小的儿童而言，创造一个游戏的环境通常变成这个阶段项目活动进行的重点。实地写生、照片、录像带和书籍可以成为重要资源，可帮助儿童根据在实际地点所看到的实物建构出用于游戏的东西。在圣三一路德教堂幼儿园的"花园"项目活动中，儿童对耕地产生了兴趣，决定要建造一块耕地。儿童会研究他们的照片，并讨论如何增加他们在照片中所看到的细节，使他们建造的"耕地"和真实的耕地更相似。

年龄较大的孩子可以制作小的模型，年龄较小的孩子通常喜欢制作较大的建构物，尤其是这些建构物最好大到适合他们进入，而且里面包括他们可以进行戏剧扮演的物品。刚接触项目活动或缺乏制作较大游戏建构物的经验的儿童，通常不可能自己想到这种方式。教师有时不愿意鼓励儿童制作大型的游戏建构物，更偏向于鼓励儿童做自己的计划。但是有些教师会在教室里提供大张的厚纸板或大纸箱，以支持儿童创造游戏环境，鼓励儿童用这些材料制作东西。有些教师会等待自然地产生相应的主题，然后才鼓励儿童制作游戏的道具。这些教师可能在第一次的项目活动中建议儿童使用材料。如果儿童已经参与过一次项目活动并创造过一个游戏环境，那么为了游戏而创造新的建构物（如运货的货车或一家餐厅）的想法，很快就会进入儿童的脑海中。

儿童（就像教师一样）通过观看其他儿童如何参与项目活动，学到了很多方法。阅读有关项目活动的书或参观其他班级，可以帮助儿童了解可以用来呈现经验和发现的方式。在学校里进行讨论或与其他早期教育机构交流，不仅可以为儿童提供在公开的场合报告其工作的机会，也可以让儿童获得不同的经验。

通过这种方式，儿童能够获取一些如何呈现经验的预备知识。某个孩子可能会建议"做一大张图，像约翰逊老师的班级所做的那样"，他指的是一张他最近在约翰逊老师的教室里看到的墙面画。

儿童创造游戏环境的过程也是解决许多问题的过程。参与项目活动会促使较大的儿童对相关概念进行假设和实验。当儿童提出如何制作公交车的窗户、如何做一个可以立在假马上的头，或者如何真实地呈现他们在实地参访时观察到的东西时，这些儿童已经在自己解决问题。萨莉·本尼克（2004）说明了在第二阶段中解决问题的过程：

儿童对可用的媒介和物品进行思考与选择，将他们的理解转化成两三个维度。依赖儿童先前的经验，他们可能对于如何使用材料有许多疑问，所以成品将会朝着其想象的方向走。例如，儿童会产生我如何使它弯曲，我如何将它们黏在一起，这个如何和那个比大小，我可以用什么在上面画，我要如何写字等问题。在建构的过程中，许多问题是儿童在遇到困难时产生的。如果让他在小团体内工作，那么社会性问题的解决在这个阶段也会产生。他们必须商议接下来要做什么，以及就谁要做这个工作达成一致。

帕姆·斯克兰顿班级的"消防车"项目活动中有一个解决社会性问题的例子。两个孩子在争着制作一个多彩且明亮的消防车灯，另两个孩子正在做消防车的另一部分，他们对车灯的结构提出建议。幼儿间的重要讨论及认真倾听的态度使问题最终得以圆满解决。

刚开始进行项目活动的教师经常会难以判断何时应该介入问题解决的过程。对此，萨莉·本尼克提出了如下建议。

只要儿童仍然尝试用多样化的方法解决问题，教师就没有理由介入。我想我们有时太急于帮儿童解决问题。如果他们看起来正要放弃，这或许是介入的时机。如果儿童习惯将教师当作资源，那么他们通常会在需要的时候寻求支持。

有时，你可以分辨出哪一个孩子正遇到挫折且需要帮助，哪一个孩子正在闹别扭、放弃、离开或者破坏自己的作品（例如，推倒自己建构的积木）。

有时，我会很直接地提供帮助："看起来你在做这个作品时遇到了一些麻烦，让我告诉你一些或许有用的做法。"我不会直接给出解决问题的方案，我会尝试提供足够的协助，以至于儿童在缺少帮助的情况下可以自己操作。我试着显得诚恳、尊重、直接。我试着帮助儿童，直到活动可以继续进行，同时避免使项目活动成为我的工作而非儿童的工作。例如，如果儿童在使用胶带连接两张厚纸板时有困难，我或许会说："看起来胶带好像不能固定得很好，金属线、细绳、别针等其他东西可能可以用来固定厚纸板，你想要试试吗？"如果儿童问如何做某样东西，我会做出示范，并且先让儿童在小样本上练习，然后鼓励其在项目活动中运用新的技巧。

本尼克老师提出的另一个解决问题的方法是提供易于取用的材料，就像她在"车子"项目活动中所提供的资源一样。这个过程在《后视镜》（*Rearviero Mirror*，Beneke，1998）中有详细的说明：

当幼儿开始建构汽车时，他们尝试制作不同形式的方向盘（如图4.12）。泰勒用竿子和连接管以及一个从卷标板上裁下来的圆纸板制作方向盘。使用胶带无法使这个方向盘从仪器板上脱落下来。项目活动开始不久，他们带了一个真的方向盘回来，并且和教师开始思考如何将这个方向盘固定在车上，并在驾驶时可以转动它……

图 4.12
泰勒尝试用建构材料制作一个方向盘。

当实习教师与学生开始讨论解决问题的方法时,我建议他们找一根或数根适合这个方向盘的竿子。我们需要将这些竿子跟项目活动所需要的其他材料放在一起,然后给予儿童自己发现解决方法的机会。

在我家的地下室里,我发现一根可能有用的竿子,我将这根竿子放在为项目活动而辟出的角落里。那个早上,当儿童开始做车子时,我说:"你知道吗?有关汽车的书可能会告诉我们在真实的汽车里方向盘是如何固定在仪器板上的。"在使用典型且有效的方法后,泰勒跑去图书区。他发现一本书上画着一根轴,这根轴连着方向盘和轮子(如图 4.13)……

图 4.13
泰勒视书为资源来查出方向盘是如何运作的。

泰勒认为他需要一根竿子,他跑去角落检查我们所收集的所有竿子。他说:"这根竿子会合适。"然后他开始试着将竿子上的刷头拆掉(如图 4.14)……

图 4.14

泰勒拆掉刷头，使这根竿子可以用来作为方向盘的轴。

在泰勒拿到这根竿子之后，他将它插进方向盘中，并发现它非常合适（如图 4.15）。我用刀子帮他在纸板上挖了一个洞，他发现这根竿子正好能穿过这个洞，并且能连接到发动机旁边的箱子（如图 4.16）。

图 4.15

泰勒在没有任何协助的情况下，将方向盘与轴相连接。

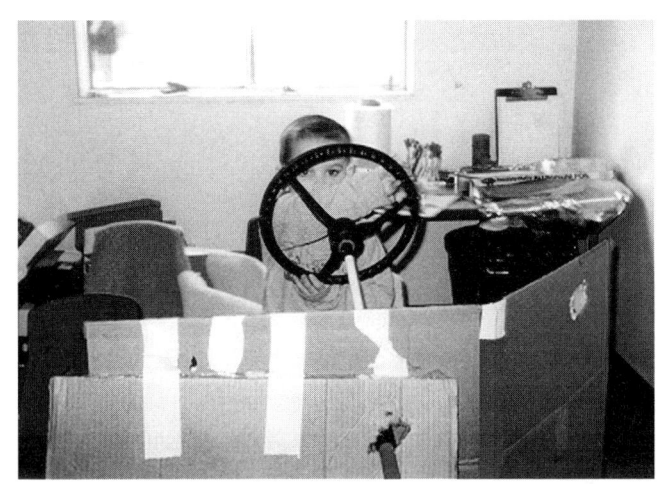

图 4.16

泰勒在车里试验他的方向盘，并感到非常满意。

在解决问题的过程中，本尼克老师让泰勒先去观察别人如何解决问题（书中有关汽车的图解），然后在教室里提供儿童可以拿的材料（竿子），从而帮助泰勒解决了问题。

儿童通常用独特的方式来解决问题。成人总是惊讶于儿童如何将语言表达与建构联系在一起。例如，在塑料刀子、叉子和汤匙边上粘一根银色条纹，儿童会解释这些东西是"银器"。有的孩子建造了一个虚拟的图书馆借书系统，坚持还回来的书里应该有张红色标记卡，因为它们已经被"阅读"过了。

当儿童在游戏环境中游戏时，他们通常会创造性地加以呈现。在乔迪·奈普的班级进行"校车"项目活动期间，儿童有机会参观校车车库，并通过修车躺板在车子底下看车子的底部构造，以便对车子底部进行写生。回到教室之后，他们开始用装冰箱的纸箱建构一辆校车。有一个孩子很自然地拿了一长条厚包装纸管，撑起厚纸箱的一端，然后躺到箱子底下的地上。他所躺的这个位置刚好是机械师修理汽车时所在的位置，也与他实地观察校车底部时所处的位置相同（如图4.17）。

图 4.17

左图展示的是乔迪·奈普幼儿园的幼儿在校车车库里观察修车躺板的情景。右图是儿童用同样的方式抬起他们的"车子",并且在相同的位置上工作的情景。

这些游戏经验对儿童而言非常珍贵。通过游戏,他们强化、加深了经验,并且使相关概念更加清晰。当他们表现出探究时所观察到的情景和角色时,他们将新的知识与旧的经验加以练习,并且内化相关的概念。游戏可以促进儿童使用与项目活动主题有关的新词汇,而这些词汇可以变成儿童的主动语汇[1]的一部分。

项目活动创造机会并鼓励儿童继续进行更深入的游戏。这对于没有戏剧扮演延伸经验或经验有限的儿童尤其有帮助。海德曼和休伊特(2009)提供了一个观察和支持儿童游戏技能发展情况的框架。此框架列出了一连串的游戏技能,协助及支持儿童游戏技能的发展。儿童在支持与项目活动有关的游戏时经常用到的游戏技能有:

- 用物品扮演(真实的物品、替代的物品或想象的物品)
- 角色扮演(用一系列的游戏表明其扮演的角色是"医生",并模仿医生的穿着和动作)
- 口述戏剧情节(用言语描述行动,然后使用语言创作一个戏剧情节)
- 坚持玩游戏(5岁儿童可以在一个游戏情节中停留较长的时间——10分钟或者更长)
- 互动(和其他同伴玩、和不同的同伴玩、和二个或更多的同伴玩)

---

[1] 也称"积极词汇",指个体既能准确理解又能随意使用的词汇。——译者注

- 融入游戏团体（观看这个团体正在玩什么、模仿这个团体的行为、加入游戏事件及过程）
- 处理冲突（用语言解决、接受和解）
- 支持同伴（提供帮助、采取同伴的意见、鼓励同伴）

当儿童沉浸在实地参访时所观察到的或从来访专家那里了解到的游戏角色中时，许多高水平的游戏技能会自然产生。项目活动可以激发儿童参与戏剧扮演的积极性，并有助于教师支持、引导儿童游戏技能的发展。

制作一个游戏建构物（如校车），或者一个游戏情境（如医院），然后让儿童在其中游戏一段时间，直到儿童将他们的经验意义化。通过游戏进行表达不能太急，尤其是儿童常以游戏作为呈现他们对事物的了解的主要方法。在这本书里描述的许多项目活动中，3岁的儿童通常通过游戏呈现他们的理解和知识，而较少使用建构、绘画或者说故事的方法。在帕姆·斯克兰顿班级的"消防车"项目活动中，4岁的儿童做了许多计划，并建构了消防车。虽然斯克兰顿老师期待在消防车被建构完成之后开展丰富的延伸游戏，但这些4岁的孩子在他们的建构物中只玩了一天。3岁的孩子则主要在旁边观察消防车的结构，随后接管消防车，然后开始在里面玩，并持续用游戏环境展开探索和重新回顾他们的经验。

有时，问题的解决是每个儿童独立的活动。两位消防员说明了防火装置的使用，在尝试不同的方式后，一名4岁的小女孩决定将胶带纸作为带子来固定她所设计的防火面罩（防火盾）。解决问题的诉求经常会把孩子们聚集在一起，即使这只提供另一双手来拿材料或者系带子。

讨论

在处理所有的与探究经验相关的资料时，教师在讨论中对儿童的回应，成为决定儿童从项目活动中获得多少经验的关键。下面是在伊利诺伊州立大学附属幼儿园中引导幼儿进行项目活动的资深教师巴伯·盖里克对于"讨论"的想法。

在促进和参与儿童的讨论时，我试着不断地提醒自己，不要提供"答案"或给予儿童正确的解决方法。通常教师在发现儿童误解信息时，会认为应该给予儿童正确的答案——有时他们会不假思索。我试图在回答前停下来并思考：我是否可以通过某种方式延伸儿童的想法并鼓励更多的讨论，努力回应儿童的陈述、评论或问题？我可能会以另一个问题来回应儿童或给予儿童发现答案的建议。有时，我可能向其他儿童提出一个问题，如："乔认为温室是涂满了绿色的房子，你如何看待？"我希望其他儿童能够以不一样的想法加以回应——因而鼓励并引发更多的讨论以及冲突的意见。如果我可以诱发出冲突的意见，那么孩子们会想要找出方法来证明哪个想法是对的，从而为进一步的探究和团体工作做铺垫。

在讨论时，我的主要目标是诱发儿童的思考、想法和问题。如此，孩子们和教师们可以计划获得一些有助于我们发现更多信息和知识的经历。在项目活动的初期，目标转化为发现儿童对主题知识的不同掌握程度，这也是想法之间碰撞产生的益处所在。我们试着提问许多问题："为什么你这样想？""你对于……有什么想法？"这将引发"我们在哪里以及如何找到答案？"的问题。

在之后的项目活动中，诱发想法和意见的目的更加聚焦于了解儿童已经学到多少、他们的想法和意见如何转变、他们可能有哪些新问题，以及对于主题内的其他东西，他们有没有新的兴趣。这种促进讨论的形式对教师而言并不陌生，但是我想在传统的教室里，它经常在我们和孩子例行分享知识之时消失。我想刚开始进行项目活动的教师真的需要反省自己回应儿童观点和问题的方式。他们需要提高自己提出开放性问题和做出开放性评论的技巧。这是一个需要持续学习的经验，我觉得我一直努力以有效回应的方法来延伸儿童的经验，而不是提供一个答案。

此处，盖里克老师描述了一个发生在中心里的关于讨论的例子。另两位教师莉萨·李和斯科特·布劳沃特也参与了讨论。

在建构主题网络图时，孩子们对昆虫做了一个分类——苍蝇、蝴蝶、蜜蜂等，也包括青蛙、短吻鳄和一些非昆虫类动物。当然，我们把它们写下来，并且继续讨论。今天，孩子们在游乐场里发现了一只蜻蜓，我们将它放在生态箱里。当我让大家围着看生态箱时，乔治娅做了一个有趣的观察。

乔治娅（4岁8个月）：蜻蜓和蚱蜢一定有亲戚关系，它们都有四只翅膀，可能都有六只脚，而且我爸爸告诉我，蜘蛛嘴巴前面的小东西是它的嘴巴的一部分。

布里娜（4岁3个月）：那是颚的一部分。

戴伦（5岁）：它们看起来像爱打小报告似的。

查理（4岁1个月）：当我和米奇爬到树上时，我们看到了这个死掉的蝉蜕。我们当时在密歇根州。

卢卡斯：我在农场里听过蝉叫，它们在树上叫得声音很大。

查理：我看过一只帝王蝴蝶，我想它是那只白色毛毛虫变的。

布里娜：真的？毛毛虫没有翅膀。

卢卡斯：不，它们有，它们会变成蛾。

巴勃：让我们多谈一些有关乔治娅所说的蜻蜓和蚱蜢的事，你们可以想到别的可能和它们相关（有亲戚关系）的动物吗？

艾米莉（3岁4个月）：蜘蛛。

布里娜：蜘蛛有八只脚。

巴勃：螳螂有几只脚？

凯拉：一边三只脚。

莉萨：加起来几只？

克拉斯：六只。

斯科特：螳螂有翅膀吗？

乔治娅：是的，它会飞。

斯科特：纺织娘有几只脚？

阿里森（4岁11个月）：六只。

布兰登（3岁4个月）：瓢虫有翅膀。

斯科特：那蝴蝶呢？

（我们将死掉的帝王蝴蝶放在科学桌上观察）

布雷恩（3岁11个月）：它每边有两个翅膀。

乔治娅：加起来四个。

（更近地观察，幼儿数出蝴蝶有六只脚）

凯蒂（5岁3个月）：我想瓢虫有六只脚。

（布兰登将瓢虫的模型从科学桌上拿下来，莉萨帮助他数瓢虫的脚的数量）

布兰登：有六只脚。

卢卡斯：蜘蛛有几只脚？

（卢卡斯从科学桌上拿下几个蜘蛛模型）

卢卡斯：一、二、三、四、五、六、七、八。

莉萨：那蜘蛛是否和我们看到的其他昆虫有一样多的脚？

凯蒂：不是，它多两只脚。

凯拉：蝴蝶和瓢虫都有翅膀。

巴勃：我们怎么称呼这些有六只脚的动物？

卢卡斯：虫子。

巴勃：用其他的词来形容呢？

乔治娅：昆虫。

在晨会之后，有些孩子画蜻蜓，有些孩子则用图画呈现出在讨论时发现的相同点和不同点。我们的兴奋点在于，孩子们对于昆虫的了解来自他们本身。我们曾经希望可以做一个图表来比较昆虫和其他列在最初的主题网络图上的动物。可当我们提出这个活动设想时，孩子们从来没有感兴趣过。然而，今天，他们开始自己分类，并分辨出相同和不同之处。

这些教师或许有另一个选择，那就是通过告诉儿童成人如何定义昆虫，让他们开始对昆虫进行简单的探索。这个例子不只告诉我们教师如何促进对话，而且告诉我们，这个年龄的儿童不总是需要被告知信息，而是需要适当的实践、探索及处理经验的时间，再需要一位有能力的教师从旁促进和协助。如此，儿童自己就可以归纳出许多复杂的概念。

项目活动提供许多机会给整个团体及小组讨论各个方面的工作。讨论可以塑造儿童的表达、倾听、交流及其他沟通的技能。教师可以通过鼓励儿童在讨论时彼此回应来支持和强化这些技巧。通常教师会不经意地教导儿童直接与教师说话，以致使讨论沦为轮流对教师说话。例如，我们当中的一名教师，观察一个有21个4岁儿童的班级，这个班级正在进行"钓鱼"项目活动。孩子们围成马蹄形坐在教师的身旁，这位教师将记事夹板放在腿上，开始收集问题的答案，幼儿则以轮流的方式回答"你最喜欢的鱼是什么？"的问题。第一名幼儿迟疑了一下，终于回答："金鱼。"这位教师回应："那也是我喜欢的鱼之一。"然后换下一名幼儿，这名幼儿迟疑了一会儿，然后回答："我有时喜欢金枪鱼。"以此类推到第10名幼儿，而最初的9名幼儿并未得到其他幼儿的回应。其实教师可以鼓励幼儿互相回应、提建议、提问题，鼓励幼儿进行交叉沟通。

儿童具备的互相回应的能力总是会被低估。然而，这种沟通技巧可以被学习。例如，一个小团体想不出该如何表现邮车每天运送多少邮件。这时，教师可以鼓励这个团体中的一名成员向全班提出这个问题，并且寻求他们的建议。我们观察到，即使是学前儿童也愿意且有能力参加问题解决的过程，并且对于能够帮助其他人解决问题感到相当满足。

在项目活动进行的过程中，花时间和儿童一对一互动也很重要。斯科特·布劳沃特分享了在项目活动期间和儿童对话的想法（如图4.18）。

图4.18

斯科特·布劳沃特展现了他如何专心致志地倾听孩子的话。他耐心等待这个孩子表达出接下来如何进行"昆虫喷雾剂"项目活动的想法。

有些孩子较不愿意回答问题,或者不像其他人观察得那么快。这是一个进行一对一互动的绝佳机会。在这个例子中,沉默的思考是互动的一大部分。我们都注视着昆虫喷雾剂。在一对一的互动中比在一群儿童中更容易得到答案。有时一对一的互动可以帮助较少用口语表达的孩子,为他们提供一些建议或者帮助他们做出决定。

然而,教师了解何时不要保持沉默也很重要。这在儿童需要被鼓励去寻求正确答案及修正、澄清概念时尤为重要。多位教师向我们反映,他们真的不愿意"告诉"儿童任何有关主题的东西,这可能导致他们在讨论中错失打开话题的好时机。例如,幼儿园里进行"运输工具"的项目活动时,儿童只想到了卡车和厢式货车。如果出现这样的情形,教师可以问他们是否要将自行车加入清单中。如果孩子们说"不要",那么教师可以问为什么不要;如果孩子们说"要",那么教师可以继续加东西,如问"滑板车或者溜冰鞋怎么样?",从而可能会引发进一步的讨论。项目活动为儿童的品格发展提供了情境。这种品格反映在个人对每天发生的事情所持的态度上,使人产生寻找信息和请求专家解惑的动机。

进入第三阶段

在某一时段,儿童会停止问问题,所有的班级成员开始厌烦主题,儿童较少参与活动,较少观察项目活动专用桌,有关项目活动主题内容的讨论激发不了儿童的兴趣和参与,这些都是该进入项目活动第三阶段的信号。

第五章
项目活动的结束

在项目活动进行的过程中，有些征兆会显示儿童已做好继续前进到另一个阶段的准备。下列几种状况都是可能的征兆：儿童不再产生任何问题；他们的好奇心被满足了；儿童需要更深入的探究技巧，如需要超越他们现有能力的读写技巧。项目活动的主题以及儿童先前的经验有可能会影响他们对项目活动的持续性和热情。项目活动有时只是顺其自然地发展。刚开始接触项目活动的教师会认为儿童兴趣的减退表示自己选择了错误的主题，并且活动已经失败。所以当儿童失去兴趣并对其他主题感兴趣时，教师会显得失望。然而，任何主题都可能会触礁！兴趣减退是项目活动进行中自然产生的现象，而且这也表明是时候进入第三阶段了。

第三阶段的流程包括三个主要步骤（如图 5.1）。对儿童而言，这个阶段的主要任务是明确所学的内容并加以分享。教师的工作包括听取儿童的演示报告，使用档案回顾整个项

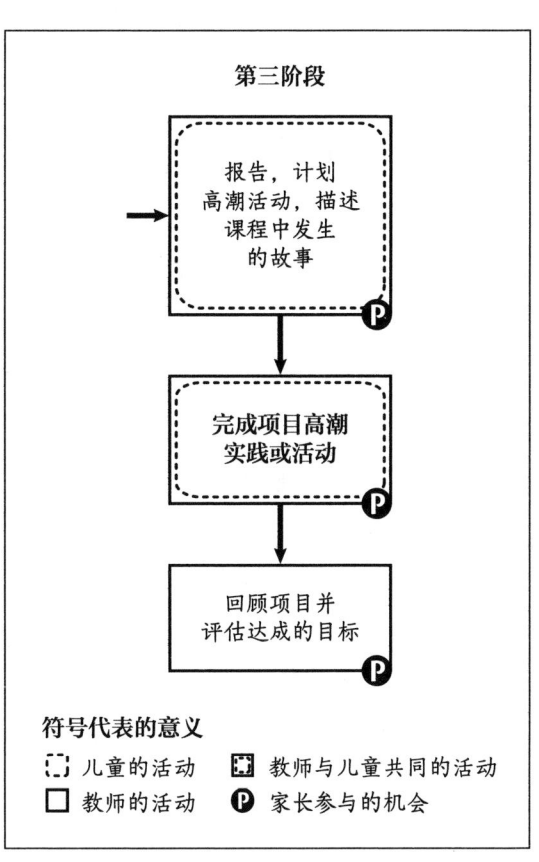

图 5.1　第三阶段流程图

目活动,以及评估所达成的目标。

使项目活动达到高潮

许多卓有成效的项目活动要归功于仔细的规划和有目的、明确的工作高潮。在高潮活动中,儿童开始了解到自己是学习者,并且从着手探究和解决问题中获得自信。教师可以看到儿童学习的结果,并通过评估个别儿童和整个团体的目标来了解课程的效果。好的高潮活动也可以帮助家长了解并巩固在课程中所强调的儿童的知识、技巧、认知品质及气质。如果社区也参与项目活动的高潮活动,那么人们将对儿童如何学习有更好的了解,并且对于儿童的认知发展有较多的尊重。

聚焦儿童学到了什么

在高潮阶段,儿童能够概括他们所学到的东西。对儿童而言,有机会"说明他们的所学,并使其意义被强化和个性化"很重要(Katz & Chard, 2000, p. 84)。清楚地说明自己已经学到的东西,有助于儿童强化和整合从项目活动中获得的各种信息。在第三阶段中,让儿童参与做决定与在其他两个阶段中一样重要。对年龄较大的儿童而言,这是相当容易的,因为他们已经具备口头报告、制作一本书或者准备展览的经验。对儿童而言,这些过程和成果则需要花费时间和耐心。

此阶段通常开始于教师询问儿童打算如何和别人分享他们在这个主题中所学到的东西。对儿童而言,从讨论主题网络图开始是有帮助的。教师可以建立一个新的标有"我们学到了什么"的网络图。教师也可以选择在主题刚开始时由儿童引发的网络图。在第二阶段,教师在最初的主题网络图中增加了问题的答案和额外的概念,他可以和儿童简单地回顾一下主题网络图并询问儿童是否需要继续添加内容。如果原始的主题网络图从第一阶段开始就没有改变,那么教师可以用其他颜色的记号笔标出什么是儿童已经学到的。在第三阶段中,记录增加的事物或者讨论主题网络图上的改变尤其重要，因为可以借此区分出第一阶段和第二阶段所形成的主题网络图的差异。如此，儿童和成人可以轻易地分辨出哪些字和图片是新加入主题网络图中的。

对于小小探索家来说，如果在讨论过程中，他们可以查看自己的作品和其他形式的文件（如照片和建构物），那么他们就会更容易谈论自己所学到的东西。对4—6岁的儿童而言，通过回顾档案，并且询问他们发现或知道了什么，通常会引发一场丰富的讨论。然而，刚接触项目活动的儿童或不是非常会表达的儿童，在被问到"你学到了什么"时可能会感到迷惘。如果问他们"你发现了什么？"或者问"当你问有关Y的问题时，X告诉你什么？"，就有可能会得到较多的回应。从回顾档案开始着手，也是帮助这些儿童的好方法。在回顾档案的过程中，教师可以帮助儿童用语言来表达从主题活动中学到的东西。和一个3岁儿童的对话可能会是这样的。

幼儿：那是阿什莱和梯子。

教师：你学到许多有关梯子的事，让我们谈谈你所知道的梯子，消防车的梯子是……

幼儿：大的。

幼儿：重的。

教师：你是否记得这些梯子是用来做什么的？消防车的梯子可以用来……

幼儿：攀爬。

幼儿：救人出来。

幼儿：他们垂下钩子。

教师：这些是你学到的——消防车的梯子是大的、重的，消防员爬梯子救人，他们垂下那些钩子。

另一个引发儿童回顾已学知识的方法和第一阶段中产生问题的方法相同。例如，如果一本书或照片在第一阶段中是引发问题的焦点，那么它们同样可以成为儿童讨论的焦点。如果有一面墙被用来展示档案资料，儿童可以在这面墙前展开讨论，那么它也可以成为一个焦点。

可以鼓励儿童通过写生和绘画来呈现他们所学到的内容。西尔维娅·查德（1998）讲述了绘画如何在第三阶段中加以运用：

尤其是对幼儿来说，绘画可以帮助他们谈论自己学到了什么。在一间早期教育教室里，幼儿和五年级的儿童搭档配对，并且共同欣赏三幅他们从项目活动活页夹中选出来的画。他们用这些画解释说明从项目活动中学到的东西，年龄较大的儿童写下年龄较小的儿童告诉他们的画中的事物。

可以鼓励儿童画一幅新的图画，并且在其中画上他们在主题活动中学到的每一样东西。他们可以和教师以及其他参与项目活动的儿童一起回顾和讨论这些画。儿童可以互相讨论作品，并且可以提醒同学画得更详细一些。保存图画并每天在图画上增加细节，可以进行数天，并且相当有用。

在高潮阶段，回顾和讨论活动可能是最有益的部分。当儿童看到写在主题网络图上的词汇越来越多，他们会感觉到自己在不断地进步。正如一名幼儿园小朋友所说："哦！我们现在知道得更多了！"当他们回顾自己的工作时，他们会看到第一次和第二次绘画的变化，并且为自己技能的提升而高兴。在这个过程中，教师要引导儿童产生自尊和自信的感觉。例如，在检验绘画技能的过程中，儿童自尊和自信的感觉被不断发展的技能强化。在项目活动中，儿童的工作、作品以重复绘画或书写的形式呈现并不是为了"炫耀"，而是为了有目的地呈现儿童的经验和想法。在这个过程中，教师可以鼓励儿童评估自己的成就。

此时，教师可能需要和儿童讨论其需要记住的课程内容及儿童已经学习到的内容。如果儿童没有任何想法，那么教师可以建议让他制作一本介绍这个项目活动的书。有时教师认为将项目活动带入高潮是一个很大的工程。然而，对幼儿而言，制作一本有关项目活动的书，或者将成果集中呈现在一个告示板或展示柜上，可能是结束这个工作的最有意义的方法。可以让儿童将有关项目活动的书籍带回家中和家长分享，也可以邀请家长来参观展览，这些方法提供了一种结束的感觉，并且能够让儿童从完成工作中获得成就感。

如果儿童已经创造了一个角色游戏的环境（比如餐厅），那么在情境中进行角色扮演也可以是一个有意义的高潮活动。例如，伊利诺伊州皮奥里亚市的维雷斯卡·恒顿幼儿教育中心的一些班级研究了当地的医院，每个班级在教室外的走廊上创建出医院的某一部分（如 X 光室、门诊室和病房）。这个项目活动的高潮就是让每个小团体中的孩子进行角色扮演，并利用道具在他们共同建造的医院里玩扮演游戏。

与他人分享

然而，有些项目活动可以有更为详尽的高潮过程。当儿童对项目活动越来越有经验时，教师可以鼓励儿童以多样化的方式与他人分享他们学到的一切。经过讨论，儿童可以将在项目活动中学到的内容建成档案，教师可以问儿童想要与他人分享什么。

对儿童而言，设定目标观众是有帮助的。例如，教师可以问儿童"你打算怎样和爸爸妈妈分享我们学习消防车的过程？""现在你知道这么多有关消防车的事情，要不要告诉布朗老师你做了些什么，去了哪些地方，以及发现了什么？"等问题。第一次参与项目活动的儿童自己不大可能想出这么多点子。教师可以向儿童呈现明确的选择。一些对幼儿有帮助的活动包括展览、以图画展示项目活动的过程、报告、游戏、戏剧、音乐、剪贴以及校园公演等，深受幼儿的欢迎。

在帕姆·斯克兰顿班级进行的"消防车"项目活动中，儿童决定制作一部关于他们建构消防车的过程的电影，并且决定邀请另一个班级的孩子参加"电影派对"并观看这部影片。儿童会运用这个方法可能是因为这个项目活动以录像带来建档，教师使用录像带来回顾以及延伸儿童的实地参访经验，使儿童对拍摄过程产生了强烈的兴趣。

在伊利诺伊大学附属小学，乔恩·布兰克的由 3—4 岁儿童组成的班级在"树"这个项目活动中研究苹果树，在儿童开设自己所创建的"苹果商店"时活动达到了高潮（如图 5.2）。在项目活动中，孩子们开设了一家店，他们有时会在营业日进行真实的买卖活动。例如，卖苹果、卖面包或买卖其他和主题相关的东西。

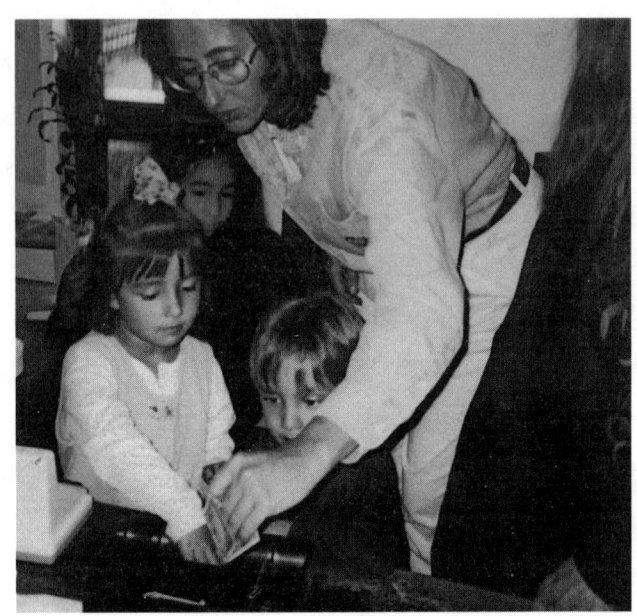

图 5.2　伊利诺伊大学附属小学的"苹果商店"

在儿童参与的很多项目活动中，在最后阶段，某种形式的建构也可以和其他人分享。例如，在伊利诺伊州山谷社区学院早期教育中心，一群 3—4 岁的幼儿建造了一辆厚纸板车，高潮活动是在学生活动中心展示这辆车。然而，年龄较小的孩子不一定都能参与建构。在维雷斯卡·恒顿幼儿教育中心，负责教 3—5 岁幼儿的裘迪·凯格尔老师介绍了几种可以和幼儿进行的高潮活动，建构则被排除在外。

高潮活动的形式完全要依项目活动而定——在这个年龄阶段，大部分儿童可以在项目活动中建构某些东西，有些则不然。只要是对儿童有意义、有价值的，或能引发儿童去制作并以具体建构物呈现的活动都可以是高潮活动。在我的混龄教室里，我们曾将芭蕾舞表演作为一个项目活动的结束环节，有几次以游戏的形式结束项目活动，还有一次则将美术馆之旅作为结束环节。

凯格尔老师继续描述她最喜爱的高潮活动，那些都发生在她的 4—5 岁幼儿班。在一次访谈中，凯格尔老师描述儿童如何将美术馆之旅作为高潮活动。

孩子们的兴趣推动着整个项目活动的发展。我们正在研究一位作家兼画家——艾瑞·卡尔。我们阅读他的书,并且观看一部有关他如何绘画的电影。孩子们对他如何拼贴很感兴趣,并想要学习。有些孩子制作了一幅墙面画,而另外几个孩子制作了个人拼贴画。

同时,我们阅读了一本关于美术馆奥秘的书。这引发了孩子们对作品展览的兴趣。他们开始讨论在美术馆里有什么以及不一样的美术馆。此外,他们还讨论了他们可以将什么艺术品放在美术馆里。这是"美术馆"项目活动的开始。孩子们开始探究美术馆是什么样子的,什么东西可以被放进美术馆,以及物品如何陈列在美术馆中。

他们将在走廊里建造一个"美术馆",以作为结束活动。"美术馆"中会展示他们的拼贴画、墙面画,以及一些用水彩画的牡丹和鸢尾花。他们也烧制了一些陶土作品。有一个孩子画了一幅有关泰坦尼克号的水彩画,制作了一个泰坦尼克号的黏土模型以及一个泰坦尼克号的乐高模型。这些都被陈列在"美术馆"中,然后他们决定做"美术馆"的导游,此活动也就成为高潮活动。

每个孩子都以不同形式参与——制作门票、发放邀请函或者带领参观。他们讨论时间表及每次参观所需要的时间。如果想要当导游,他们可以先行登记,但并不是每名幼儿都想要当导游。最多的讨论是如何安排轮流的时间,让每个想当导游的孩子都有机会尝试。每个孩子都可以做他们想做的事,每个人都有事可做。

我们邀请其他班级来参观,如果整个班级的学生都来,那么孩子们决定将他们分成两组。其他被邀请来的有教职工和家长。在这个星期里,有些家长为了其他目的来学校,孩子们也会问他们是否需要导游,然后一两名幼儿会打破时间表的限制来当导游。

凯格尔老师和她的助手林恩·阿卡斯都认为建造一座"美术馆"是最佳的高潮活动之一,因为它建立在儿童的兴趣之上。当这群孩子第二年长到6岁时,同样是凯格尔老师教他们,她发现他们已经会用类似的计划过程来策划另一个项目活动的高潮活动。

他们开始进行"水"的项目活动。儿童创造了一个游戏来展现他们学习到的知识。这对他们来说非常有意义。就像"美术馆"项目活动一样，这个想法第一次出现在一个讨论之中，然后自然地进入高潮活动。如同"美术馆"项目活动，我可以看到他们将自己所学到的知识具体化。我认为它是一个很好的高潮事件，因为孩子们感觉到它是一个很好的高潮事件。

然而，凯格尔老师提醒各位教师，如果以事件作为高潮活动，就需要小心地制订一个计划，其中要包含记录该事件的档案资料。

对于一个没有作品的高潮事件，所产生的问题是它发生了，然后就消失了。我们没有以档案的形式来记录这些项目活动的高潮，就像在一些项目活动中我们没有记录下孩子们建构的某些东西。但是我知道这些经验对他们来说非常有意义。

凯格尔老师和阿卡斯老师认为，这些高潮事件的经验对儿童非常有意义。正如凯格尔老师所言："我知道这些经验对儿童非常有意义"。刚接触项目活动的教师将"对儿童有意义"作为策划高潮活动的主要标准之一是较为明智的选择。

凯格尔老师认为，许多高潮活动的对象不仅可以包含一个班级的儿童和家长，也可以包含学校中同年级的其他班级。

项目活动的高潮不同于其他教学模式的高潮活动，项目活动的高潮事件的好处是它可以激发教师和儿童回顾技能并强化知识的动机。高潮事件也提供了一个圆满的结尾，以达成高潮活动的目标。准备和参与高潮事件可以鼓励儿童和家长热情地投入其中。的确，一个好的项目活动的主要益处之一是大多数家长对自己孩子的热情参与和努力工作的动力会做出积极的回应。当儿童和家长一起工作并庆祝活动的完成时，他们会感受到团队合作的快乐和凝聚力。

高潮活动不仅有益于参与项目活动的儿童，也有益于观看活动结果的儿童。学习如何实施项目活动是个复杂的过程，其他班级的儿童通过观看项目活动的成果，可以学习到许多有关项目活动的知识，特别是当他们有机会和这些小小探索家进行讨论时。他们学习其他儿童如何形成探究问题、如何以建构物呈现他们所学的东西，以及如何计划项目活动的高潮。通过看到这些儿童的技能越来越熟练，他们能够提升自己的自信心，从而感觉自己也可以掌握难度较高的技能。学习实施项目活动的教师可以构建一个支持网络图，并分享与项目活动相关的书籍和档案，从而使儿童看到其他班级完成的更多的项目活动。

高潮活动也可以由更多的人分享，包含那些参与项目活动的专家和实地参访地点的人员。除了高潮事件，那些人也可以有机会欣赏关于该项目活动过程的档案。例如，哈林学区中凯·休斯的一年级班的"银行自动取款"项目的活动档案，在儿童所参观和探究的银行里展示了数周。皮奥里亚动物园里也展示了玛丽·安·戈特里勃班级的"动物园"项目活动的档案。扩大项目活动的受众有许多好处，比如可以让人们知道项目活动的优势所在，即项目活动是一种积极的、吸引人的、有意义的学习实践。

档案的用途

教师仔细地收集、分析、解释和展示儿童学习的证据，被称为"档案"的管理。项目活动的档案通常包括观察记录、儿童作品的收集、文件资料、自我反思以及叙述性的学习故事。教师可用逸事记录、儿童创作以及录音或摄影的方式收集档案资料。儿童、教师、家长及其他社会团体可以运用档案达成不同的目的。

我们有许多理由相信档案是项目活动中不可或缺的部分。全面的、高品质的档案可以提供儿童在各领域学习和发展的证据——涉及身体、情感、社会和认知。它提供了一个让教师观察并记录每个儿童的特殊兴趣和发展的框架。好的档案会将儿童积极的探索以及与成人、同伴和材料的互动清楚地显示出来，借此表明项目活动中的学习是一个互动的过程。档案也可以显示儿童如何从现实生活和与生活相关的活动及材料中学到东西。档案特别有助于审视一个好的项目活动中所应具备的多元的、统整的学习经验。

然而，对儿童而言，项目活动中档案管理最有价值的作用可能是：它能够帮助、引导教师进行项目活动。档案在整个项目活动的进行过程中被收集和分析，使得教师可以由此了解到每个儿童知道什么、可以做什么以及接下来最好使用什么材料和工具。然后，当儿童参与其中，并且知识和技能被触动时，教师可以增加活动的困难度、复杂度及挑战性。教师可有意识地收集儿童在项目活动中的经验。如此，在计划课程活动时，教师可能会做出更丰富且灵活的决定。这些决定包含如何制作课堂规划和计划表、接下来要做些什么、要问什么问题、要提供什么资源，以及如何促进每名幼儿在项目活动中获得发展。

苏联心理学家维果茨基的社会文化理论表明教师决策对儿童学习最大化的重要性。根据维果茨基的理论（1978），如果一个教师能引领每名儿童至最近发展区，那么他就是最有效能的教师。当教师提供的经验位于儿童的最近发展区时，儿童将学得最好。为了判定儿童的最近发展区，教师必须以特殊的技能和知识来评估每名儿童的发展，并详细调查儿童对于主题的想法，然后提供经验以搭建桥梁或"脚手架"，使儿童达到较高层次的思考水平。通常，对教师来说，最有帮助的资料是那些能显示出儿童所理解的、虽然矛盾但开始想去做的或正试着整合到他们现有的知识结构中的部分。在项目活动中，儿童有许多机会呈现他们所了解和误解的部分，教师应仔细收集儿童的这些经验，并建立档案。

教师们发现，当儿童注意到教师所进行的档案记录和收集时，对他们来说，这表示他们的工作是重要的、有价值的、受尊重的以及受重视的。用档案来详细记录儿童活动的教师也发现，当他们花更多的心思在档案上时，儿童也会更小心仔细地进行工作，而且更会评估自己的努力。当教师用档案记录儿童的第一次、第二次甚至是第三次对工作的尝试（如画脚踏车的零件及制作卷标）时，儿童开始反映出他们的技能发展过程。儿童也了解档案对成人的影响，即使是非常小的孩子，也会注意到教师和家长对其工作的积极回应。

项目活动中多样化的档案资料也能帮助教师应对对教育责任的要求。目前教育界出现了一股强大的趋势，就是提高对教育责任的要求，使之符合教育局规定的标准，并且接受课程目标的评估。学校和其他幼儿教育机构被要求告知大众其教育课程或教育效能。如果教师想以档案作为课程评估的说明或证明其所达成的教育责任，那么他需要得到一份关于教育目标、课程目标和课程指引的文本。如果学区或幼儿教育课程的目标是提高儿童的知识、技能和认知品质，那么提供档案将是最有效的方法。档案使教师能够向决策者和其他利益相关者提供证据，证明让儿童亲身实践的方法（如参与项目活动）可以引发儿童真正的学习。

档案的种类

大多数幼儿教师非常擅长从档案中推测儿童的学习状况。他们可能会使用发展检核表进行逸事记录或系统地收集一些儿童的作品（如学年初、学年末的自画像）来完成推论。在档案收集的过程中，这些方式都是有用的。主动投入学习活动的儿童会采用很多办法来了解他们的世界，因此，收集儿童所得到的经验和学习成果的方法有很多。

正在学习实施项目教学法的幼儿教师可能会发现，花时间研究档案以及使用不同的方法建档是有用的。例如，在"校车"项目活动中，教师可能会请一名幼儿说明他所画的车子，但是不会想到记录儿童在虚拟车库里所说的话。教师可能会记录整个团体对于主题网络图的问题及讨论，但是往往会忽略某名幼儿所说的话，而这些资料刚好可以放入这名幼儿的档案中。以多样化的方式建档可以确保教师在收集每名幼儿的准确资料时做得更好。例如，当一名幼儿尚未掌握强大的语言技能时，他可能会以画一幅画或建构一个积木游戏环境来显示他对这个主题了解的深度。

表5.1是对档案种类的概括。许多教师发现在书写计划中也可以使用此表中的建档方法，而且非常便捷。预先思考在不同的主题活动中需要收集哪些种类的档案，可以确保多种方法的综合运用。教师第一次给项目活动建档时，常会试着用照片去捕捉儿童所有的学习过程，这是教师常犯的错误。在计划建档时，表5.1可以帮助教师绕开这种陷阱。

表 5.1　在教室里为儿童收集的档案

档案的种类	在教室里如何收集
个人档案资料夹	收集特别领域的内容资料，如： • 书写作品 • 解决问题时所用的数字的记录 独特的作品显示儿童的： • 学习风格 • 兴趣 • 个人的特殊才能
作品（个人或团体）	儿童的作品，如： • 以逸事记录或录像带/录音带收集儿童所说的话 • 收集书写文字（如符号），或为照片及图画加上说明、字母、记号，收集儿童所制作的书 • 扮演游戏、乐高、积木等建构物 • 线描画或油彩画 • 资料收集的记录 • 原创歌曲或舞蹈等音乐表现 • 网站、单词列表，或者有关词汇和学到的概念的其他记录
观察	教师做的观察和记录有： • 在发展评估表或课程指引上注明特殊知识和技巧 • 有关知识、技巧和品性的逸事记录 • 有关品性的行为指标（兴趣的表达、在活动上花的时间、自己选择的活动）
儿童自我反思	儿童说明对自己的了解： • 对于活动的喜好 • 对内容领域的兴趣和喜爱 • 对成就感到自豪
学习经验的故事	个人、小团体或整个班级的学习经验故事： • 教师日志 • 项目活动和单元的展示 • 给家长看的书和说明 • 给儿童看的书和故事

改编自：Helm, J. H., Beneke, S., & Steinheimer, K. (2007), *Windows on learning: Documenting young children's work* (2nd ed., p. 21). New York: Teachers College Press.

观察

鉴于项目活动大部分是儿童主导和教师引导的，所以它提供了很多观察儿童的绝佳机会。在项目活动中，儿童提出问题并寻找答案。他们有时自己解决问题，有时和其他孩子一起或请教师解决问题。当儿童参与学习实践时，教师可以用多样化的方式观察儿童使用语言的情况、互动形式、游戏层次和认知品质。教师可以通过逸事记录来记下他所观察到的儿童的知识、技能或认知品质。教师也可以用录音机或摄像机来记录儿童在对话中的精确用字、行动以及解决问题的顺序，以作为稍后的分析依据。教师还可以记录所观察到的关于儿童认知品质的外在行为表现，比如口语和非口语的兴趣表达、对活动的选择和花在活动上的时间。

这些观察记录可以作为发展检核表上的证据或被用来证明已达到哪些课程目标。观察记录、检核表以及儿童的作品可成为其个人档案袋的组成部分。

下面是萨莉·本尼克（1998）所观察到的4岁孩子莉萨在"车子"项目活动中的表现：

在学年中期，莉萨会在每星期来中心两天。她非常安静羞怯，在班级活动中常扮演观察者的角色，直到我们开始进行"车子"项目活动。在进行"车子"项目活动时，她参与活动的方式是以猛点头来回答问题。莉萨自愿在表中填写"是"或"否"，以记录车子的哪个零件是否由钢或铁制成。我为她示范"是"和"否"的写法，她在表中适当的位置仿写了"是"和"否"。完成这个表使莉萨了解了使用文字的目的，并使她产生了用书写来表达自己的强烈动机。这些工作帮助她融入集体，其他孩子也开始欣赏她的能力和感谢她的协助。

项目活动提供了延续一段时间的深度学习的情境。基于此，它们提供了观察儿童的成长和改变的机会。

收集儿童的作品

作品是为儿童在项目活动中的学习成果建档的最容易收集的资料之一。图画、主题网络图、音乐表达、建构物、资料收集、口语案例和初期的书写作品都是幼儿知识、技能和认知品质发展的有效档案资料。

在项目活动中，儿童会产生许多书写作品，尽管大多数幼儿还不是流畅的文字书写者。一个3岁幼儿乱涂，说自己写的是"关于生病婴儿的医生诊断"。这说明幼儿已经了解书写及使用文字的目的。4岁幼儿经常会使用字母形状的文字来沟通。图5.3展现了一名儿童如何用符号来表达作品。儿童收集衣服并将衣服捐给慈善机构，是伊利诺伊大学附属小学的"衣服"项目活动中的一部分。这幅画显示儿童可以将衣服分类，并且将其捐给慈善机构。

图 5.3

伊利诺伊大学附属小学的儿童使用符号表明他们可以将衣服分类，并且将其捐给慈善机构。

儿童在项目活动中也会书写文字和运用其他沟通方式。例如，在实地参访时，他们会在记事夹板的纸上写下他们要问的问题。这些可能是由陪伴儿童的大人写下来或进行图解的，也可能是由大人写下来，再由儿童仿写的。当儿童开始发出字音时，可以完全由儿童来写。当儿童找到问题的答案时，他将会写下或画出答案。回到教室之后，儿童可以说出记事夹板上的内容，并向全班报告他在记事夹板上记录的答案。这些记事夹板上的答案不只说明了儿童的书写水平，同样说明了其阅读水平。在项目活动中，其他书写作品包含个别儿童或团体写的内容。3—4岁儿童会口述照片或绘画的内容，5—6岁儿童通常会自己书写文字。

主题网络图是呈现团体讨论结果的好资料。在项目活动开始和结束时，教师都可以在主题网络图上记录儿童的想法。比较两个不同的主题网络图，可发现儿童关于主题的词汇和概念的增加。图5.4显示的是在琳达·伦德伯格的班级里所发展的两个不一样的有关"乌龟"的主题网络图。一个是9月的主题网络图，一个是10月的主题网络图。如果主题网络图的发展过程被录音或拍摄，或者图上记录着儿童的名字和他们的讨论内容，那么主题网络图也可以作为了解团体及个别儿童成长的证明。

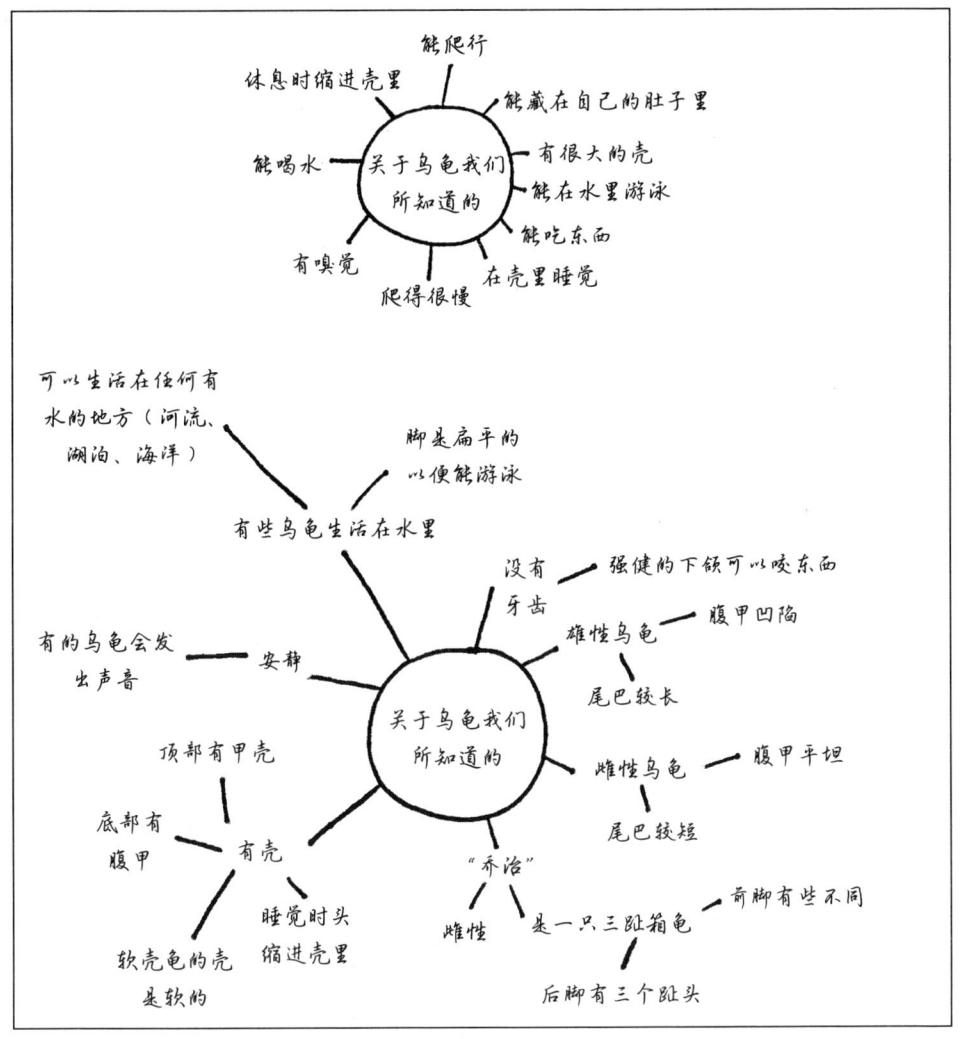

图 5.4

当教师将第一次的主题网络图与探究后的主题网络图做比较时，可以较容易地了解幼儿概念的发展。

图、表、计数单和以其他数学方式呈现的作品，在项目活动中经常呈现，也可以作为档案资料。图 5.5 是在项目活动中收集资料的例子，以此说明儿童的数学思考能力。在例子中，儿童写下校车上设备的数目。

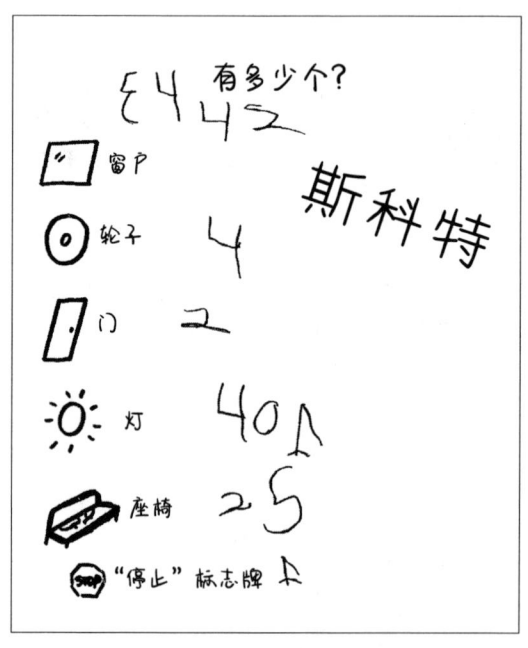

图 5.5

琳达·伦德伯格给她班级里的幼儿提供这张纸，以便幼儿在实地参访时记录资料。

这些作品由个人或团体制作。偶尔作品自身可以呈现意义，但是大部分作品还需要通过文字叙述、解释说明来呈现其作为档案资料的意义。在展示团体作品时，教师可以选择能够解释此项目活动的作品，或者那些可以说明个别儿童在参与此项目活动时能力发展过程的作品。展示每名儿童画的每幅画是没有必要的。

鉴于创设游戏情境是儿童在探索项目主题时最喜欢的方式之一，因此，团队建构的游戏环境应当是说明儿童知识与能力的最有效的作品之一。儿童建构他们的知识，并小心地检验他们的建构物，以确保我们了解他们所掌握的东西。图 5.6 展示了学习中心里 3—4 岁儿童做的推土机。通过图片，我们可以知道儿童如何使用建构物以及将建构物与真实的推土机（见图5.7）做比较。同时，我们可以看到儿童的建构技能和他们解决建构过程中出现的问题的方法。

图5.6

在小朋友学习中心里的幼儿特别注意他们所制作的推土机的细节部分。

图5.7

小朋友学习中心提供真的推土机，以供幼儿模仿建构。

项目活动时间的延长和探究的深入有助于我们收集有关儿童成长和技能发展的丰富资料。因此我们在项目活动一开始时就需要制订计划来捕捉儿童的知识和技能。项目活动之初的档案可以与之后的档案形成对比。一个最普遍的建档方法是在整个项目活动中多次收集儿童对同一物品的绘画作品。当一个项目活动接着一个项目活动建档时,这对于说明儿童在一段时间内的成长极有益处。例如,乔恩·布兰克在两年间的连续项目活动中收集同一群幼儿"第一次"和"第二次"的绘画作品。图 5.8—图 5.12 展示的是埃多的绘画,他是一个三四岁的第二语言学习者。图 5.8 是 3 岁的埃多第一次在"树"项目活动中所画的树;图 5.9 是埃多所画的牧场里的羊;在 4 岁时,埃多画了两次警车,如图 5.10 和图 5.11 所示。在第一次绘画时,他的画中没有足够空间来容纳所有的字母,所以他只能写下"Champaign(香槟)"中间的字母。在第二次绘画时,他在画中就留了足够的空间,以将所有的字母都写上去。埃多(仍然是 4 岁)画的最后一幅画是三轮车的俯视图(如图 5.12)。埃多的作品显示,这种档案在记录幼儿成长方面是相当有效的。

图 5.8

这是埃多在 3 岁那年的秋天在幼儿园里的首个绘画作品。

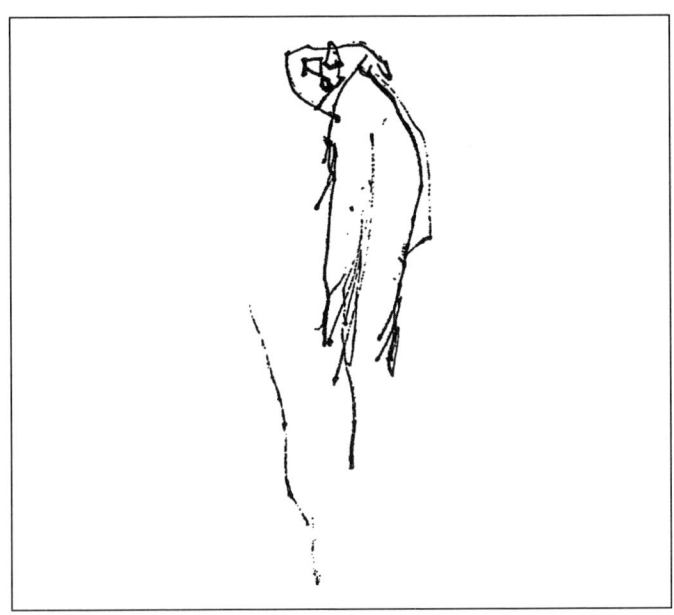

图 5.9

在第二年春天,埃多画了一只羊。

图 5.10

4 岁的埃多在绘画时更为细致。他尝试将"Champaign"(香槟)写在他的警车上。

图 5.11

当埃多第二次画警车时,他在画中预留了放进所有字母的空间。

图 5.12

4岁的埃多在春天的绘画中渐渐了解到透视画法的重要性,这是三轮车的俯视图。

项目活动叙事

项目活动叙事或项目活动故事捕捉了许多观众的兴趣。项目活动就像一个好的故事，我们永远不知道故事将如何进行或剧情要如何编排、如何转变。当儿童积极地参与项目活动的实施时，这个故事还会增加些惊喜和有悬念的成分。故事是项目活动建档极好的材料，因为故事可以帮助家长和其他成人了解到，儿童通过实践建构概念和理解的过程。

当故事在不断发展的过程中被分享时，惊喜的元素就会增加成人对这个项目活动的兴趣，并激发他们的参与和关注。刚接触项目活动的教师倾向于在项目活动期间收集档案资料，但要等到项目活动结束后才分析和分享档案。这种做法不仅失去了利用档案来引导儿童的最佳时机，而且减少了项目活动故事为他人带来的悬念感。

利用项目活动逐渐发展的特质，教师通常会在教室里的展示墙面或在教室外的走廊上发布项目活动故事，之后随着儿童工作的进展来持续更新故事内容。照片配文经常被用来讲述这些展示的故事。教师通常交流他们对项目活动经历的反思以及通过项目活动对孩子们的了解。儿童和成人可以通过回顾这些展示品来了解班级在主题探索中的进步。

如果教师展示项目活动的摘要，那么这会使墙面上的展示物更容易被理解。项目活动摘要可以帮助观众更充分地了解他们所看到的内容。摘要简要阐明了项目活动故事的基本元素，类似于大纲或浓缩的一本书，涉及参与的班级、教师的名字、儿童的年龄及课程的时间跨度。在每一个标题（如"主题""项目活动重点""项目活动的历史""儿童的经验教训""未来的计划"）下，要预留一小段空间，以供记录与标题相关的内容。表 5.2 是乔恩·布兰克设计的"树"项目活动的摘要。通过展示来分享档案，对家长而言特别有帮助，因为这些展示可以为家长和儿童提供关于项目活动的讨论平台。在项目活动的进行过程中，新的档案摘要和手写备忘录有助于儿童和成人共同实现目标。

表 5.2 "树"项目活动摘要

教师：乔恩·布兰克，卡拉·刘易斯，贝蒂·里伯维奇（伊利诺伊大学附属小学）
年龄阶段：3—4 岁
时间跨度：9—10 月
项目活动重点
　　树：通过调查研究操场和校舍周围的树，我们观察并呈现树与树之间的不同及其某个部分的特征（如树叶的形状、大小及它们在秋天的变化等）。
项目活动的历史
　　这个项目活动从在周围环境中探索实物、实地参访开始。在制作有关树的已有知识的初始主题网络图之后，儿童开始探索周围环境中的树。对松鼠的观察引发儿童收集果实，并引导大家进一步谈论"树是动物的家"之类的话题。另一个探究的问题产生了——"树上都有什么？"我们列出了一个清单，上面包括许多从树上长出来的水果。接着，幼儿参观了一个苹果园。
儿童会学到什么
　　通过探究，儿童学会分辨树的不同，了解各种树的名字。他们分辨树的组成部分，包括叶脉、树液和树根。他们也会思考树在秋天会发生的变化。有些儿童尝试以不同的媒介来呈现研究结果。除此之外，儿童了解树与生俱来的特性，并且了解树对人类的贡献。他们了解森林工作者的生活以及苹果园、苹果店工作者的工作内容，有些儿童观察苹果树的成长和苹果的收获，并模拟了在店里贩卖苹果的过程。
未来的计划
　　这个项目活动继续进行，直到儿童完成苹果店的建构，我们计划在店里卖东西，依靠这个经验，我们可能进入有关"杂货店"的主题。

　　叙述故事也可以由教师写给幼儿或由幼儿来写，这样的故事通常被称为"项目活动历史书"。它们通常包括该项目活动的照片以及幼儿描写发生了什么的文字叙述。幼儿的工作也包含在项目活动历史书中。项目活动历史书通常聚焦于项目活动的某一方面，比如建造一个建构物或实地参访。幼儿喜爱这些书，就可以一读再读，并且带回家给家长看。项目活动历史书也可以提供给其他开展项目活动的班级阅读。

　　与儿童进行项目活动的教师发现，在分享该活动的叙事性档案时，运用一个良好的叙事规则是有帮助的。一个好的叙事规则是为特定的观众量身定做的。在给家长的叙事故事中，教师可以深入地说明这个主题如何与课程目标相匹配。教师可以和儿童的家长分享他的专业知识，并且告诉家长一个特别的事件会显示出儿童在哪方面的发展。在给儿童的叙事故事中，教师可以选择聚焦于该项目活动的事件或儿童已经看过和做过的事件。这可使儿童重新回顾和体会实践过程，并把自己看成一个"探究者"。

有些教师通过展示和制作书籍来为家长提供深入的、丰富的内容信息，同时给儿童呈现项目活动故事，以试图达到他们预定的目的。方式之一是他们在彩页上给予家长额外的信息或在同一页上以较小的字体呈现这些信息。家长可以为儿童阅读书中的故事或利用其他时间阅读给家长看的文章。另一个方式是在书的左边呈现给家长看的文章，在书的右边呈现给儿童看的文章。家长可以专心为儿童阅读书右边的故事，然后额外利用时间来阅读左边的资料。

和儿童进行项目活动的教师可能会发现最好使用儿童自己的文字来呈现故事内容，尤其是当儿童开始了解到印刷文字的功能或在阅读时试着找出与自己所念的字相配对的文字时。在学习过程中用儿童真正使用的语词和意见而不修改其文法和拼写，儿童会觉得自己是受尊重的。

建档时可以运用的物品和设备

教师在计划收集档案时应当提醒自己使用多种方式来建档。一个简单的档案计划表（如表 5.3）可以帮助教师思考项目活动中预期的具体活动、适宜（如"观察"）的档案类型和如何建档（如在戏剧扮演区使用录音机）。最重要的是提前考虑由谁来负责建档。如果建档者在同一期间有其他工作要做，则需要考虑可以由谁接替这个工作，这样才可能捕捉到整个建档过程。在项目活动进行时可以不断地充实和完善这张档案计划表。

表 5.3 档案计划表

预期的项目活动事件	可能的档案类型	需要的设备或材料	档案收集工作者	档案收集者的工作内容

在幼儿教育机构中，很多利于省时的材料和设备可以支持建档工作。这些材料包括可以用来写观察记录的便利贴，便于收集儿童作品及逸事记录的资料夹。有些教师在教室四周放置铅笔和便条本，这样可以迅速地记下儿童的工作情形。有些教师为每名儿童都准备了记事夹板和纸张，并将儿童的名字附在上面。这不仅可以鼓励儿童在每天的活动中书写和画画，也可以使教师较轻易地收集到儿童的作品。照相机、平板电脑或其他可以拍照的设备都是必备之物。录音机也会有用处，在某个特定时间使用摄像机也可以丰富档案资料。教师出于许多目的会使用复印机，包括：复印儿童希望带回家的作品，缩小或放大儿童的作品以便展示，或者影印儿童所制作的书籍和项目活动历史书，让儿童带回家与家长共读。

要想让这些档案显得更专业，许多教师会使用计算机打印要展示的作品和叙事说明。扫描仪可以大大简化做书、展示、做简讯的过程。教师可以扫描儿童的作品或复印照片，儿童的作品可以被直接扫描进计算机并缩小，从而使档案易于管理且可以用更多样的方式来交流。许多教师发现，使用数码相机、手机、平板电脑或其他设备来记录事件和儿童作品非常便利。甚至较小的儿童也可以使用简单的电子设备为项目活动建档。如果技术可行，教师、年龄大一点的儿童、家长可以为自己的多媒体项目活动做记录。

所有的这些材料和设备有助于激发教师建立档案资料的积极性，可以使教师更有效率，并且使档案看起来更专业。然而，许多教师在开始记录时只使用笔记本、记录卡、便宜的照相机和一个有条理的系统来收集儿童的作品。

筛 选 档 案

展示板、与儿童对话的记录以及项目活动历史书，使教师注意到项目活动对儿童的价值。然而，某些档案的精确度和复杂度使有些教师（尤其是刚接触项目活动的教师）感到畏惧。许多和其他人共享的档案是经过精心准备和筛选的。项目活动的档案是在过程中收集的，并且与那些和儿童一起工作的人讨论和共享。只有具备教育性的档案才会被公开发表。准备面对一大群读者或准备用来展示的档案资料被称为"公开发表的档案"——那是经过仔细地整理、打印及展示的。《开启儿童的学习之窗》(*Windows on Learning*，Helm et al.，2007)一书中将这个过程称为"筛选"。萨莉·本尼克（1998）谈到了在她的育儿中心里筛选档案资料的过程：

  在某种意义上，我们的中心里有四个筛选及编辑档案的阶段。第一个阶段是从教室的项目活动板上选出档案资料。第二个阶段是选出合适的档案资料，在必要时进行修改，并在走廊的展示架上展示。第三个阶段是将这些展示在走廊、展示板或者历史板上的档案资料移走，准备做该项目活动的最后记录。在这本书（指的是"车子"项目活动）中，我曾经描述过这个项目活动的进行过程，并且包含我对儿童作品的反思，这可能就是第四个阶段。

  关于公开档案和作品展示的详细建议，可以参考《开启儿童的学习之窗》（Helm et al.，2007）这本书。

  档案可以提高儿童参与项目活动的价值，但是对于儿童和教师来说，要使一个项目活动获得成功或让儿童从中发展新的知识、技能、认知品质，展示过多及范围太广泛的档案并非必要。为儿童作品建档以及和其他人共享档案资料的技巧需要教师花时间来学习，所以建议第一次和儿童一起实施项目活动的教师先设定合理的建档目标。

  学习建档类似于学习开车：第一次尝试时要慢，每一个步骤都要仔细地考虑和计划。最后，这位驾驶员会变得很熟练且有信心，而不需要有意识地思考个别的工作（如发动车子）。整合范围广泛、内容丰富的项目活动档案也是一门技术，并需要花时间学习。致力于档案资料收集工作的教师最后会发现，建档是一件极有价值的事情，它在项目活动过程中可以非常自然地进行，从而成为教师自动和自发的行为。

评估项目活动

项目活动如同其他教育活动一样，可以从反馈和评估中受益。有时教师说引导儿童开展项目活动以及为儿童的作品建档就像"在游离不定中教学"。在教学过程中，教师要做许多决定来回应儿童的问题，促进教室里的互动以及鼓励儿童完成作品。这个过程是动态的。"动态"在《美国传统词典》(*The American Heritage Dictionary*，2011）中被解释为"随时活动的能量或物品""具有持续改变、活动或成长的特征""可以用强度、活动力来区分及标记"。当与儿童进行项目活动时，这个术语可以准确地应用在教师的教学过程中。

然而，"在游离不定中教学"并非意味着教师没有目标、没有目的以及没有行动计划，或者教师没有为每一天的活动好好做准备。它意味着教师在尽力改进教学技巧，期望每个儿童的兴趣可以持续，并以最佳的方式支持幼儿在项目活动中的探究和呈现过程。

作为参与式学习的项目活动

评价一个项目活动是否成功的方式之一是，思考项目活动所提供的实践是否能引发儿童投入和参与，以及儿童能从中学到哪些内容。那么，儿童所参与的学习实践是否同第一章中所描述的"参与式学习"一致呢？

除了定义"参与式学习"，琼斯等人也提供从多方面检查学习经验的指引（涉及参与学习者所做的工作、学习结果的评估、教师和学生的角色安排），以及当参与式学习发生时教师如何审查这些项目活动等。以下的评估问题是依据幼儿教育机构采用的指引而列出的。每个问题之后阐释了教师应该收集哪些资料以进行分析。这些问题将以检核表的方式在本书的"项目活动计划日志"中呈现。

（1）儿童能对自己的工作和活动负责吗？儿童通过问问题来表明自己正参与项目活动。他们通过向教师解释或表现他们想要做什么，或在必要时向教师求助，来证明他们是这个实践过程中的"掌控者"。

（2）儿童被他们的工作吸引、全神贯注了吗？儿童在工作中感受到了满足和快乐。他们对解决问题和对能帮助他们理解想法和概念的方式显现出偏好。

（3）儿童是有策略的学习者吗？儿童正发展和运用解决问题的策略和技能。他们把在某个经历中学到的技能运用到另一个相似的经历之中。

（4）儿童的合作能力正在发展吗？儿童一起工作，互相交流想法。他们心平气和地和意见不合的人相处。儿童互相支持、提供建议和互相鼓励。儿童开始意识到自己和别人的长处。

（5）项目活动中的任务具有挑战性和整合性吗？项目活动是复杂的，需要持续的时间和努力，通常要进行数天，甚至数个星期。为了使项目活动更加成功，教师所选择的工作内容需要有助于拓展儿童的思考和社会技能。儿童感受到读写、数学、科学和沟通技巧等要素可以有效地协助他们学习。所有的儿童（而不只是一小部分儿童），被鼓励问困难的问题、定义问题以及参与对话。

（6）儿童在项目活动中的作品被用来评估他们的学习了吗？档案显示儿童如何建构他们的知识以及呈现他们的学习过程。档案与课程目标相匹配。档案包含个人和团体的努力。档案使儿童的认知品质（比如解决问题和提出疑问的能力）清楚可见。档案也包括草稿和最后的作品。儿童参与档案收集的过程，并且被鼓励根据档案进行反思。儿童被鼓励建立标准（如什么样的观察性绘画是好的，或者什么样的问题是好问题）。

（7）教师能够促进和引导儿童的工作吗？教师提供丰富的环境、经验和活动。教师鼓励儿童共享知识和责任。教师提供的信息和支持的程度以儿童的需要为基础。教师帮助儿童联结新知识和旧知识，并且帮助儿童发展获取新知的策略。教师可提供示范和辅导。和儿童在一起时，教师是合作学习者和共同探究者。

参与的类型

一名教师在一个项目活动中恐怕不能完成上述所有的参与式学习的指标，尤其是在儿童第一次或第二次参与项目活动的情况下。而且，并非所有儿童都会全程参与所有的项目活动或以同样的程度参与，了解这一点非常重要。

决定儿童参与程度的因素或许是年龄。很多3岁儿童是项目活动进行时的观察者，并且可能游离于活动之外。这些儿童体验项目活动可能就像他们体验教师主导的单元教学一样：享受活动、发展一些关于主题的背景知识，以及分享一些团体经验。他们起初可能不会产生有意义的问题和解决问题的方法或进行有别于单元活动的深度探究。然而，这些儿童仍然可以从同伴的作品中学到很多东西，并且通常会在接下来进行的项目活动中积极参与。有些教师指出，那些很少参与某个项目活动的儿童，有时会在下一个项目活动中使用他们从未用过但看到其他儿童用过的技能。建立主题网络图、绘画及提问的能力显示出他们已经跟上项目活动及同伴的工作进度。

对儿童而言，提高参与程度也是项目活动的功能之一。当教师评估项目活动时，检查每名儿童在教室里所获得的经验的程度是有帮助的。教师可以将这个因素考虑进去而决定接下来的项目活动主题。通过回顾上一个项目活动的评估，教师可以考虑如何选择主题才可以在班级中促进更多的参与式学习。除了参与式学习外，还有其他因素（如怎样实现课程目标等）也应在评估时被加以考虑。这可能会因每位教师和所进行的项目活动不同而有不同程度的改变。

在第二章至第五章中，我们一步步地介绍项目活动的实施阶段，并以许多项目活动中的案例来加以说明。接下来，在第六章和第七章中，你可以体会到几个项目活动的完整实施过程。第六章呈现了一个来自幼儿园的项目活动案例，第七章呈现了两个学步儿的项目活动案例。你的向导将是经验丰富的幼儿园和学步儿教师。

第六章

项目活动过程中儿童的参与和学习

幼儿园阶段是开展项目活动的绝佳时机。随着儿童的世界从家庭不断地向外延伸,儿童的生活和经历变得越来越复杂。他们对在这个世界上所遇到的东西——动物、植物、人及其工作、成人使用的工具和物品,以及日常生活中的事物——很感兴趣。对儿童来说,这是习得新单词和发展词汇量的关键时刻。项目活动是接近这个年龄层的课程的自然选择,儿童不断扩展的世界里充满了潜在的主题。

"照相机"项目活动

本章呈现的是发生在洛拉·泰勒的班级中并由泰勒老师描述的"照相机"项目活动。泰勒老师已从教14年,其中有8年在伊利诺伊州皮奥里亚市的诺斯敏斯特学习中心里工作。诺斯敏斯特学习中心是一个受瑞吉欧教学法启发的幼儿项目,包括学步儿、幼儿园、学前班项目活动以及对儿童的课后托管,该中心共计约250个儿童。该中心由伊利诺伊州教育委员会资助,并致力于提供早期教育服务。项目教学法和档案工作是该中心的价值核心。泰勒老师在项目活动中得到了她的助理老师斯蒂芬妮·马蒂内克以及来自布拉德利大学的实习老师埃丽卡·戈德斯坦的协助。泰勒老师一共执教两个班级,分别是上午和下午的3—4岁混龄班。她通常在两个班级中实施相同主题的项目活动,平均每年完成两个项目活动。

第一阶段：项目活动的开始

我在教室的游戏区域中放置了一台照相机，以此作为游戏道具来刺激创造性游戏的发生。当一群孩子对照相机感兴趣时，"照相机"项目活动便开始了。我想孩子们可能想假装去别的地方拍照。他们从游戏区域中拿出照相机，一边在教室里奔跑着，一边大叫"茄子[1]"。于是，我便问他们：

你们正在拍什么？

你们打算用照相机干什么？

如何将胶卷取出来？

如何得知真的有照片形成？

当这个游戏持续时，我会继续发问。鉴于游戏会持续进行，我决定在照相机中放置一些胶卷。我告诉孩子们照相机里有真正的胶卷，并让他们玩拍照。第二天我带来洗好的照片，孩子们觉得这些随意拍的照片（如天花板、地板和指尖的照片）很有趣。因此，我们讨论该如何拍摄照片。我问他们是否知道如何给一个人拍照，他们也想要知道该如何操作，这便是"照相机"项目活动的开始。这个主题来自儿童的游戏，仅仅通过在戏剧扮演区添加一个游戏道具，这个引人入胜的项目活动就产生了。

预先的计划。当教师们发现照相机可能会成为下一个项目活动的焦点时，我们开始认真对待我们的计划。由于这不是我所熟悉的话题，我们三位教师一起坐下来把我们所知道的关于照相机的一切都写出来。马蒂内克老师、戈德斯坦老师和我将我们所设想的孩子们将会遇到的概念绘制成网络图。以下是我们三个人在计划会议上的讨论及网络图上的内容：

- 你可以在哪儿拍照
- 我们想要分享的儿童文学作品
- 真实的照片和虚假的照片

---

[1] 英文原文为"Cheese"（中文意思为奶酪）由于在发该单词的音时，需张开嘴巴，露出牙齿，好像在微笑，因此常用于拍照；在中国，人们在拍照时习惯喊"茄子"。——译者注

- 照相机的历史
- 胶卷及其作用
- 不同种类的照相机

　　随着我们越来越多地谈论照相机，我回忆起在我年轻的时候，我们使用的是宝丽来相机（即显胶片相机），而现在数码相机的使用频率越来越高。我们猜测幼儿或许想要体验不同类型的照相机和所有可以搭配的配件。我们还讨论了儿童可能参与拍照的原因，例如，在假期期间发送家庭照片来展示他们家庭的变化。我们谈到照片（如在房子里展示家人的照片）可以成为人们的回忆。

　　当在网络图上写下我们认为自己所知道的内容后，我们开始融入不同且相关的课程领域的内容（如图 6.1）。我们开始设想儿童可能感兴趣的活动以及我们如何处理这些想法。我们讨论了我们可以去哪里，可以看什么，以及可以在课堂上开展什么活动。在网络图上，我们添加了伊利诺伊州的早期学习标准。我们将其作为课程目标，并思考如何通过活动实现这些目标。在头脑风暴时，我们记录可以在艺术、科学、社会科学、数学和语言艺术等不同领域可以做些什么的想法。从预设的网络图来看，这个主题很好且具有可行性。因为这是儿童生活的一部分，但是之前他们却没有进行过多的思考，所以这个话题对他们来说会很有趣。他们或许会对很多词汇感到陌生，有些儿童对数码相机很了解，有些儿童并非如此，所以他们有很多可以互相分享的东西。通过计划网络图，我们能够清楚地看到该主题可以满足不同领域的课程目标。这是一个包含技术、数学和科学的丰富话题。

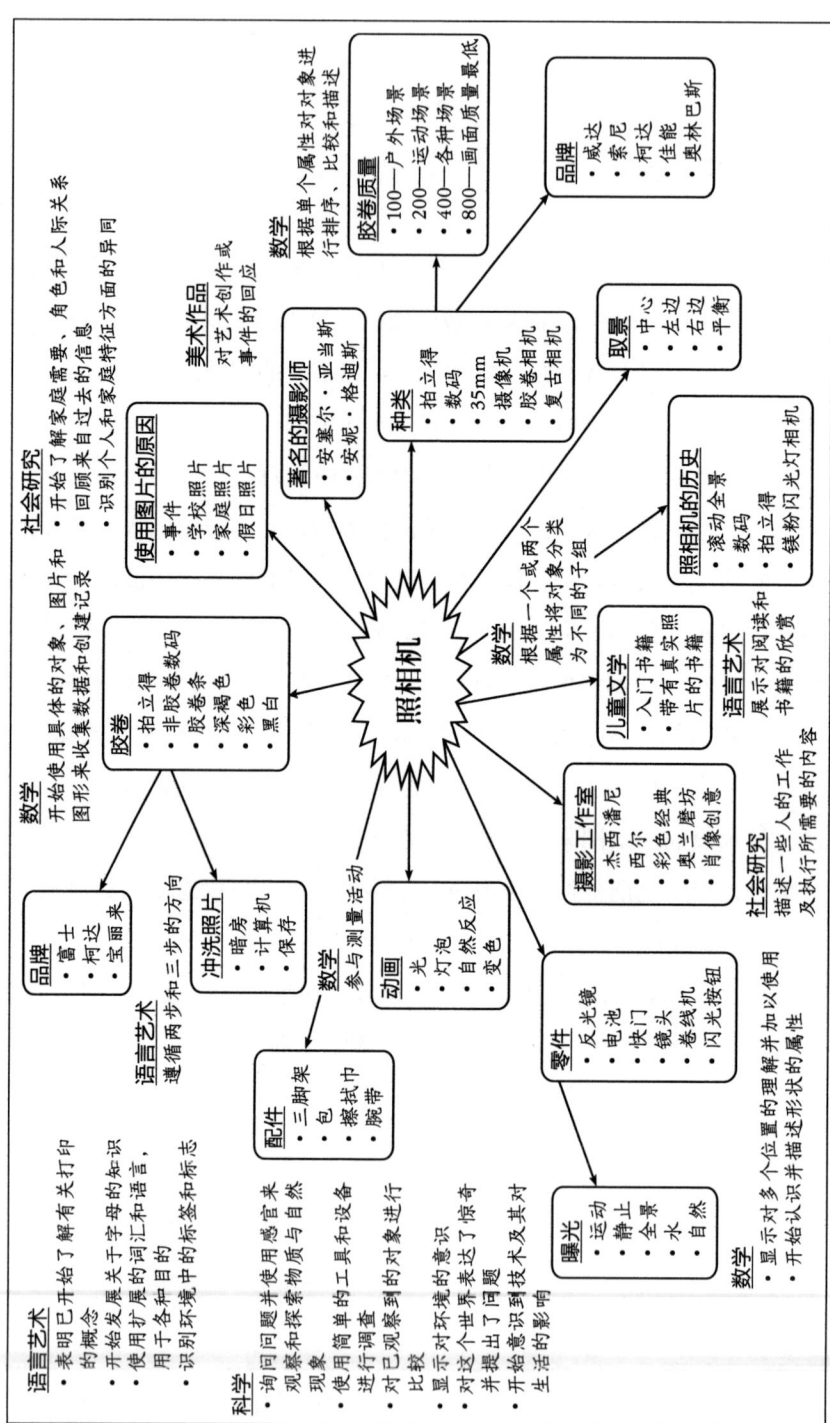

图 6.1 莱勒老师及其助理通过绘制计划网络图来预测儿童可能学到的概念并整合课程目标。

当根据这个网络图开展工作时，我们开始在教室里增加更多的照相机，以避免儿童在使用照相机时发生争执（如图6.2）。最后，我们投放了三种不同类型的照相机——拍立得相机、数码相机和胶卷相机。由于每种照相机都有些许不同，因此，这引发了孩子们更多的问题。当拍摄照片后，他们制作了一张照片拼贴画。我们花了一周的时间专注于各种活动，以建立儿童的兴趣和背景知识。我们的计划包括与儿童一起探索、观察和倾听他们，从而使预先的计划和探索更为丰富。

图 6.2
当儿童有机会接触真实的照相机时，他们对项目活动的兴趣不断发展。

儿童的已有经验。在我们展开探究前，你可以根据网络图了解儿童的情况（如图6.3）。通过小组（每组约9名幼儿）讨论，我们大约花了20分钟来绘制儿童的网络图。这些儿童尚未具备足够多的项目活动经验，因此我们通过小组的形式给予他们更多的关注，并越来越多地讨论网络图。每位教师负责一个小组，然后将这些网络图加以组合。我们将上午班和下午班的网络图连接起来，因为他们有类似的想法。当儿童的想法不同时，我会将上午班与下午班的网络图分开。但是在这个特殊的项目活动中，两个班级的网络图十分相似。在其他的项目活动中，网络图或许会不一样，并且聚焦于同一个主题的不同想法。

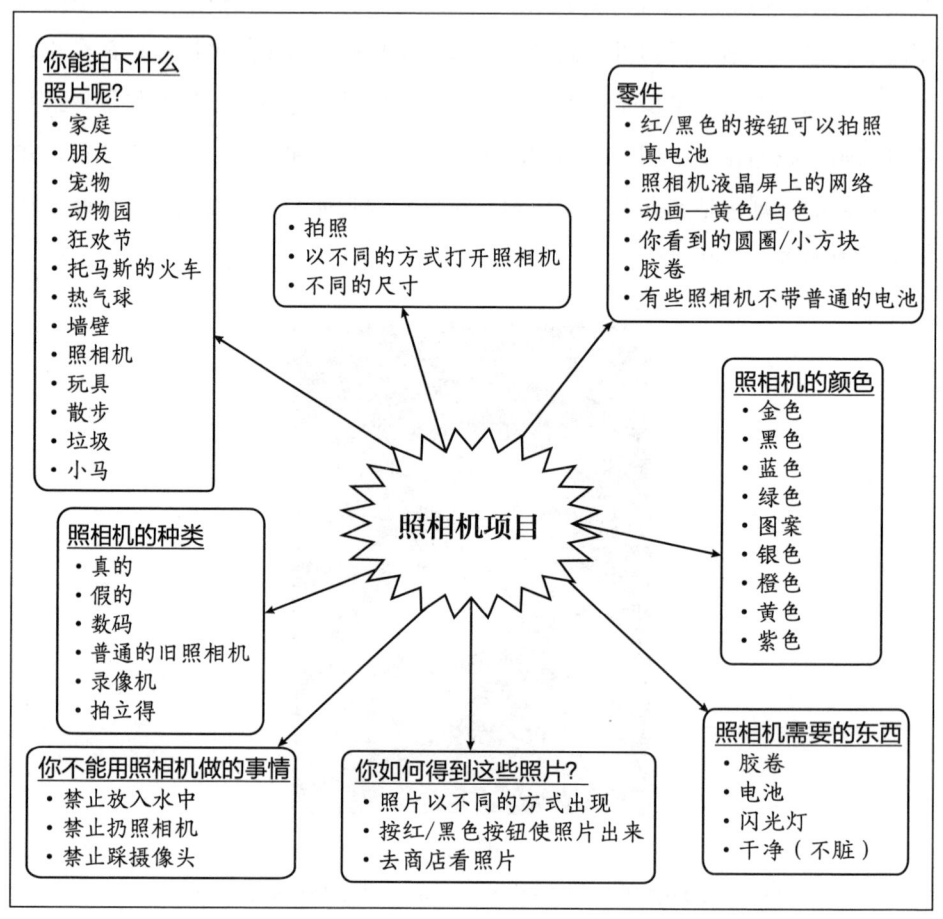

图 6.3

幼儿关于照相机的前期经验的网络图（第一次）表明可以对许多知识进行组合并加以命名。

当我们绘制这张网络图时，孩子们开始谈论颜色。照相机可以是什么颜色（金色或黑色）的？随后清单上会出现彩虹的所有颜色。作为教师，我们质疑照相机是否有那么多颜色，但是我们还是将儿童的想法写下来，因为我们无法说明没有粉色或橙色的照相机。记录儿童的基础知识，是学习过程的一部分，以便他们加以验证。之后，他们便开始谈论自己可以拍什么照片。这些孩子已经知道一些照相机的名字——真实相机、假玩具相机、数码相机（他们对数码相机较为了解），也有人知道拍立得相机。这是一个基础的网络图，主要用来命名这个年龄段的儿童可能知道的与照相机相关的事物。

我们已经了解到一些窍门来支持儿童的讨论。在该项目活动中，我让孩子们回忆他们使用照相机的情况。"你还记得你如何使用照相机拍照吗？告诉我你对照相机的了解。"通过聚焦主题中的某个特定的方面（如"告诉我它们是什么样的"），教师可以增进孩子们对照相机的了解。为鼓励儿童参与讨论，可以从儿童对主题的感官体验着手：

"这些照相机是什么样子的？"

"它们听起来是什么样子的？"

"这个照相机感觉怎么样？"

如果儿童只有一点想法或刚刚萌发想法，那么我可能会说"告诉我更多"，并试图引导孩子们一起讨论。一旦某个幼儿有了想法，我可以说："你知道，约翰尼提出他可以给家人拍照，那你可以拍什么呢？"然后我继续以这类问题来推动网络图的完善。通过网络图，孩子们看到我们在他们面前组织信息。例如，当他们提出颜色时，我会把它们写下来：

"黑色、蓝色、绿色，这些可以是什么东西的颜色？"

"我知道，照相机的颜色！"

"所以我把它们写下来。"

之后，有人可能会提到另一个关于按钮的想法，我会问：

"那会和照相机的颜色一样吗？"

"哦，不，泰勒老师，那是照相机的一部分。"

然后我可能会说："那么，让我们以'部分'作为新的类别，你还知道照相机的其他组成部分吗？"

我帮助他们组织好他们的想法。有时，你可能会发现一个孩子主导讨论并似乎拥有所有的信息。我希望听到这个孩子的声音，但我也会说："其他人也有想法，之后再请你来说。首先我想听听简的想法。"通常我们会遇到相反的情况——儿童未能给我足够的信息。鉴于我想听到每个人的想法，我或许会对某个安静的孩子说："蒂姆，关于照相机，你知道什么吗？"很显然，我不是为了让他难堪，即使他一无所知，也没有关系。我或许会说："我们要和杰夫专家一起学习照相机，我打赌他来后，你会有所收获。"我们试图鼓励儿童将他们的所知尽可能地进行分享，但如果他们没有什么可说的，那也没关系。我发现，他们当愿意分享时便会举起手，我会加以挑选。如果某个孩子占主导地位，那么我就会说："应该轮到别人来说了，我会试着写下每个人的想法。"在制作最初的网络图时，我通常不会写下儿童的姓名，而是写下他们说些什么。我觉得这是一个关于每个人都知道什么的记录。

接下来，我们列出一张问题清单。我确实在旁边写上了名字，如蒙哥马利说自己知道一些拍照的事宜。但是当我们问儿童已经学到了什么时，她或许会反复问："那个红色的按钮如何工作？"因此，在这个问题中，我正在记录个人的成长。

第一阶段需要多长时间？共计4天左右。我们在周四开始思考将照相机作为一个可能的主题。在周一，我们不得不在教室里增加更多的照相机。在周二，孩子们冲洗照片并制作拼贴画。到周三，我们已经和他们一起绘制网络图。这是一个快速发展的项目活动，常常发生在儿童具有高昂的兴趣时。我发现当儿童具备项目活动经验时，这个阶段进行得更快。当我们得到问题清单时，我们就完成了第一阶段。

第二阶段：项目活动发展中的探究

第二阶段的第一部分是我最喜欢的部分。当儿童开始探究时，我们的教室里出现真实的物品，要么我们正在规划实地参访计划，要么我们正在从某个地方回来。我喜欢预测项目活动的走向以及帮助儿童更多地了解这个主题。同时，我也开始思考儿童如何在第三阶段分享他们的所学。我使用"项目活动计划日志"（见本书的附录）来指导第二阶段（尤其是组织儿童实地参观和访问专家）。我会根据第一阶段生成的问题清单来计划第二阶段。

我在进入第二阶段时做的第一件事就是收集一些材料（如肥皂盒、纸筒、绳子、牛奶瓶盖等）。然后我们把真实的照相机放置在桌子上，以作为模型。我们向孩子们发出挑战，问他们能否使用这些材料制作自己的照相机。通过对他们关于照相机的展示加以提问，我们鼓励幼儿将按钮、镜头、电池盒以及其他相关部件囊括在内。

学习标准的整合。在此阶段，我们试图整合尽可能多的学习标准，并始终保持活动的真实性。我们重新审视教师的计划网络图，上面列有伊利诺伊州的早期学习标准和我们一直在研究的预期概念。我们正在寻找它们可以在项目活动中真实使用的机会。例如，在读写活动中，用标签和标志来标识是一项标准。我们在读写区域和词汇墙上添加了一个贴有标签的照相机模型，然后将照相机的每个部分贴上标签。孩子们可以在空白表上复制标签。

在小组活动中，我们向儿童展示如何测量胶卷的长度，并判断哪台照相机的胶卷更长（展示对测量的初步理解）。孩子们拆开照相机并观察不同的部分（使用简单的工具或设备进行探究，使用精细的动作技能参与自主游戏）。我们用自己拍摄的照片制作了一些"眼睛间谍"书籍（了解照片和符号具有一定的意义并能传递信息）。

访问专家。在这个项目活动中，我们使用了社区资源并将家长作为专家来指导我们的活动。我们联系到的第一位专家是一位家长。基于在校期间的家访以及逐步熟知，我了解到玛丽·达纳韦是一位照相机专家。事实上，她曾经是一名专业的摄影师。我邀请她来班级里与孩子们一起拍照。我们的"家长专家"对此感到十分兴奋，并没有任何顾虑。

我从未期待这样的到访可以成为重大事件，而结果并非如此。我本以为达纳韦女士会与儿童一起探索照相机，于是我问她想做什么。令我惊讶的是，她想建立一个完整的摄影工作室，以向孩子们展示一切是如何工作的。她带来了所有的材料：背景幕布、照相机、助理和道具。孩子们也带来了他们的道具（如一只泰迪熊）。达纳韦女士一次带两三个孩子去"工作室"，并向他们展示拍照的整个过程（包括照相机如何对焦）（如图6.4）。她给每个孩子和道具都拍了合照，然后单独给道具拍了照。这是一段美好的经历。从这次访问中，我意识到我们应该关注家长和社区专家——他们能做什么以及他们愿意做什么——而不是对应该发生的事情有预先确定的想法。

图 6.4

正如这位专业的妈妈，家长可以在项目活动中与儿童分享许多内容。

另一位访问我们教室的专家来自当地的照相机店——皮奥里亚照相机店。当我打电话时，店主有些犹豫并询问我是否真的想与儿童分享照相机。我采用"项目活动计划日志"中的检核清单来聚焦我们的电话讨论。同时，我还告诉他儿童的已有经验以及我想要拓展的内容。我用"我们知道什么"网络图来给他提供一些背景信息。由于这位照相机专家掌握了这些信息，他便着手准备以确保儿童的问题得到回答。

在班级中，我们会根据"我们想知道的"列表来制定访谈问题。当专家到访时，孩子们会为他做好准备——他们把问题贴在剪贴板上。同时，他们会在纸上画或写东西，从而有助于他们记住正在问的内容。

当我与照相机店的杰夫·哈拉米约交谈结束后，他对本次到访感到兴奋。我了解到他想要做些什么，并将其写进我的"项目活动计划日志"。"杰夫先生会带来几种类型的照相机和配件。我们将在树林里的小路上散步，他指导我们去拍照。"能够找到一位愿意花一整天的时间与儿童在一起的专家是罕见的,但是杰夫先生做到了。他带来了真正的照相机和配件与孩子们共享。

当他到来的时候,孩子们立刻就去找他。他们紧紧围着他,提出了许多问题,对于这些问题他都认真对待。了解到幼儿想要知道的内容非常多,以及目睹孩子们在打开照相机往里看时多么兴奋,他倍受鼓舞。杰夫与孩子们坐在一起,告诉他们照相机的各部分的名字,以及它们是如何工作的。当我们散步时,他告诉孩子们如何聚焦在物体上并拍照(如图6.5)。

图 6.5
照相机专家协助幼儿用照相机来拍照,像杰夫先生这样的专家可以丰富项目活动并促进幼儿的学习。

在杰夫先生到访后,我们在房间的角落里增添了更多真实的照相机,并放置了照相机拆卸桌。孩子们对杰夫先生带来的特殊照相机想要了解更多,我们便用一张展示台来呈现我们获取的不同种类的照相机和书籍。

实地参访。我们可以去参观现场。我们与皮奥里亚艺术协会取得联系,因为此前我们曾听说他们有一间能正常工作的暗房。我们依照"项目活动计划日志"来规划实地参访的流程。然而，由于协会有许多参观者，它有一个相当典型的、预设的实地考察程序。协会工作人员为儿童参访制订了具体的计划。起初，我们的导游未能积极地回答儿童的问题，但最终她注意到孩子们的兴奋之情并开始向我们展示更多与问题有关的事情（如图 6.6）。

图 6.6

儿童沉浸于参观暗房的过程，在这里他们了解到用刮水板的目的。

教室布局和日程安排。在"照相机"项目活动期间，探究和展示在整个学校日进行。在学习中心里，我们通常每天都会在艺术桌上组织一次活动，谈论教师的计划和儿童选择要做的事。我们还组织了一次圆桌会议，我们喜欢举办读写类型的活动（如做图表、写日志、写书、制作信件和写笔记）。在"照相机"项目活动中，我们在积木区投放了艺术家安迪·戈兹沃西（Andy Goldsworthy）的书籍，展示环境艺术的照片以及相关的自然物。当我们进行项目活动时，我们也要保持日常的材料和物品的可取性。我们的项目活动渗透在我们的课堂中，但并没有完全代替班级的所有活动。教室里仍然可以开展玩偶游戏、拼图组装和自由绘画。图 6.7 展示了在项目活动实施期间的教室布局。

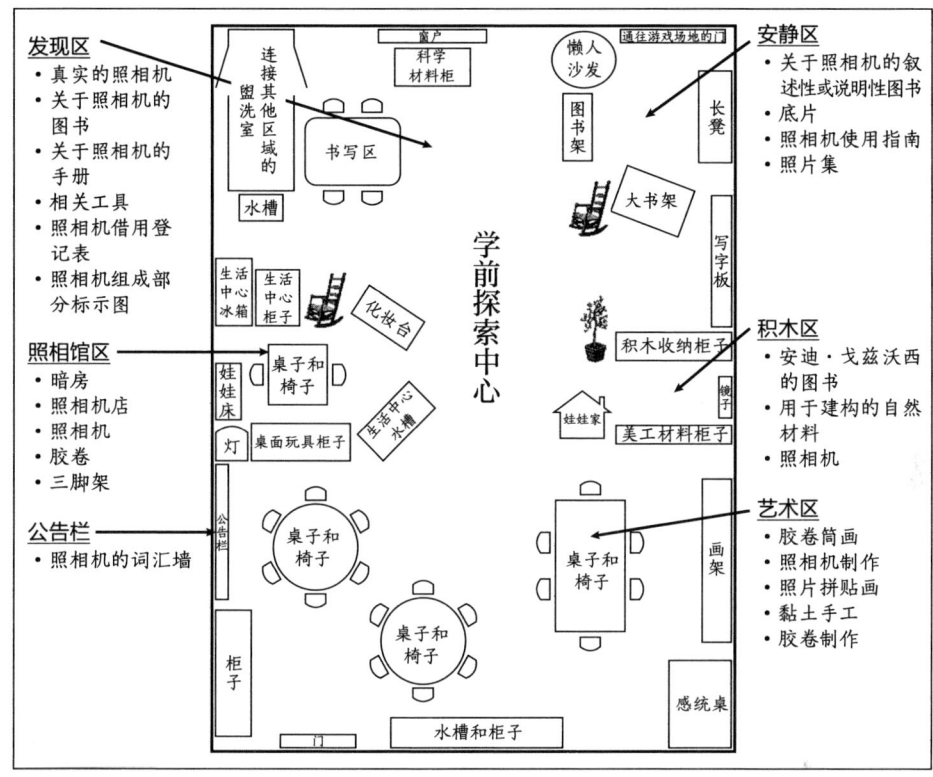

图 6.7
"照相机"项目活动渗透在课堂中,相关活动发生在多个区域和中心。

我们意识到提供与主题相关的物品以丰富项目活动非常重要。在整个项目活动中,你会在我们的教室里看到如下物品:胶卷(短和长)、未处理的胶卷、已处理的胶卷、胶卷罐、真正的照相机、有关照相机的书籍、三脚架以及一把真正的刮水板。一个数码相框里呈现了孩子们一整天的照片。孩子们拍摄的照片布满整间教室,并制作成相册以便他们查看。除了安迪·戈兹沃西的书籍,我们还有一本安塞尔·亚当斯的摄影书。同时,我们拥有一些关于如何拍照、照相机如何运作的报告类书籍,以及照相机使用指南。在第一阶段,这些东西并不都在教室里,而是随着项目活动的推进而添加。

我们的墙壁上摆满了档案,在小组活动中制作的许多图表、问题和网络图都得以呈现。墙面上展示了不同胶卷的测量表格。我们在小组活动中的任何记录以及我们所开展的任何活动,都被展现在教室的墙面上。孩子们创造了一面词汇墙,以呈现他们学到的关于照相机的信息。

亲自探究。该项目活动为儿童提供了亲自参与探究的机会。我们在教室周围张贴了达纳韦女士拍摄的照片,以便幼儿探究他们的照片是什么样子的。正如前文所言,杰夫先生为孩子们带来了不同种类的照相机以供其研究。他们找到按钮、镜头,并研究如何对焦。他给我们留下两台照相机,其中包括一台老式的照相机。

我们有一张照相机拆卸桌,这是最大的探究区域。这里有真实的工具以及可供 3~4 名儿童工作的空间。拆散照相机——他们做到了!当孩子们拧上螺丝、敲击和拉动时,我用照相机拍下他们低头操作的照片(如图 6.8)。他们将照相机的各部分拆开,并讨论它们是什么以及它们如何让照相机运作。他们拿出红色按钮,并探讨它如何让照相机拍下照片。就在那时,我们开始贴上标签,并创建出一个空间来分享贴有标签的部件。在拆卸桌上,当缺少足够的照相机拆分工具时,我们见证了儿童问题解决能力的发展。他们是共用一把螺丝刀,还是要求更多的工具?他们决定互相观察并轮流使用(如图 6.9)。

图 6.8

拆分各种照相机的活动是"照相机"项目活动中令人兴奋的部分。儿童的家长及其朋友们贡献了损坏或过时的照相机。

图 6.9
儿童通过轮流观察和互相观察，解决了缺少螺丝刀的窘境。在与他人合作的同时学习解决问题是项目活动的意义之一。

房间的角落也可以加以利用。在达纳韦女士到访之后，孩子们创造了一个可以使用不同种类照相机的工作室。在参观暗房之后，我们增添了一些材料，以使孩子们可以创建自己的暗房。

展示。这个项目活动中的展示很困难，我也不确定是何原因。或许是因为当你深入研究照相机后，你发现其各部分极其复杂且不容易画下来。虽然我们通常会在项目活动中开展很多黏土活动，但在此种情形下，黏土并不是一个很好的展示媒介。我们确实放置了一些黏土并鼓励儿童使用它，但是他们关注的是照相机的内部构造。当黏土不能用来展示照相机微小的部分时，孩子们感到沮丧。当我们使用已有材料来呈现照相机时，问题解决便发生了。如果儿童不能将物体粘起来或者有些东西看起来不对，那么他们将尝试另一种媒介或不同的方式。当儿童遇到照相机的镜头不能正常工作等问题时，我们试图倾听并协助他们想清楚问题。我们或许会问："你试过了什么？你想出了其他的解决方法吗？你想看看这个盒子里是否有更好用的东西吗？"

然而，儿童确实通过创设游戏环境做了很多展示。正如我之前提及的，他们在教室的区域中创建了一间工作室和一间暗房。每次专家们到访后，我们会添加一些新的东西。如同达纳韦女士的工作室一样，儿童的工作室中也有一台放置照相机的三脚架。同时，工作室中出现一些背景幕布。当我们将照相机放在屋角时，孩子们开始互相拍照，以呈现他们在工作室中所获得的经验。"你坐在这里，我来给你拍照，然后我们互换。"孩子们在角色扮演游戏中非常投入，角色扮演游戏变得更加丰富有趣。

孩子们提出想要创建一间暗房并配备里面所有的东西。他们真的很兴奋，并告诉我们其所需要的一切："我们需要托盘、钳子，以及这里的一些东西和这里的标志。"他们能回忆起很多实地参访时的内容。他们提及："我们必须把灯泡放在这里，因为那是灯挂着的地方，它必须是红色的。"这便是项目活动实施过程中的问题解决。他们意识到美工区的灯泡上的油漆掉色，并想起装饰时用的是玻璃漆。因此，他们拿出玻璃漆并尝试了解其是否有效。

我建议孩子们在暗房中给物体贴上标签，因为每组在冲洗照片时会产生困惑。他们尝试将托盘里的物品——显影剂、定影剂、补充剂和水——有秩序地摆放。他们总会将次序混淆，我们便鼓励孩子们回顾在实地参访时冲洗照片的顺序，并在托盘上贴上标签（如图6.10）。"现在思考一下你记得的，并告诉我顺序。"然后他们描述了在暗房里观察的整个过程，并将其运用于他们想做的事。

图6.10

在房间的角落里重温参访暗房的过程，这挑战了孩子们对顺序和时间的掌握。在项目活动中，儿童可以认识到专业技能的有效性和学会细致地思考。

"我们站在桌子的哪一边？"

"当有人正在这里冲洗照片的时候，考虑到你会扰乱秩序，你应该站在何处？"

"如果你站在桌子的这边，那么你需要后退。"

根据幼儿的空间位置，他们真的会思考自己做了什么以及产生的结果。这比典型的学前教育活动的顺序更为复杂。例如，阅读故事、讨论故事的顺序或组合谜题都是儿童在项目活动中进行深度学习的最好阐释。因为儿童的积极性非常高，所以这些活动可以促进其深度思考。

家长参与。在该项目活动中，家长积极参与。工作室就是在家长的帮助下建成的。家长还会带物品到班级中。同时，我们开展了家长活动，以鼓励其在家里动手操作。我们请家长在家里拍照并制作一本书来展现儿童一天的生活。我们给每个儿童都准备了一本含有空白页的书，以便他们在上面增加具体的内容。我们意识到如果我们仅仅布置任务，那么家长可能倾向于不做，或者可能会因为试图弄清楚怎么做而不知所措。儿童将书带回家，这些书被填满后会被带回教室，这是一项有组织的活动。家长和幼儿都很明确他们的任务以及书的内容。我们收到大量的书，并倾听儿童讲述他们如何与家庭成员分享关于照相机的故事。儿童喜欢与别人分享他们的书。

第三阶段：项目活动的结束

当我们注意到儿童对探索照相机不再像在拆卸桌上那么充满兴趣时，我们认为这个项目活动该结束了。在"照相机"学习中心里，每天没有那么多孩子，这个空间从一开始的忙碌突然变成空无一人。在暗房中也是如此——从儿童一直在玩到一个人也没有。我们知道他们对这个话题的兴趣已经消失。孩子们已经竭尽全力地进行了探究，并准备转向一个新主题。

我们与儿童坐在一起，并告诉他们我们已经尽力了解关于照相机的一切。我邀请儿童与别人分享他们的所学："我们是怎么做的？""我们应该做什么？"由于缺少足够的项目活动经验，孩子们没有太多的想法。我们分享了我们的想法，如制作书籍或举办照相机展。他们赞同后者。

孩子们邀请其他幼儿园和学前班的儿童来到我们的教室，并且向他们展现了三脚架上的照相机以及如何拍照。他们假装给参观者拍照，并带领他们去暗房里冲洗照片。孩子们带着参观者来到拆卸桌旁，并让其使用真正的工具来探索相机。

档案。我们可以用教室外的空间来展示很多档案资料。显然，从第一阶段开始，我就希望家长们能从档案中了解项目活动的各个阶段。在第一阶段，我分享了教师的计划网络图和儿童的问题。档案资料揭示了项目活动的发展。在每个活动的下面有我们的批注，如："这就是我们一起画计划网络图的原因，我们想要知道儿童的已有经验，这有助于安排我们的项目活动。"我认为给别人看教师的计划网络图很重要。它向家长们表明，项目教学法符合我们的课程目标且很有意义，与主题活动相比，它可以更好地指导课程。当我们完成这个项目活动时，我增加了新物品。在杰夫先生到访后，我们展示了他拍摄的照片以及部分儿童的作品。我们写了一篇关于让专家分享知识的意义的文章。当我们经历每个阶段时，墙上都会出现一些新的东西。因此，在整个项目活动的实施过程中，展览在不断丰富。

另一种形式的档案是词汇墙，它可以用来展示并巩固儿童在整个项目活动中的所学，并协助他们制作标签（见图 6.11 和图 6.12）。

图 6.11

这个由儿童制作的标志标明了公告牌将被当作词汇墙使用。即使是 3 岁的幼儿也有使用字母和数字的动机。

图 6.12

一名 4 岁儿童从词汇墙上复制单词"lens"（镜头），并将拆卸桌上的镜头粘贴到卡片上，从而创建了这个标签。

在整个项目活动的实施过程中，我们也可以用评估检核表和作品集来记录档案。这为观察和评估儿童的读写、数学思维、科学思维和认知品质提供了机会。在我们的课堂中，我们也将认知品质作为评估的一部分。我们期待看到儿童探究、积极主动以及理解周围世界。图 6.13 中的作品反映了 4 岁的莉莉不仅想找到问题的答案，还产生了写作的意向。

图 6.13

儿童的问题（左）变成了她仔细记录的答案（右），也成为她作品集的一部分。从儿童的作品中可以深入了解儿童的知识、技能和意向。这名 4 岁儿童正在准备识字。（左图"HOW DO THE CAMRAS TACK PICTCHRS？"意思是"照相机是如何拍摄照片的？"，右图"SHATRS！"意思是"按快门！"）

儿童也是记录者，他们用绘画、拍照以及写便笺（回答问题的纸条）记录下他们的所见和所学。当创建暗房时，他们使用了档案。他们的表现和创作也记录了他们的所学。

在项目活动的高潮部分，我通常"发布"小组与其他人分享项目活动的故事。在这个项目活动中，我决定呈现孩子们在项目活动中承担的不同角色——探索家、调查者、记录者和协调者。

教师的反馈。如果再一次开展这个项目活动，那么我将思考为儿童提供更多的展示方式。我认为我们并没有给予儿童足够的挑战。这是一个很好的、基本的项目活动，但是我认为儿童可以运用他们的新知识去做更多的展示。另外，我本想与他们一起制作一本项目活动历史书，以帮助他们回顾发生的事情。但当他们完成这个项目活动时，他们就结束了！我或许应该在项目活动的前期就开始制作项目活动历史书。这项工作非常紧张，这个项目活动在第二阶段花费了很多时间。当我们进入第三阶段时，儿童似乎只是对自己的所作所为感到满意，并分享了它，然后继续前进。

这个项目活动充满挑战。"照相机"是一个非常复杂的主题，而且我们很难为儿童找到资源。我们很难找到能够提升儿童理解水平的专家。例如，当谈到照相机如何工作时，一位专家正在介绍光线和光圈开口，而孩子们只是想知道该按哪个按钮！我知道摄影是一个非常复杂的过程，对许多成年人来说很有趣。但是作为教师，我们必须确保分享的内容与儿童先前的经验相匹配，并使用一种儿童可以理解的语言来表述。

儿童在这个项目活动中承担了许多责任。我们提供了很多材料，但是儿童掌握主动权。例如，在拆卸桌上，孩子们找到照相机部件，然后贴上标签并加以展示。

在这个项目活动中，儿童绝对是具有策略的学习者。他们形成策略和技能，并将这些策略和技能从一个方面迁移到另一个方面。当研究照相机的内部时，他们会说："为了拍照，你必须按下这个按钮才能让快门在里面工作。"他们掌握了如何转动镜头的基本知识。然后他们会把这些知识迁移到拍照中。"好吧，我必须看看这里并对焦",而不是像以前那样拍一张照片。我认为他们了解到了关于顺序和观察事情发生顺序的重要性。这对于在暗房里冲洗照片很重要。他们似乎在说:"我们需要按照这个特殊的顺序做,如果你做得不好,那么我们就会遇到大麻烦。"当他们拆开零件时,他们也认识到贴标签的重要性。在每次拆分时,他们都会贴上标签;否则,他们从照相机里拿出零件后就不知道该零件有何用处。

我认为成人在这个项目活动中也学到了很多东西。家长们在家里制作摄影书籍时学会了一些策略。一本孩子的书从妈妈拍照开始,然后转化为孩子拍的照片。家长学会了把控制权交给孩子,让孩子去探索。作为一个教学团队,我们更善于合作。我的助理老师和实习老师还在学习项目教学法的基础知识,我们一起解决了许多问题。这些提高了这个项目活动的质量和我们的技能。

作为成年人,我们也学到了很多关于照相机的话题,以及那些有趣的词汇。我以为我拥有关于照相机的基本知识,但是我仍然学到了一些关于照相机的不为人知的、非常有趣的东西。引进不同种类的照相机为我们提供了很大帮助,同时满足了儿童和成人的兴趣。我就在那里与孩子们做同样的事情。我把照相机拆开并看着这些组件,试图找出立体照相机是如何工作的。它拍了两张不同的照片,并把这两张照片拼在一起。我仍然不明白它的工作原理。关于胶卷如何工作的问题一直困扰着我。曝光一张照片需要多少秒,或者灯光明暗的重要性——我对这些方面都不知道。它们非常吸引人。这一切仅是为了拍一张小照片!这对每个人来说都很有趣。

学 习 之 旅

如第一章所述,项目活动并非完整的课程,它只是幼儿课程的某一部分。"方法"这个词的一个意思是"更接近"。在这本书中,许多将项目活动融入课堂的教师谈到,他们如何"工作"或"还没有进行"——他们如何接近自己的愿景,即了解儿童如何学习,如何使项目活动成为一种参与式的学习体验。他们将学习开展项目活动的过程描述为一段旅程。他们认为其不会很快结束,而是一段他们正在享受的旅程。

在本章中,洛拉·泰勒分享了她和一群学龄前儿童的旅行故事。萨莉·赛文和卡特里娜·拉森都是学步儿教师,若想了解她们的旅程,请阅读第七章中的另两个项目活动。

第七章

学步儿教育中项目教学法的运用

在项目活动中,我们已经见过很多学步儿主动参与探究的情形,以及能够呈现他们思考和理解能力的档案记录。参与其中的教师也分享了很多学步儿家长在收到孩子的项目档案报告时的那种热情与激动。学步儿教室里进行的项目活动,与凯兹和查德(2000)对项目活动的定义、本书中所描绘的实施流程图(见图1.3)以及相应的阐释在很多方面是一致的。学步儿的项目活动同样是对学习主题的深度探究。在项目活动中,学步儿会主动地参与学习,进行探究和表征。与年龄较大的儿童所参与的项目活动相比,学步儿阶段的项目活动的共同特征包括以下几点。

- 成人识别学步儿的兴趣。学步儿通过口语或非口语的方式表达兴趣,通过面部表情或肢体动作暗示他们产生了问题。他们也可以口头提出一些简单的问题。
- 当观察到儿童对事物或活动(如球类活动或鞋子活动)感兴趣时,教师会通过提供资源和安排户外参访活动来回应他们的需求。
- 学步儿学习词汇或概念(如"球"),并且能在新的情境中应用它们。
- 学步儿发展出不同的探究方式——触摸、操作、涂画、扔、推或尝试从洞中穿过物体等。他们未来可以将这些探索方式用在探索其他物体或事情上,并观察会发生什么现象。他们会建立一套学习策略的"演练表"。教师通过提供新资源,对学步儿的探究发出挑战。
- 学步儿通过档案认识自我,并通过游戏回忆或重构相关的经验。
- 学步儿创造表征作品,并与之互动。
- 教师和家长通过档案来交流孩子的成长,深入审视儿童的思考品质。

了解项目活动中学步儿的真实表现,将有助于我们理解1岁或2岁儿童的探究行为。在这一章中,我们将介绍"消防栓"和"标志"两个项目活动实例。自 11 月儿童首次接触消防栓到第二年 5 月形成高潮活动,"消防栓"项目活动案例呈现了学步儿的探究兴趣不断拓展和深入的历程。"标志"项目活动的时间跨度不算长,仅持续了近 10 周。参与这两个项目活动的班级教师分别讲述了在班级中发生的学步儿项目故事。

"消防栓"项目活动

马萨诸塞大学阿默斯特分校的早期教育和保育中心面向本校的本科生、研究生及教职工家庭,提供全年、全天候的早期教育和保育服务。"消防栓"项目活动发生在这个中心的一个学步儿教室里,儿童的年龄为 15 个月—2 岁。萨莉·赛文老师是这个班的主要负责教师,她讲述了关于这个项目活动的故事。凯瑟·赛维格老师也参与了这个项目活动。

第一阶段:项目活动的开始

我们班的孩子对"消防"话题的兴趣开始于去年的 11 月。当时,隔壁班正在探究消防车,我们班的孩子也想探究消防车。维克特(2 岁 6 个月)和查理(1 岁 4 个月)开始尝试探索消防员装备,教室里关于消防员的扮演游戏开始出现。孩子们看到隔壁班用大纸盒制作了一辆消防车,当他们也有机会使用它时,软管、着火的房子、另一辆消防车开始成为教室里常见的物品。很快,消防帽也成了孩子们玩灭火游戏的必要装备。

孩子们对这个主题的兴趣在慢慢增长。观察到孩子自发的消防游戏后,我们制作了关于消防车的计划网络图,以此来整合孩子们最感兴趣的内容。我们在教室里放置了其他的消防装备,以方便孩子们在扮演游戏中使用。我们还在阅读区增添了一些消防方面的书籍。

几个月后,维克特把教室里的几把椅子排成一排,然后说:"我做了消防车。"他用自己的手机呼叫了消防车,接着戴上消防帽(见图 7.1)。他走到我面前说:"看,我(造了)消防车。"艾拉(2岁5个月)参与他的消防车游戏,并补充道:"我们是消防员。"维克特说:"我做了消防车。"

图 7.1
维克特呼叫了消防车后,其他孩子也回应了他。

之后,在一次校园散步时我们遇到了一个消防栓,后来它成为我们每次散步时孩子们最为关注的东西。维克特第一次看见消防栓,他兴奋地喊道:"消防!消防!"我对他说:"是的,这是消防栓。"第二天我们再经过那里时,维克特又兴奋地说:"消防栓!"这次,我告诉维克特这个消防栓的每个组成部分的名字,并告诉他消防员在使用它时需要消防栓扳手。我们问孩子们:"从消防栓里会出来什么呢?"孩子们回答不出来,他们只知道这是消防员可以用的东西,但对其确切的功能还不清楚。因此,我们开启了"消防栓"项目活动。

我们在消防栓上贴了一张图片,为消防栓的各个组成部分以及名字做了标记,以便帮助孩子们扩展新词汇。我们还邀请了校园消防中心的工作人员瑞克·萨文来到教室里,为孩子们演示如何使用消防栓。瑞克·萨文打开消防栓,让孩子们能看见里面是什么样的,并介绍它是如何运作的。在这个过程中,欧利(2岁5个月)拿来自己的塑料钳子,想帮瑞克打开消防栓,并且说:"我拿了我的钳子去帮瑞克。"

在观看演示期间,孩子们触摸到了消防栓和相关的工具,他们可以看到打开后的消防栓的内部（见图 7.2）。瑞克在消防栓上连接了一根软管，让孩子们体验到管子注水后形状和重量的变化，而且看到水从喷嘴里喷洒出来的情形。在演示的最后，当瑞克卷起软管时，孩子们看得非常专注。此时，维克特靠得非常近，非常认真地观察如何将软管卷起来。

图 7.2
艾拉把手伸进消防栓看有没有水。

演示之后，我们注意到孩子们的扮演游戏发生了变化，他们开始把消防栓运用到游戏里。孩子们把一段段的软管连接在椅子和物品摆放架之间，把它们当作消防栓。我们觉得孩子们可能很渴望教室里有真实的消防栓，以此来加强和深化他们的探索和游戏。由于不能真的搬来一模一样的消防栓，我收集了各种各样的塑料水暖管、导管和连接头，并把它们做成消防栓的形状。孩子们立刻拧开它的端口盖子，假装连接各软管。维克特还要了一只手电筒，将光照进消防栓的里面，就像他看到瑞克在演示中所做的那样。

第二阶段：项目活动的探究

再次观看使用消防栓的演示。我们知道学步儿在重复接触中遵循自己的节奏来发展探索的能力，因此很显然，我们需要再次观看如何使用消防栓。当我们与瑞克以及其他消防员一起讨论第二次演示时，他们提议把消防车、水枪及其他消防工具带过来。我们觉得一次提供太多信息，反而可能会造成混乱，所以决定只观察消防栓和相关的工具。在第二次演示期间，孩子们的参与程度更高了。在此次演示的前一天，麦伊（1岁3个月）来到了教室，而观看演示的第二天，教师看到她拧开玩具消防栓的盖子，并把软管"连接"到消防栓上（见图7.3）。根据之前看到的消防员如何操作的情形，麦伊通过扮演游戏进行了游戏中的表征。在消防栓使用的演示期间，大部分孩子需要被鼓励或推动才会去摸一摸它。有些孩子胆小羞怯，依然不愿意靠近，只有几个孩子愿意直接探索消防栓，并和瑞克进行交流。后来，我们很快意识到，即使是站在后面静静地看的孩子也学到了东西。在扮演游戏中，他们展示了所学的新知识，并表现出想要更多地了解消防栓的迹象。

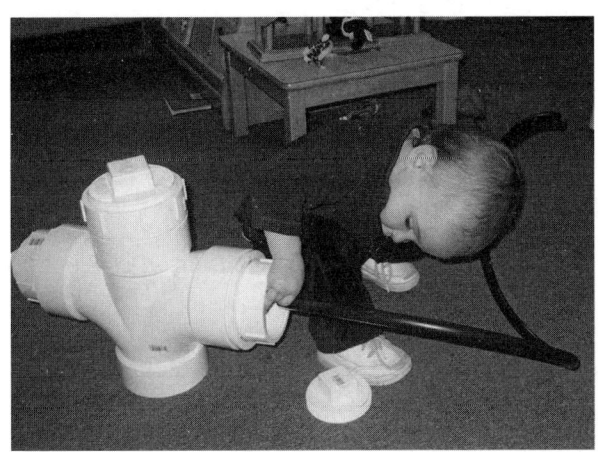

图 7.3
演示后的第二天，仅1岁多的麦伊就假装把软管连接到消防栓上。

用纸板进行建构。通过前两次演示，学步儿对消防栓了解得更多了。他们知道消防栓是什么样子的，知道每个构成部分的名字与功能。为了看看学步儿怎样表征所学内容，我们在教室里提供了硬纸盒、被拧掉盖子的塑料容器、纸巾筒和大型纸板桶等材料，想了解这些学步儿如何进行创造。

我们把这些建构材料放到地板上，并且把消防栓的标识图贴在附近，以便帮助他们记起消防栓的构成部分。在我们的指导和支持下，这群学步儿选择了一些材料来建构消防栓的两个不同部分。在搭建过程中，孩子们展现出了他们的问题解决技能、对精细动作的控制能力以及极大的耐心。

赛文老师：我们可以用什么把这些材料粘在一起呢？

艾拉（2岁9个月）：胶带。

维克特（3岁）：我想要胶带。

艾拉：我需要一块。

伊莎贝拉（2岁5个月）：我也要一块。

赛文老师（指着消防栓的照片）：现在我们需要这样的东西。

维克特（握着一个花生酱罐子）：这里，萨莉。

赛文老师：我们怎么把它们粘在一起呢？

这个问题让孩子们坐在那里沉思了一会儿。我建议在纸板上挖一个洞，随后挖了一个小洞并说："它还不太合适，怎么办呢？"

维克特（他帮助我把管子推进纸盒）：穿过去。

查理（1岁1个月）：握住它，握住？

查理握着赛维格老师给他的一个咖啡奶精罐子。我再次指着照片，请孩子们关注照片上消防栓的弯头。

赛文老师：我们怎么做这个地方呢？

查理把咖啡奶精罐子递给我。

赛文老师：我们应该把它装在消防栓的什么地方呢？

维克特指向消防栓的一侧，山姆（1岁1个月）想要试试，他把咖啡奶精罐子推进硬纸盒中。在完成组装后，我们坐回去一起观察这个消防栓。孩子们把做好的消防栓和照片中真实的消防栓进行了比较。当他们对安装好的每一部分都很满意时，他们才开始玩这个新做好的消防栓。

纸糊塑型。我们希望把和孩子们一起制作的消防栓弄得更结实一点，这样他们在玩的时候它就不会倒下去。尽管很早就想到了纸糊的方式，但一开始我们还是觉得这种方法可能会造成混乱，而且对学步儿来说可能会很难。后来，我们意识到混乱所带来的麻烦主要在于如何打扫，而这样的活动是很好的触觉体验的契机。

为了对班级消防栓进行纸糊塑型，我们需要将很多报纸撕成条状。所有的孩子都可以将撕好的报纸条放到盒子里。他们还帮忙搅拌糨糊，维克特、艾拉和伊莎贝拉把糨糊的黏性搅拌得刚好合适。孩子们把撕好的报纸条放到装有糨糊的碗里，翻转报纸条使其沾上糨糊，并抹掉多余的糨糊，然后把报纸条粘到消防栓上。太棒了！学步儿一起工作，直到我们制作的消防栓被一层报纸完全覆盖住（见图 7.4）。

图 7.4
学步儿一起工作，共同完成目标。

当糊的那层报纸干了的时候，经过讨论，我们一致认为可以给这个消防栓涂上颜色。我问项目活动小组的成员们："我们应该把消防栓涂成什么颜色呢？"

艾拉：粉色！

欧利：黄色和蓝色。

维克特：不，它是红色的。

关于选什么颜色，在小组成员们深入思考了几天后，我们认为进行一些"直接研究"或许可以帮助孩子们回答这个问题。于是，我们带着这群孩子到校园周边观察消防栓。每当遇到一个消防栓时,他们会停下来观察它的独特特征,说一说它是什么样子的。孩子们会主动提到消防栓各个组成部分的名字,而这些都是他们之前从瑞克及其他消防员那儿学到的。

几天后,我们再次问孩子们:"我们应该把消防栓涂成什么颜色呢?"这次,他们一致认为应该涂成红色。

第三次观看使用消防栓的演示。观看完前两次演示以及制作好自己的消防栓之后,孩子们在扮演游戏中又遇到了另一个问题:"水是怎样进入消防车的软管,然后喷出来扑灭火的?"瑞克和其他消防员再一次非常乐意来解答孩子们的问题。这次他们开来一辆消防车,将消防栓、软管及消防车如何一起工作,一步一步地演示给孩子们。

在这个过程中,消防员们给孩子们演示了如何将消防车连接到消防栓上,他们和个别孩子一起操作,以便帮助他们探究最感兴趣的部件设备。当孩子们控制充电线时,水会流到连接的软管里。这一次有些孩子依然只是站在一旁,看着就满足了。当消防员问孩子们还想看什么东西时,有孩子提出想爬一爬消防梯。于是,消防员迈克先生把消防梯架了起来,并协助每个孩子安全地爬上去。

孩子们了解到当使用完消防栓时,消防员需要把软管里的水排空。他们会边走边举起软管,一直走到另一端,让管子里的水自然地流光。维克特很渴望帮消防员们把软管里的水排空。

我们觉得,学步儿可能也会对如何把软管连接到机器上感兴趣。因此作为教师,我们决定帮助他们建造一个泵面板——可以用来表征将消防栓连接到消防车的东西。对项目活动中的学步儿来说,表征是他们经常玩的游戏。通过和儿童一起建构泵面板,我们可以为他们的思考搭建鹰架,帮助他们创造一个无法独自完成的游戏情境。最后的建构将儿童所学的消防经验的所有方面——消防栓、软管以及消防车——都调动起来,并使他们在游戏场景中能够应用所学到的东西。

建构泵面板。我先到附近的消防局拍了一些特写照片,把消防车上的泵面板接口拍下来。消防局的负责人将报废的消防软管送给我们,并将其切成儿童能用的长度,还送给我们一些用于连接软管和消防车的废旧仪表和管道配件。

第二天，我们将装有仪表、旋钮和管道配件的盒子提供给孩子去探究。查理（1岁1个月）拿起其中的一块仪表说："看，钟表，我找到了钟表！"我们展示了两张消防车泵面板的照片，告诉孩子们其构成部分的名字（见图7.5）。我还给孩子们解释，他们将要制作一个照片里那样的泵面板。于是，孩子们开始选材料，思考每个部件放在纸板上的位置。这使他们可以进行立体作品的创作，而这也是引发儿童自主学习的游戏情境（见图7.6）。

图 7.5

赛文老师结合照片和孩子们讨论消防车泵面板的每一个组成部分。

图 7.6

欧利在盒子里寻找能表征他在消防车泵面板照片里看见的东西。

欧利（2岁7个月）：我的仪表在这儿。

赛文老师：它们应该相互挨着吗？

欧利：是的！

孩子们摆放好所有的组成部件，并完成了泵面板的制作（比较图 7.7 和图 7.8），我拍了一张照片（后面也会提到）。我把这些部件粘贴到一块硬木板上，确保当学步儿使用时它足够稳固。

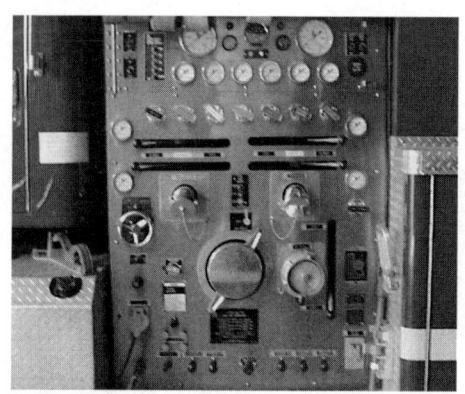

图 7.7

孩子们研究过的泵面板的照片提供了仪表和旋钮的细节。

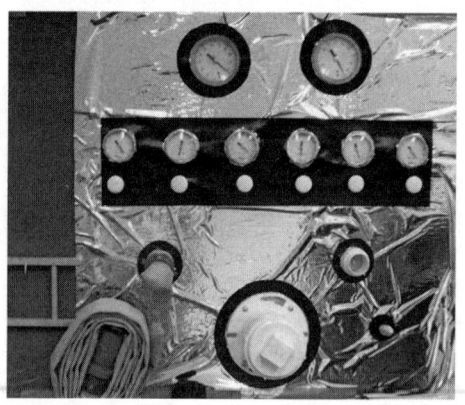

图 7.8

学步儿在游戏泵面板上摆放废旧的仪表和旋钮，它和照片中的真实泵面板非常像。

第三阶段：项目活动的结束

从之前的教育经验中，我们已经知道大组的集体活动不太适合学步儿。这样的环境中人比较多，声音显得嘈杂，并且容易让学步儿分神的因素比较多。实际上学步儿喜欢重复已经学过的东西，喜欢在小组或个别活动中和熟悉的人分享新知识。因此，我们决定开展"消防栓"项目活动，并以照片展的方式结束活动。于是，围绕教室里的消防栓演示活动，围绕孩子们的物品建构，围绕他们在教室里玩的与消防泵面板有关的扮演游戏，我们展出了很多照片。当观看这些照片时，孩子们能够结合展板上的图片，向朋友、家人以及参观教室的其他人讲述当时发生的故事。

当一个新的小朋友艾登（2岁）来到我们班时，阿娜亚（1岁5个月）指着消防员介绍消防车的照片，告诉他所错过的学习内容（见图7.9）。根据教室里展览的照片进行回顾，记忆或详细讲述消防栓演示中发生的事，也是学步儿交谈、口语强化和读写能力发展的机会。

图 7.9

学步儿可以识别照片中的自己以及发生过的事。他们似乎理解所讨论的内容是自己的经验，而且可以将这些经验分享给别人。

儿童的发展。作为结束活动，"消防栓"项目的照片展持续了几个星期。在这期间，我们班的孩子继续玩消防扮演游戏，继续口头交流所学的消防方面的内容。通过观察儿童的表现，我们发现这个项目活动让学步儿学到了很多东西。在11月项目活动刚开始时，每当看到消防车或玩消防车游戏，查理（1岁9个月）只发出"啊，啊"的声音。而经过整个项目活动的探究，这个男孩对消防车的发动机、消防栓的知识以及口头语言表达能力呈现出突飞猛进的发展。到第二年的6月底，2岁多的查理已经能完全参与游戏：在游戏中，他用简单的麦克风扮演消防调度员，并且开始为某场火灾调度消防设备："你的消防车要出发了，你去拿一辆消防车、抽水机、反铲挖掘机。"后来，查理在纸盒卡车的车头上安装了一个真的频闪灯，边玩边解释说："我给消防车安装了车灯。"山姆则在教室里试图爬上玩具梯子，当意识到自己的脚太大而不能爬上梯子时，他找来一只娃娃去玩爬消防梯的游戏，而且边操作边唱着："快点，快点，爬梯子，爬，爬，爬，爬！"

从拍摄于3月的照片（见图7.10）中，可以看到维克特和艾拉在玩消防游戏，但他们之间并没有互动，各自拿着一节褐色的塑料软管去灭火。在"消防栓"项目活动的结束阶段，从拍摄于5月的照片（见图7.11）中，则可以看到他们一起合作，用同一条真实的软管去玩灭火游戏。在玩的过程中，维克特模仿消防员的姿势，在握住软管喷嘴时叉开双腿站立。艾拉则像她观察到的消防员那样，扛起软管的中间部位来帮助维克特稳定软管，因为她知道管子里的水压非常大。

图 7.10

在"消防栓"项目活动刚开始时，学步儿挨在一起玩但不会相互影响。

图 7.11
在项目活动的结束阶段,学步儿根据所学到的软管和消防栓知识,一起合作玩游戏。

教师的反思。这一学年的"消防栓"项目活动持续了好几个月。在这之前,我们还没有经历过持续这么长时间的项目活动。通过这个过程,我们发现循序渐进的展示、大量的动手操作以及多次参观消防栓的活动,能为学步儿提供学习和尝试应用新信息的机会,而且深化和拓展了他们对于这个项目活动的主题的理解。长时间聚焦相应主题的内容领域也极大地促进了学步儿语言的发展。通过每次动手操作的体验,参与项目活动的学步儿围绕消防栓和消防的词汇不断增加。通过总结"消防栓"项目活动和消防游戏,我们可以整理出之前没有预料到的开始、中间、结束阶段,但学步儿在其中的成长界限并非如此清晰。

在"消防栓"项目活动照片展之后的很长一段时间里,孩子们在校园周边散步时,依然会继续寻找消防栓和玩消防游戏。在这个项目活动的实施过程中,我们摈弃了学步儿不能进行表征的观点,组织了大型的建构活动来挑战学步儿和我们自己。我们意识到,当相关的项目活动经验符合学步儿的精细动作水平时,他们有足够的能力对物品进行重构。与年龄更大一点的儿童的活动不同,我们不是让学步儿平衡剪贴板或画图,而是请他们把报纸撕成长条,并粘到纸盒制成的消防栓上。当粘贴一层层的报纸时,学步儿会说出消防栓每个部位的名称和功能,并谈论他们之前见过的消防栓。很显然,在这个项目活动进行的过程中,扮演游戏起到了很好的作用,甚至可以说是学步儿尝试运用所学信息的关键方式。和保障安全的消防人员一起探索消防栓为这些学步儿提供了真实的生活场景，使他们在玩消防栓、软管、泵面板的游戏时能够再次将相关的经验演绎出来。观察学步儿在项目活动早期阶段的扮演游戏，我们会发现他们对这个项目活动的主题知之甚少。而后来再观察时，我们就会看到学步儿在消防栓游戏中，越来越多地展示出所学内容的细节和复杂性。例如，在观看完第三次使用消防栓的演示后，阿娜亚（1岁5个月）在游戏中运用了她学到的消防软管和泵面板方面的新知识：在拿起消防软管时查看了一下两端的接头，思考哪一端可以连接到泵面板上，然后把它连接上（见图7.12）。

图 7.12

1岁5个月时，这个学步儿能够仔细观察软管，并找出哪一端可以连接到泵面板上。

项目教学法对我们而言是全新的，我们刚开始学习如何在学步儿教育中运用这种教学法。当我们想知道如何支持这么小的儿童围绕某个主题进行探索时，在项目活动的不同阶段思考如何遵循学步儿的发展水平显得非常重要。在"消防栓"项目活动推进的整个过程中，学步儿的发展特点和兴趣特点是非常重要的教学指引。

这是项目活动吗？

对照第一章中关于项目活动的定义，可以很明显地看出，"消防栓"项目活动的确是一个真正的项目活动。

　　项目活动是指对值得充分了解的主题进行深度探究……项目活动的重要特征之一是聚焦于努力找到相关问题的答案，而这些问题由儿童或教师提出来，也可能由教师和儿童共同提出来（Katz，1994）。

　　即使不能自己问出来，学步儿也依然可以提出问题。他们可以通过行动和说出的话语来表现自己的兴趣或疑问。这些一两岁的学步儿确实可以用花生酱罐子等物品来表征自己脑海里的想法。他们会努力尝试解决问题，例如他们会思考如何把物品连接在一起，或者当脚太大时他们需要思考如何爬玩具梯子。不像图1.3所示的那么详细，学步儿项目活动的实施流程更加简化。就像图7.13所呈现的那样，在学步儿的项目活动中，重要的时间主要用来聚焦项目活动的核心。而在第二阶段，教师主要通过提供额外的经验并将其延伸至环境来鼓励学步儿的探究。这个阶段中经常会产生很多的活动，比如：制作项目主题小书（里面有与主题内容相关的照片，学步儿看得懂且可以随手拿着），为儿童提供探索环境的工具，将过塑的照片和档案挂在墙上或放在地板上，让儿童看到使用工具的现场，演示儿童可操作和观察变化的简单实验等。

　　在学步儿的项目活动中，探究通常以个体形式或小组（由几个人组成）形式进行。正如讲述"消防栓"项目故事的萨莉·赛文所描述的那样，从个体经验角度对学步儿的项目活动进行总结更为有效。教师可以概括介绍发生了什么，并讲述所发生的故事。尽管如此，认为学步儿无法理解这些故事或对自己的项目活动成果没有所有权是错误的。正如赛文老师所指出的，让学步儿的发展引导项目活动的发展进程非常重要。与实施既定的学前课程方案（即使是为2岁的儿童所编制的"行事历"）相比，采用项目活动的教学方式——基于儿童的敏感性和儿童的兴趣——将改变教师为这个年龄段儿童选择和提供活动与经验时的核心关注点。相较于高度结构化的教学法，项目活动将更加适宜学步儿对时间与结果的即时感受。瑞吉欧·艾米利亚婴儿/学步儿中心的教师们的工作（Edwards et al.，1998；Gandini & Edwards，2000；LeeKeenan & Edwards，1992），也可以作为进一步实践的参照和指引。

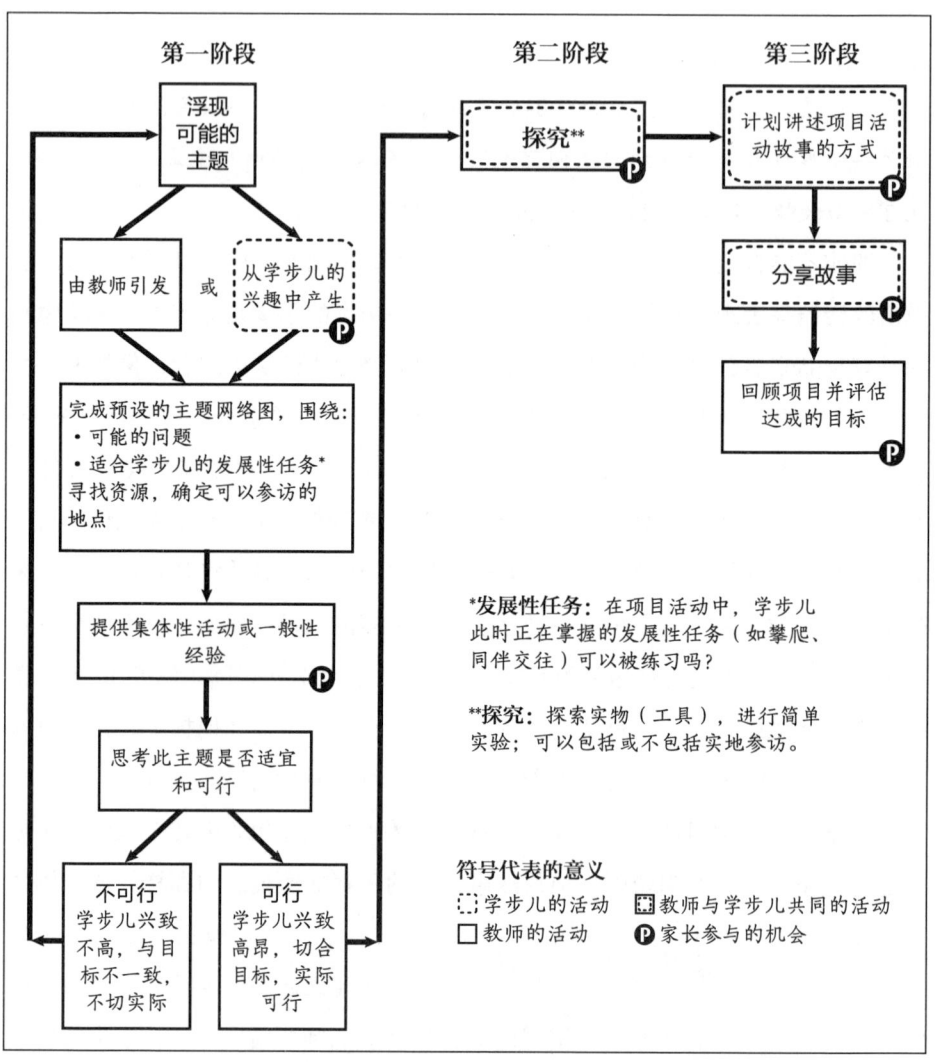

图 7.13　学步儿项目活动实施流程

关于学步儿项目活动的典型要素特征的进一步阐释，我们邀请您一起阅读"标志"项目活动的实践案例，并思考为什么它也是一个项目活动。

"标志"项目活动

UPC探索中心是一个秉承瑞吉欧教育理念的儿童早期教育机构，位于伊利诺伊州的皮奥里亚市，招收半日制或全日制的学步儿和学前儿童。其中，学步儿的教育活动每周开展两次（每次半天）。项目活动是UPC探索中心里非常重要的部分，在探索中心里不同年龄段的儿童进行过大量的探究活动。"标志"项目活动就是发生在学步儿班级中的实践案例，关于这个项目活动的故事将由卡特里娜·拉森老师讲述，梅乐瑞·拜恩是这个班级的助教。

第一阶段：项目活动的开始

"标志"项目活动的想法，源自一次秋季户外大自然中的散步。当看到一棵树上挂着的树种标志牌时，孩子们让我把上面的简介读给他们听（见图7.14），然后他们很兴奋地跑到另一棵树旁指着标志牌，让我一一读给他们听。这是我们第一次注意到孩子们对标志的兴趣，后来由于12月放假，这方面的活动就中断了。在假期结束孩子们返校后，当再次去散步时，我们想看看孩子们是否依然对标志感兴趣。不出所料，班级里的孩子对树上的标志还是很感兴趣，于是"标志"项目活动随即形成。

图 7.14

在一次户外散步时，孩子们发现树上挂的标志牌里的图示标志，这成为"标志"项目活动的开端。

作为教师，我的首要任务是帮助孩子们聚焦项目活动的主题，确保每个孩子都拥有关于标志的背景知识。因此，我决定带孩子们到外面去寻找周边的标志，这些标志是孩子们每天进入或离开校园时都能看到的或在其他学习过程中所遇到的。除了不同树上挂的标志牌以及"户外自然探索"的引导标志牌，我们后来找到了无障碍停车标志、我们机构的标志、教堂的电子标志牌等。我们还在建筑内寻找标志——教室对面办公室的标志牌、休息室的标志牌。在这个过程中，孩子们还注意到了教室里的"出口"标志牌，当时引起了关于这个标志的含义以及在哪里看过的讨论。

我们也在教室里提供了一些有关标志方面的图书资源。这些书有的是从附近的图书馆借来的，有的是从机动车管理部门得来的。在《道路交通规则》这本书里，孩子们可以看到很多交通标志的实景图片。

在每天的集体教学时间，我们会讨论所看见的标志。孩子们总是非常渴望告诉我他们和家长在一起时所见到的标志。我们会谈论不同标志的颜色和形状，以孩子能理解其意义的方式介绍数学中的几何概念，并进行数据的收集和讨论。我们发现，2岁儿童已具备收集信息、理解信息记录的意义和进行讨论的能力。有一次，我们带着一小部分孩子在校园里数了数所看到的"出口"标志，每个孩子都在自己的记录板上把它画出来。

我们还在教室里的积木区提供了一些游戏标志卡。在区域活动时间，学步儿会把这些标志卡用到建构道路的游戏中。在游戏中，孩子们会用它们来搭建不同的道路。这个游戏一直持续到"标志"项目活动结束，孩子们在这些道路上完成了无数次的"玩乐旅程"。孩子们对这些游戏的喜爱之情，对我们而言是一个重要的信号，体现了他们对标志的兴趣很浓厚，而且可以看出他们在理解这些标志以及思考如何使用它们。

一个名叫杰卡伯的孩子，很喜爱看那些关于标志的图书。有一天看《道路交通规则》时，他能对照书里的标志来找教室里的标志，并进行比较（见图7.15）。他非常好奇每个标志是什么意思，并且开始主动学习理解它们的意义。

图 7.15

类似《道路交通规则》等适合成人阅读的材料,对孩子们来说也是他们感兴趣的东西。

从这点来说,我们对项目活动的主题具有浓厚的兴趣,大部分孩子参与到了与资源的互动中。尽管如此,我并没有看到学步儿提出什么问题。我知道对大部分学步儿而言,他们自己提出问题很难,于是通过观察他们的行为、表现及肢体语言,我帮他们梳理了一些可能的问题。同时,我依然想让孩子们明白,可以自己提出问题并寻找问题的答案。因此,我把他们带到户外去观察教堂的电子标志牌。我觉得站在那儿观察,也许可以帮助孩子们触发一些问题的灵感(见图 7.16)。这果然起作用了!我向孩子们提出问题,然后他们跟随我的示范,提出了自己的问题。我把这些问题记在了记录板上:

- 这个电子标志牌为什么会变换颜色?
- 这个电子标志牌有按钮吗?
- 如何打开或关掉这个电子标志牌?
- 电子标志牌里的字母是如何做出来的?
- 电子标志牌的底座是如何建造出来的?

图 7.16

再次观看电子标志牌为孩子们提出问题提供了支持。

第二阶段：项目活动的探究

拜访专业人士。我们联系了安装教堂电子标志牌的哈丁标牌制作公司，丹·格雷先生同意做我们的专家，到我们的班级进行介绍（见图 7.17）。遵循"项目活动计划日志"（见本书附录）中关于专业人士来访的操作指南，我把孩子们的问题发给格雷先生，请他在交流时思考孩子们的理解水平，并且告诉他孩子们需要通过直观演示来学习。

图 7.17

演示是吸引学步儿注意力的关键，格雷先生展示了如何用磁性片制作一个标志。

格雷先生来到我们的教室，他用学步儿能够理解的、非常简单的语言，回答了孩子们的问题。同时，他随身带来了哈丁标牌制作公司在皮奥里亚市设置的其他标志牌的照片。尤为特别的是，他为孩子们描述了自己公司研制的磁性标志，并用带来的工具和材料演示了几个例子，孩子们可以动手触摸和感受。随后，他用磁性材料制作和演示了UPC探索中心的LOGO[1]。

家长参与。家长开始对"标志"项目活动感兴趣，并分享了他们和孩子一起寻找标志的故事。围绕从家到学校的往返路上所能看到的标志，我们决定开展一次亲子调查。孩子们把调查表带回教室后，他们根据所观察到的标志，把相应的代币放到贴有图片的分类盒里（见图7.18）。再之后，我们一起讨论了哪种标志的代币最多，哪种标志的代币最少。

图 7.18

通过把代币放到贴有标志图片的对应方格里，这个学步儿可以记录他看到了哪些标志。

表征。为了在项目活动中提供更多的语言和读写经验，我们和孩子们一起

---

[1] 全称是"logotype"，指徽标或商标，具有对徽标拥有公司或机构的识别和推广作用。——译者注

制作了关于标志的图书。其中，一本书关于标志的颜色，另一本书关于标志的形状。孩子们不仅在区域活动时很喜欢读这些书，而且在故事分享会时愿意主动读给其他同伴听。

孩子们不断地通过游戏来展现他们的学习。尽管如此，我还是希望他们知道通过别的方式也可以创造和使用所学的东西。

之前，我们已经学过"STOP"（停）标志的形状，而且孩子们已经认识这个标志。我们觉得接下来，让孩子们有机会自己画一画"STOP"标志将非常有价值。

在小组中，我们一起讨论了画这样的标志牌需要用到的颜色，以及画出来的标志会是什么样子的。我还提供了一张印有"STOP"字母的标志牌，给孩子们作为参考。然后，学步儿可以进一步创作。当坦蕾在艺术区创作"STOP"标志时，她想看看这些字母是什么样的。于是她从积木建构区找到那个标志牌，并仔细研究——手沿着字母进行比画。随后她回到画架旁，画出了每个特定的字母（见图7.19和图7.20）。

图7.19

这个学步儿知道字母能表达意思，她在比画"STOP"标志牌上字母的样子，以便在自己的画里画出来。

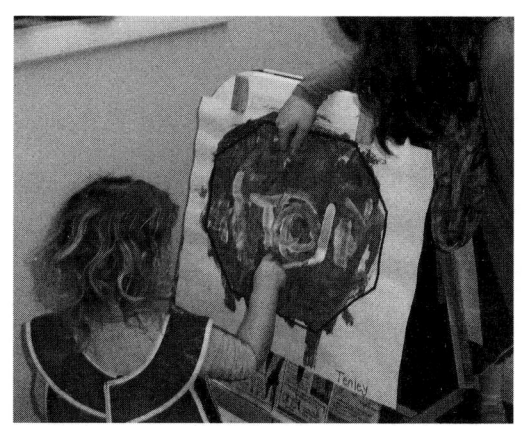

图 7.20

提供真实的标志牌，促使这个学步儿能实现自己的目的——画出一个"STOP"标志牌。

第三阶段：项目活动的结束

在这个项目活动快结束时，围绕学过的标志，我们帮助孩子们整理了一份清单，并将他们的表征作品放到教室的不同区域做展示。然后，作为"标志"项目活动的高潮活动，我们邀请了学步儿的家庭成员来参观教室。孩子们将家长带到每个区域，自豪地向他们介绍自己的工作成果（见图 7.21）。

图 7.21

邀请家长来参观档案作品和进行一次教室"巡游"，对学步儿来说是分享自己的项目作品和看见自己的学习方式的机会，对他们的发展非常适宜。

儿童的发展。作为教师，在项目活动进行过程中，能够看见学生的成长是件令人兴奋的事。学步儿家长告诉我，在道路上行驶时，他们的孩子能够说出沿途的交通标志。在项目活动快结束的阶段，有个孩子在玩积木游戏的过程中需要去洗手间，但担心自己搭建的道路可能被其他同伴弄乱，于是找来"STOP"的标志牌并将其放到旁边，以便提醒其他人注意不要碰到。回来以后，他又把标志牌换成了"GO"（继续），并继续玩自己的建构游戏。此时可以看出，学步儿已经知道这些标志的意思，以及为什么要使用它们。

教师的反思。在促进学步儿探究的过程中，我也学到了很多东西。兴趣驱动的主题是形成有价值的项目活动的最佳契机。这个主题需要与儿童的生活世界或日常接触的事物相关。一个非常基础的主题可以成长为某个持续一段时间的项目活动，而这些活动将改变整个教室的氛围。学步儿会用他们的表现给你带来惊喜，因此不要惧怕和最小的学习者一起尝试参与项目活动。

通过多元化途径丰富经验

到这一章结束，我们已经介绍了从开始到结束的三个项目活动的完整历程。在项目活动过程中，会出现很多不同的影响因素。即使围绕同样的项目活动主题，在另一个情境中和另一群孩子或其他教师一起，儿童获得的经验也会呈现出很大的差异。很多因素会影响到项目活动的开展，例如，对项目活动的支持、学习标准或必修课程的整合状况或者科学技术的应用状况。

尽管如此，有些主题类型对儿童的生命成长具有重要的潜在价值。当出现这类主题萌芽的契机时，我们建议教师尽可能考虑开展项目探究活动。源自以下两个领域的主题具有重要价值：植根于自然的项目活动主题和蕴含 STEM（科学、技术、工程和数学）的项目活动主题。

在第八章中，我们将讨论促使儿童亲近自然的项目活动主题的优势，并介绍"加拿大鹅"项目活动的实例。在第九章中，我们将聚焦 STEM 的探究，描述"飞机"项目活动的实例。

第八章

如何在项目活动中促进儿童与自然的联结

尽管我们已经开始认识到大自然对于儿童认知、情感、社会性及身体发展的作用,但儿童与自然之间的联结正变得越来越少(Kellert, 2005)。一项面向儿童母亲的调查研究发现,70%的母亲报告说她们在孩提时期每天都可以到户外玩耍,但她们的孩子中这个比例只占31%(Clements, 2004)。儿童接触户外生物世界,对其发展具有积极作用,越来越多的教育工作者和儿童的父母注意到了自然联结经验的缺失所导致的儿童发展问题(American Academy of Pediatrics, 2006; Louv, 2008, 2012; Taylor & Kuo, 2006)。从2005年开始,倡导"重建儿童与自然的关系"的主张如雨后春笋般兴起,《儿童与自然网络》(*Children and Nature Network*)这本书对此介绍了很多(Charles, Louv, Bodner, Guns, & Stahl, 2009)。越来越多的研究开始将关注的重点放到户外游戏和自然世界对儿童发展的促进作用等方面(Carrus, 2012; McArdle, Harrison, & Harrison, 2013; Robson & Rowe, 2012),譬如提升专注力、肌肉协调性和情绪调节能力,释放学习压力,提供更丰富的创造性游戏,增强儿童体质,减少儿童肥胖,增强抗挫能力等。当然,并非所有的户外经验都能促使儿童亲近自然,很多户外空间配有塑料或金属攀爬架,或者铺上了橡胶表面、提供混凝土轮式玩具区。我们提供的这类运动场地或游戏设备,可能与鲜活的生命或自然没多少关联,使得这些地方更像户外健身房,而非儿童的游戏场所。

反思儿童与自然的关系

现今,儿童亲近自然、讨论关于自然的话题,经常只有在专门化的教学时间里才能进行。儿童可能会在教室里阅读关于自然方面的图书，看一些与自然物相关的视频或大型海报展板，但这些对儿童理解自然以及从中获取自然经验的作用非常有限。源自大自然的鲜活经验，与图书、视频里所呈现的经验是不同的。

与自然互动产生的不同经验类型

在表 8.1 中，科勒（Kellert，2005）比较了关于儿童与自然互动经验的不同类型之间的差别。当儿童通过视频、照片和书籍了解自然时，他们获得的是抽象经验或替代性经验。这些替代性经验依赖其他人所创造的图像或表征，而不是与鲜活的生命有机体或自然环境的直接互动。这种类型的经验活动提供给儿童直接参与的机会很少，而且可能会导致儿童的认知错误。比如，在计算机屏幕上看见的大象，通常不能让儿童真正理解一头大象究竟有多大。细致规划过的地方（如动物园、运动场、景观齐整的公园）为儿童提供的结构化的自然互动经验属于间接经验。这些经验依赖人类的管理和干预。在配有小花园或自然散步区的学校，儿童所获得的也是此类间接经验。而与大自然的直接接触能让儿童接触鲜活的生物，感受自然环境中生态链之间的关联。这种"直接经验"将儿童与植物、动物及其天然的生长习性有机联结。在此类互动环境中，儿童可以自由地攀爬、戳、建构、拆卸或实验。但是，如今儿童从真实的大自然中获取直接经验的机会正变得越来越少。

表 8.1 检视不同类型经验的特征的框架表

儿童与自然之间所建立的联系		
替代性经验	间接经验	直接经验
抽象的 从有关自然的图书、视频、媒介中学习	去精心规划的地方 与人工修饰或控制的自然环境（如动物园和公园）互动	低结构的假想游戏 探索性接触 儿童操作、安排、计划自己的经验

引自：Kellert, S. R. (2005). Nature and childhood development. *In Building for life: Designing and understanding the human–nature connection* (p. 65). Washington, DC: Island Press.

科勒（2005）对三类经验的比较，对于我们理解儿童探究的重要性很有帮助。虽然这三种类型的经验，在促进儿童与自然之间的联系方面都有一定的价值，但直接接触的经验显然更为关键，因为在儿童的生活中这方面的经验最为缺失。目前在很多的教育机构中，应对办法是创设丰富的户外游戏区域。关于如何为幼儿设立自然探索区，植树节基金会提供了相关的指导建议，包括创设迷宫、建立花园、设置建构游戏区和表征区（Rosenow，Wike，& Cuppens，2007）。这些户外空间，在规划好的区域内可以为儿童提供与自然相关的间接经验，有些区域甚至能提供实际的直接接触经验。

有关自然的项目活动的价值

促使儿童与大自然建立直接联系的其他途径，是实施关于自然的项目活动。项目教学法中的活动和事件，在促进儿童与自然之间的关系方面起到独特的作用。在参与项目活动时，儿童会近距离地寻找和研究工具和物品，并通过绘画、装饰、建构、书写或游戏来表征所学内容。大自然本身具有高度的激励性和可参与性，能够引发儿童的学习研究和深度思考。

通过参与关于自然的项目活动，儿童可以形成对事实或术语（专有名词）的基本认识，了解区分术语的重要性，发展初步的分类能力，初步形成对因果关系的理解。大自然提供了丰富的机会，使儿童可以学习事物的名称，帮助他们延伸和拓展知识，了解事物的准确含义或进行相关的分类。例如，在研究"草地"时，儿童将接触花和鸟，以及其他长在草地上的植物，并且会理解它们之间内在的相似或不同之处。相较于仅仅学习"树"这个词的意思，儿童将会理解常青树和落叶树的不同，可能会知道乌鸦不同于黄莺。在这样的活动中，儿童将有机会发展对事物的深度思考能力——包括思考事情发生背后的原因，而不只是学习相互割裂的事实知识。例如，啄木鸟啄树是为了吃虫子，雪达到特定的温度才能在天空中凝结，蝴蝶会飞但当它是毛毛虫时则不能飞，等等。

自然主题的项目活动中的探究，支持儿童解决问题和进行创造性思考。例如：如何在不伤害蜻蜓的情况下捕捉它们？如何确保为植物浇足量的水？与大自然互动，儿童会遇到一些挑战。当集中精力探究项目活动中的自然主题时，他们会感受到大自然或自然环境非常有趣且价值丰富。通过这样的历程，儿童将学习如何爱护和保护自然环境。

如何为项目活动寻找适合的自然主题

并不是说所有的项目活动都应该围绕自然或科学方面的主题，只不过我们已经发现自然主题非常具有价值，以至于教师可能会希望每年至少尝试重点开展一个关于自然的项目活动。如果班级儿童有机会到户外接触昆虫、树木或其他自然物，那么当他们将这些东西带回教室，交流关于它们的术语或讲述自己的相关经验时，项目活动的主题就自然地产生了。正如本书第二章所阐释的，仔细倾听儿童的谈话，当你发现某个儿童正在分享某件事情，而其他孩子很感兴趣时，此时通常就是能"侦察"到某个即将产生的主题的契机。教师可以随后再花点时间，和儿童一起建构关于这个主题的背景知识（对于如何做，可参考本书附录"项目活动计划日志"中的建议）。当发现儿童开始参与和这个主题相关的活动时，教师可以评估儿童的兴趣水平。

有些儿童可能很少有机会接触自然，或者很少有时间在户外玩，甚至可能对户外环境会感到惧怕。一位教师曾提到，他们班有个男孩不敢从滑梯滑到草地上，另一个孩子在前几次的树林活动中会紧张地抱紧手臂。当看到一些昆虫、蛇、蟾蜍等动物或者某些植物时，儿童也可能感到害怕。如果班级中没有出现自然主题的项目活动，儿童似乎不太可能从家庭生活中体验到，此时教师会希望向班级儿童介绍某个主题。由于地处市区，很多机构的户外游戏区大多由柏油和水泥覆盖，有的教师觉得不太方便进行自然探索。而有些教育机构即使处于市中心的位置，也不会让教育环境中缺失大自然的元素。

在与芝加哥市中心的早期教育机构合作的教师培训中，我们经常能看到教师分享有关自然主题的项目活动的丰富案例。有些案例甚至来自户外活动受到限制的学校。教师会发现，对学校周边地区进行调查，将有助于我们找到项目活动的主题。如果其他教师一起参与调查，效果将更好。每位教师拿着笔记本，从学校或照护中心往不同的方向走十分钟的路程，将可以形成一个自然主题的汇总表。而走路十分钟的距离，意味着儿童在探究主题时，不用耗费过多不必要的行程时间。如果参与调查的教师，把自己的资源调查结果与同伴共享，那么无论去哪个方向的教师，都将从中获益。

得克萨斯州埃尔帕索学校的教师，通过"行走调查"的方式了解了周边的课程资源。其中一位教师发现，在离学校一个街区远的社区，很多居民的院子里堆放了许多砾石。那个社区附近还有一个植被郁郁葱葱、被精心护养的小花园。一位社区居民在和教师交谈后，很乐意向班级的孩子分享自己的专长。他是一名擅长使用"节水技术"的热情的园艺师。后来，这位教师带着孩子们沿着同样的路线走过去，让他们自己去发现那个花园，于是"种植"项目活动就诞生了。

另一个鼓励儿童亲近自然的策略是，在教室里提供更多接触自然物的机会。较常用的方法有：在教室窗户附近悬挂一只喂鸟器，或者投放果实吸引松鼠来吃。有个班级的游戏区在一棵树附近，因此4岁儿童有很多机会捡到从树上掉下来的果实，并放到教室的窗户外。当第二天看到松鼠正享用免费午餐时，孩子们惊喜地侧身弯腰去看它们，而且能看到这些松鼠不停地在低矮的窗户间跳来跳去。为了抓住促进儿童深度观察的契机，这个班的教师为孩子们提供了记事夹板，于是他们开始了画松鼠的活动。当为这些饥饿的客人画素描时，孩子们开始提出各种问题，并在教师的引导下进行了讨论。不久之后，"松鼠"项目活动不断地发展，从而更加深入了。

当到某个地方调查可能的项目活动主题，或者与儿童一起散步时，教师一定要确保儿童有机会观察地面上有什么，甚至允许儿童四处挖一挖、翻一翻石头、踢一踢石子。同时，可以给儿童提供放大镜，方便他们仔细观察那些小草和地面上的东西。很多成功的项目活动就是通过儿童在周边环境中探索蚯蚓和毛毛虫的自然习性而形成的。对幼儿来说，研究比自己还小的动物是感受触摸的舒适感、对动物进行近距离观察和思考的非常好的机会。还有一种方法能增强儿童对自然的兴趣,即在教室里饲养宠物或用鱼缸养鱼。尤其是对于那些受地理位置或安全因素的影响而不能经常到户外的班级,这种方法非常有效。选择宠物、迎接宠物到班级,以及饲养宠物的整个过程,对儿童来说就是真实的项目活动,而且非常有意义。

需要谨记的是,项目活动的成功实施需要教师遵循儿童主导的原则,并且由儿童的问题决定项目活动推进的方向。为儿童提供科勒(2005)的经验分类中的直接经验是非常重要的。儿童需要参与清理污秽,制订饲养计划,深入探究小动物,并及时记录下所了解的东西。观察教师如何组装购买来的鱼缸是很有价值的经验,但它还算不上项目活动。以下这些自然资源是我们见过的、可以发展为成功的项目活动的探究主题。

- 面向托儿所:树叶(秋季)、水、虫子、泥和沙、种子、花、石头。
- 面向幼儿园:猫、兔子、花园、鸟、草地、小溪、树木、虫子。
- 面向学前班和小学一年级:草地、沟渠、池塘、羊驼(学校附近)、鸡、河流、树木、鸟、公园、宠物。

我们经常会发现,某个良好的项目活动也可能来自专题式的单元教学内容。例如,在参观苹果园后,教师预测可能会形成一个关于苹果的项目活动。但是,儿童对所看到的蜜蜂非常感兴趣,于是进行了很长一段时间的关于蜜蜂的深度学习。在这个过程中,他们实地拜访了当地的养蜂人。

关于主题层次范畴与儿童距离的关系示意图(见图2.2)(Holt,1989)也可以为教师思考和评估自然主题提供帮助。正如我们在第二章中所阐释的,与儿童日常生活实际及自我概念接近的学习经验,更能促进儿童的学习和发展。举例来说,与超出学前儿童经验范围的灭绝动物(如恐龙)相比,周边的野生动物、宠物或昆虫等主题,将更可能促进儿童在项目活动中的探究。这并不是说,儿童不要看关于恐龙的图书、故事、视频或谈论恐龙的话题,而是强调在选择某个要进行深入探究的主题时,教师需要考虑哪个更适宜。

克服教师对科学的畏惧

由于在童年时期缺乏亲近自然的经验，有些教师对开展自然主题的项目活动会感到迟疑。在围绕项目活动的培训或辅导中，我们经常听到教师抱怨学生对虫子或蛇之类的主题感兴趣。事实上，儿童从很小的时候就对科学概念的学习具有浓厚的兴趣，并且具备进行初步科学学习的基本技能（如观察、提问、实验）。一份美国国家早期教育研究中心的简报表明，从事早期教育的教师，尤其是学前儿童的教师，并没有像准备读写能力教育那样，对科学教育进行充分的准备（Brenneman，Stevenson-Boyd，& Frede，2009）：

尽管学习标准已经强调且课程中对数学和科学的关注有所增加，但在职前和职后的培养方案中，这两方面都没有得到足够的重视。有研究表明，学前教师并不能够为儿童的数学和科学学习提供充足的支持（p.1）。

来看一下这个例子：根据儿童对不同种类的宠物的兴趣，一位教师正兴致勃勃地在班级里开展项目活动。在这个过程中，儿童拜访了一些养宠物的成人。随着项目活动的推进，他们最终将兴趣焦点锁定于一种宠物——蛇。犹如被当头泼了一盆冷水，这位教师向同事抱怨说："我不能研究蛇！我对蛇几乎一无所知！我要告诉他们不可以研究蛇！"幸好同事及时宽慰，并对她将在后续开展的项目活动提供了支持。不久之后，当地爬行动物组织带来了各种各样的蛇。儿童提出了很多问题，不仅表现了对蛇的浓厚兴趣，而且拓宽了自己关于蛇的知识面。作为共同的学习者，这位教师从儿童的问题和探索中学到了很多，并且提出了很多问题。渐渐地，她对于项目教学法的热情又恢复了。这个项目活动结束几个月后的一天，这位教师惊讶地发现，她的学生们在教室里新添了一个特别的东西——一条宠物蛇！

教师们开始认识到，帮助儿童建立与自然的联结非常重要。很多教师也意识到，自己其实是儿童求知欲、价值观及态度发展的榜样。如果希望儿童成为具有冒险精神的学习者，教师需要同样具有冒险精神（见图8.1）。当遇到某个不太了解的主题时，下面的这些策略可能会有所帮助。

图 8.1

这位幼儿教师努力适应教室里的不同动物,向孩子们分享亲近自然的兴趣和乐趣。

- 进行研究。即使是花一小时在互联网上研究相关的动物或植物,也将为你的预设计划提供大量的背景知识。
- 逛逛书店或图书馆。不要只局限于寻找某个主题的儿童图书,浏览一下咖啡桌上的休闲杂志,或阅读面向成年读者的图书。教师不需要花费太多的额外时间钻研很难的书,可以通过简单地浏览其中的关键词句或图片,产生关于相应主题的内容结构的想法,促使自己成为儿童的共同学习者。
- 仔细制定计划网络图,并在项目活动过程中时常回顾和反思。随着对主题发展的理解深入,这将能使你整合更多的课程目标。
- 邀请更多的专家。努力寻找相应主题的优质专家资源,借助于他们的专业知识。遵循"项目活动计划日志"中的指导原则,为邀请专家做好准备。同时,要让专家有机会告诉你他们的想法,以及他们认为儿童应该知道的关于这个自然主题的内容,或者他们觉得什么样的活动和经验是有意义的。

- 对于比较难的概念，不要犹豫该不该教给儿童。当教室里有丰富的机会探索科学或自然领域的主题时，你将发现有些概念或想法通过直接教学的方式传递给儿童的效果会更好。例如：当学习昆虫或某种特定的动物时，儿童会了解生命循环的概念。

- 重视词汇和分类。学习生物的名称和自然领域中的某些术语（专有名词）可以增强教师和儿童的兴趣及信心。例如，当学会鸟或昆虫的各个身体部分的名称时，儿童会非常高兴。理解如何根据属性分类也将为儿童未来的学习奠定坚实基础。

- 保持敬畏或感恩美好。要花一点时间学会感恩。自然主题的优点之一是促进我们感知自然界的美好和秩序，这使我们能更好地与自然相处。当你停下其他活动，和儿童一起坐下来静静地观看小鸡孵化时，他们将会获益良多。儿童在丛林中可以聆听到鸟叫，感受吹过来的风，看见跳跃的松鼠。从这样的经验中，儿童可以学到的东西超乎想象。尤其是当你和儿童一起共享时，更是其乐无穷。

对大自然进行探究

在开始进行自然主题的项目活动时，尤其是当面对缺乏亲近自然经验的儿童时，教师会希望重点关注特定的工具或技能，以促进儿童的参与。当第一次走进森林时，儿童经常被大量的新鲜刺激包围，可能很难聚焦于某个项目活动的主题。曾有一位幼儿园教师带着孩子们到户外实地参访，并期待他们会表现得兴致勃勃。结果发现，这些孩子只是四处看看，似乎并没有对什么东西很感兴趣。因此，即使为幼儿提供了放大镜等工具，幼儿也并不会时时都知道要看什么、怎么看。如果能预先想到如何吸引儿童最大限度地参与，以及参与时所需的技能和设备，并进一步引导儿童发展这些探究的技能，那么教师将为这些儿童的科学学习奠定基础，而且使他们受益终身。

开启自然主题项目活动的途径之一，是参考科学的标准（幼儿园和小学教师所需遵循的学习标准或必修课程的目标），如伊利诺伊州的"儿童早期学习标准"所提出的那些要求（Illinois State Board of Education，2013）：

- 通过提出问题、解决问题、设计物品，表达自己对世界的疑惑与好奇
- 计划、执行简单的探究
- 通过观察和探究，收集、描述、比较、记录相关信息
- 运用数学和网络信息化的思维方式
- 概括、交流关于探究的问题的想法或结论
- 理解生物的生长和变化
- 对生物进行观察、探索、描述和分类
- 敏锐感知自我和环境方面发生的变化
- 理解生物需要依靠环境和其他生物才能生存或生长
- 描述和比较生物的基本需求
- 对生物表现出敬畏之心
- 探索事物的物理属性
- 辨别、描述、比较事物的物理属性
- 通过实验观察物质之间关键的物理或化学变化
- 探索力和运动的概念
- 描述自然界中各种力的作用
- 探索在早期儿童环境（室内和户外）中，力对物体所产生的作用
- 探索与地球有关的概念和信息，包括保护地球的方法
- 观察和描述地球、水、空气的特征
- 参与保护环境的简易方法的讨论
- 探索有关天气和季节的变化
- 使用常用词汇观察和讨论天气和季节中的变化
- 进行探究或发现时，知道要遵循的规则
- 运用工具和技术，支持科学与工程方面的探究活动的开展

- 使用非标准和标准的科学工具进行探究
- 对科学调查中运用的技术工具比较熟悉（pp.124–125）

就像第二章中提到的，一旦扎实掌握相关的学习标准或必修课程的目标，教师就可以在制定主题网络图时将其整合。此时，主题网络图就成为学习标准与项目活动经验相整合的桥梁。这对于教师判断儿童需要什么样的调查和探究技能非常有帮助。

例如，在开展"树"项目活动时，当洛拉·泰勒老师计划组织一次到树林里的活动时，她给儿童提供了用来收集树叶的篮子、可以观察树皮的放大镜。在制定主题网络图的过程中，她想到"收集、描述和记录信息"这条标准可以切实地整合到项目活动中。于是，她为儿童准备了相应的工具和材料，并向儿童介绍了需要用到的技能。拿着篮子收集树叶和果实，将促使儿童有重点地直接与环境互动，获得自由探索的经验（见图8.2）。

图 8.2

当有任务时，幼儿可以更近距离地观察自然、融入自然。简单地提供篮子让孩子们放自己的宝藏，可以帮助他们的经验更聚焦。

还有很多类似的教育文件适合教师在制定主题网络图时，用来规划自然主题的探究活动。"内布拉斯加州早期学习指南——联结儿童与自然"（Nebraska Department of Education，2008），从数学、语言、文学、科学以及其他领域的角度提供了将学习标准与自然经验整合的建议，并且每个领域的建议都涵盖了面向学步儿教育的指南。

在自然主题的项目活动中，儿童的探究需要运用一些专门的科学技能和探究技能，例如，动手探索物品，收集专门的术语（专有名词），对术语进行分类和分组，以及记录信息等。对物品、植物或动物进行比较和分类，可以培养儿童深度思考的能力。例如，学习鸟的名字可以拓展儿童的词汇，但当教师鼓励儿童将那些鸟归到更大的类属时（譬如啄木鸟与鸣鸟，或者鸟笼里喂养的鸟与地面上觅食的鸟），他就是在考验儿童是否可以建立和使用某种规则，进行更高水平的思考。在自然主题的项目活动中，儿童有机会学习如何使用工具（诸如温度计、天平秤、放大镜）。教师需要提前介绍每一种工具的使用方法，以便儿童了解其使用的目的和意义。

观察性绘画，是一种鼓励儿童慢下来、仔细观察并注意自然物细节的非常有效的方法。此外，儿童可以通过观看照片来回顾观察过的细节。即使是年纪很小的儿童，也能学会拍摄照片。可以说，在户外活动中照相机是儿童可用的非常棒的工具。通过使用数码相机、卡片机或其他设备，无须花多少钱就可以拍到很多照片。同时，这些照片很容易打印出来、放大使用，或者在投影仪和交互式白板上分享，以及在自制的图书或海报里使用。诺伊曼－海因兹在她的《图片科学》（*Picture Science*，Neumann-Hinds，2007）一书中，系统地介绍了使用数码相机的价值，包括：

- 照片可以保存事物的细节
- 通过分类或分组，将照片用来分析数据
- 捕捉变化过程（如植物长期的生长变化过程或快速发生的事件——小鸡孵化等）
- 捕捉事件的发生顺序

- 创设匹配游戏（例如鸟嘴和鸟的匹配）
- 创编故事
- 制作图表（事件的流程图、数据饼状图、增长图）（p.6）

在采用项目教学法时，教师若能够提前规划如何整合儿童的技能和经验将最大程度地促进儿童在探究过程中的学习和参与。教师需要仔细斟酌的是，不能让项目活动所整合的必需技能和经验变成教师主导的单元教学。感受到所有权和参与感，儿童才能使项目活动的进程良好推进。关键在于，教师要将那些技能和经验熟记于脑海，并且在观察儿童对什么内容感兴趣的基础上向儿童介绍。例如，在"小鸟"项目活动中，"分类"很有可能会成为项目学习的一部分，但儿童究竟是对鸟的类型、鸟的组成部分，还是对喂鸟器的类型或鸟的栖息场所感兴趣，这是教师事先无法明确知道答案的。如果儿童将关注点放在不同种类的鸟的数量方面，那么在项目活动中可能就不会出现"分类"，而会出现"匹配"。此时，你可能就要准备好相应的材料或工具，以便支持儿童的项目工作。通过反思整个项目的进展过程和全年目标，教师会对何时介绍和实践这些目标了然于心（无论是在项目活动中，还是在日常的直接教学环节中）。

让自然主题的项目活动对他人产生影响

在项目活动进入结束阶段时，儿童用所学的关于自然主题的知识来"教育"其他人的契机就出现了。增强儿童与自然联结的重要目标之一，就是要培养其对环境负责的态度。当儿童通过项目活动深入地学习相应的自然主题内容时，他们就成了自然生物的守护者。曾有一个幼儿园班级的孩子对所在地区的公园进行探索，关注到那个地方布满了凌乱的垃圾。他们认真清扫干净之后，经过共同讨论，决定要制作一个警示牌——"不要把你的垃圾扔在这里"，以便提醒其他人。随后，这些儿童制作了更多类似的警示牌，张贴到社区的其他地方。

对儿童来说，制作标志牌（海报）是非常好的方式。他们不但能以有意义的方式运用所学知识,而且能向其他人分享。有个班级制作了不同种类的鸟的标志牌,其他班级的儿童和成人可以通过标志牌了解到这些鸟的名字。当种植区种了新种子时,儿童可以通过标志牌提醒其他人不能踩踏。儿童还可以通过相应的标志牌来提示可能发生的其他事情,例如:有些标志牌可以标明鸟巢的位置,以提醒大家注意避让;有些标志牌可以提醒行人注意有毒的常春藤;还有些标志牌可以用来识别树木和植物等。而当被用于户外环境中时,这些标志牌(海报)应该过塑压膜,以便长期使用。

另一种"教育"其他人的方法是制作与自然主题相关的书籍(见图 8.3),并与其他班级的儿童甚至感兴趣的成人分享。围绕学校或附近的自然区域来制作指导用书,可以形成一个单独的项目活动,也许需要花费几节课或几年的时间来完成。在这些手工制作的图书中,儿童把当地的生物画出来或拍成照片,寻找它们的确切名字,标识相应的地理位置,同时备注上自己的发现。对于这种类型的图书,其主题可以非常窄小、简单(如幼儿园的儿童制作的《虫子野外观察指南》),也可以非常复杂(如小学低年级的儿童用计算机制作的书,里面包括照片、科学名称以及通过互联网搜索来的信息)。

图 8.3

在树林里,这些孩子正在画他们关注的东西,而这些绘画作品将被用于制作一本关于树林的书。

学前班、一年级、二年级的儿童参与项目活动，可以促使其关于自然世界的知识基础得到深化和发展。这些知识基础将促进儿童关心水资源、能量循环、本地污染等更广泛的内容。他们可以通过多种方式表达自己的关心，例如，用幻灯片来汇报，给报刊编辑写信，与政府官员会谈等。而这些经验不仅可以帮助儿童成为环境的保护者，还可以帮助儿童成为环境保护的倡导者。

"加拿大鹅"项目活动

围绕自然主题的项目活动蕴含着丰富的价值。因此，我们非常鼓励教师每年都寻找一个相应的主题。项目活动实施的办法可以按照本章前面所提供的策略来进行。为了展现真实的教室里此类项目是如何推进的。接下来，我们将介绍一个完整的项目活动——"加拿大鹅"项目活动。这个项目活动实例来自 UPC 探索中心的一个混龄班级（3—4 岁）。第七章的"标志"项目活动也来自这个中心。该班级的贝吉·布里奇斯老师讲述了在这个项目活动的过程中发生的故事。

第一阶段：项目活动的开始

在早春时节，我们开始仔细地观察孩子们的兴趣，以便寻找合适的项目活动主题。而在这之前，我们今年已经开展过"鞋子"和"邮政卡车"两个项目活动。同时，我们经常在其他教学方案中融入自然方面的话题。我们带着孩子们一起到学校周边散步，希望能够引发他们的兴趣。可以看得出来，孩子们对树枝上的新芽和盛开的花有些兴趣，但我们并没有感受到他们进一步的认知兴趣。

在一次散步中，我们路过了一个池塘。儿童看到在池塘中有为迁徙的鹅放置的"鹅巢"（见图 8.4）。大部分孩子在上学或放学时，会在停车场见到那些迁徙来的鹅。他们开始问一些问题。我们绕着池塘走了走，从不同的角度看这个"鹅巢"。虽然每年都有鹅来到这个池塘，但这是我们第一次从项目活动的角度关注它们。由于我没有多少先前经验的积累，和孩子们一样知之甚少，因而成了他们的共同学习者。

图 8.4

"鹅巢"首先吸引了孩子们的兴趣,但项目活动的方向仍然没有确定。

回到教室后,我请孩子们猜测鹅巢里可能有多少个鹅蛋。有几个孩子猜测着,说了几个数字(1~100),我把相应的数字记录在教室里的一块较大的黑板上。有几个孩子主动提出可以通过图书和网络来研究鹅,然后我们发现这些鹅是加拿大鹅。这些小小探索家们了解到,池塘中的那个鹅巢里可能有 1~10 个蛋(但有 5~6 个蛋的可能性最大)。结合打印出来的加拿大鹅及鹅蛋的图片,这个小组的孩子开始向班级里的其他孩子介绍他们的发现。了解到可能有多少个蛋以后,我们回顾了孩子们之前的猜测。教室里正好有一篮子的玩具蛋,我们拿出其中的蛋,然后将那个篮子作为巢,一起数了 10 个蛋放到巢里,并把它们当作鹅蛋。通过这种方式,我希望可以为孩子提供直观的视觉印象,因为我们无法真正看到池塘中央的那个鹅巢里到底是什么样子的。对于鹅蛋,班级里的每个孩子都很感兴趣,而且我知道之前提到的那几个孩子的兴趣更加浓厚。

第二阶段:项目活动的探究

我们已经开始了项目活动,尽管还不太明确它是关于鹅还是鹅蛋。但我知道,如果跟随孩子们的兴趣,主题将会自然地聚焦并形成——后来也的确如此。我们开始花时间关注鹅,几乎每天在散步时都会去找一找鹅。早晨路过停车场时,孩子们经常会看见公鹅。母鹅在鹅巢里,孩子们则很少能看得见。为了能更好地观看母鹅，我们拿着班级里的望远镜来到池塘边（见图8.5）。虽说公鹅并不是很友善，但它确实可以让我们非常近地观察（见图8.6）。接着，我们讨论了鹅的相关知识以及如何对待它们。我们还专门讨论了如何与公鹅和母鹅互动，如何才能近距离地观察鹅而不惊吓到它们。我们很快就确定了离鹅和鹅巢多远是最合适的距离。

图 8.5
孩子们每天去看鹅，学习用望远镜更清楚地观察。

图 8.6
鹅很快就适应了周边有孩子存在，但孩子们仍然需要学会保持一定的安全距离。

在UPC探索中心，我们的班级分为上午班和下午班。两个时段的孩子都知道彼此的存在，但相互没有见过。我经常会使用一个班级里发生的事，去吸引另一个班级的孩子的注意。例如，我可能对上午班的孩子说："下午班的小朋友昨天在池塘边看到了鹅爸爸，如果它在的话，你们想去看看吗？"有时候，孩子们会告诉我他们想告诉另一个班一些事情，于是我建议他们可以记下笔记。于是，利用那个黑板，孩子们相互交流所观察到的信息。此时，黑板成为孩子们相互交流书面信息的媒介。通过这种方式，我们达成了很多语言和书写发展的目标。

作为教师，我们发现在项目活动中开始出现有关鹅的词语和图画作品。有些孩子特别关注它们，并且把它们写进了日志。

培乐多黏土几乎是孩子们每天都会玩的玩具。在项目活动第二阶段初期的某天，我坐到一个孩子的旁边，他正在用切饼机切黏土。我评论了他做的小鸭子，但他说那不是鸭子而是鹅。于是，我给他拿出了鹅爸爸的照片，他一边观察一边修改了自己捏的鹅：他把已经做好的黏土鸭子放到图片旁边进行对比，然后移动它的头并将脖子和腿捏得更长。随后我们把他做的"培乐多鹅"（黏土）拍下来并打印成图片，他为这张图片添加了"加拿大鹅"的备注（见图 8.7）。我把他的作品挂到公告栏附近，第二天其他孩子受此启发，也捏了一些黏土的"培乐多鹅"。在推进这个项目活动的过程中，我知道黏土成了孩子们的表征媒介之一。

图 8.7

一个孩子参考加拿大鹅的图片，把他做的鸭子改造成长脖子的鹅。

可以发现，孩子们的问题没有关于鹅蛋的。他们的关注点已经从"鹅巢里可能有什么"转移至真实可见的东西——鹅！以下这些问题是他们所提出来的。

鹅为什么会有腿？

为什么鹅爸爸在停车场里到处走？

为什么鹅有羽毛？

为什么鹅的脖子那么长？

鹅爸爸住在哪里？

鹅妈妈为什么一直压着鹅蛋？

它们吃什么？

为什么池塘是绿色的？

我们研究了孩子们的一部分问题，例如，我们弄清楚了鹅吃什么，并且需要花一些时间去喂食。尽管如此，我们还有许多问题需要外面的专家来协助解决。

唐·哈特肖恩是位知识渊博的观鸟爱好者。我们邀请他作为专家到班级分享（见图8.8）。他不仅知道很多关于鸟的知识，还是一个孩子的爷爷，因此

图 8.8

鸟类专家唐·哈特肖恩先生给孩子们分享了他的专业望远镜。

知道如何与我们的孩子交流。来到教室后,他回答了孩子们的很多问题,还分享了一些令人惊叹的鸟类资源。在交流过程中,他非常注意倾听孩子们已有的知识和经验。例如,孩子们兴奋地告诉哈特肖恩:他们把公鹅叫作"鹅爸爸甘德",因为"他是男的";而把母鹅叫作"鹅妈妈",因为"她是女的"。

讨论之后,哈特肖恩先生带着孩子们在校园里走了一圈。他向孩子们介绍看见的各种鸟,以及它们的巢和叫声。平时,孩子们很喜欢班级里的望远镜,这次他们对哈特肖恩先生带来的专业望远镜更加爱不释手。孩子们使用专业望远镜时的场景令人印象深刻。这让我感悟到,操作真实的物品对孩子们来说具有别样的效果。

孩子们对鹅蛋仍然有一些问题。很幸运的是,我们找到罗恩·吉利斯先生,他长期对鸟蛋做深入的研究,而且他的两个孙子在我们中心的下午班学习。他给孩子们带来了饲养的鹅蛋和鸵鸟蛋,让他们摸一摸这些蛋,并提醒他们在野外看见它们时不要随意碰。

随着项目活动的推进,孩子们在观察性绘画方面的能力有非常明显的提高。在刚开始写生时,孩子们会看一看鹅,但看得出来他们画的其实还是记忆中的鸟。后来,孩子们开始更多地观察鹅,而且在画里增添了更多的加拿大鹅所特有的细节特征(如下巴的特征)。在这个过程中,孩子们似乎已经从画记得的东西转为画自己所观察到的东西。

在项目活动接近尾声时,卢比拿了一张贴纸来问我上面的鸟是哪种鸟。这些贴纸是别人送给我们班的,我把它们放在了书写区。我和卢比找来《鸟类指南》(*Bird Guide*),一起一页一页地翻看。在这个过程中,我注意到卢比在比较贴纸上的鸟和书里的鸟时,使用了很多"加拿大鹅"项目活动中所学到的词汇(如"喙""羽毛""脖子")。卢比边翻书边看手里的贴纸,直到找到一样的鸟的图片和介绍。能看见这个女孩运用学到的东西,并有兴趣建立相关信息之间的联系,是非常棒的事情。

在经验表征的过程中,黏土是最受孩子们欢迎的东西。参照图片里的样子,孩子们会用黏土捏出鹅、鹅巢、鹅蛋。他们记得之前探索过的鹅巢里放几个鹅蛋，在决定自己要捏多少个鹅蛋放到鹅巢里时，有的孩子可能会想起之前所了解的这些信息。

在项目活动的整个过程中，在画架上绘画也是儿童表征时常用的方法。一开始，孩子们通过观察照片和鸟类的相关书籍，确定选什么颜色来画鹅（见图8.9）。由于之前已经探索过怎样将颜色混合，因此当尝试获得准确的灰色和棕褐色时，他们表现得自信满满。当其他人在画"鹅妈妈"和"鹅爸爸甘德"时，部分孩子依然对颜色探索感兴趣。在画过几次鹅之后，少部分孩子仍然对绘画感兴趣，但需要更多的挑战。他们从画加拿大鹅转成参照相关的指导书去画（和标注）其他种类的鹅（如本画了一只藤壶鹅）。

图 8.9

孩子们很喜欢画加拿大鹅的活动，他们自己混合颜料，以便找到和鹅一样的颜色。

在"加拿大鹅"项目活动中，儿童学到了丰富的词汇，我想把这些词汇写下来并贴到教室的墙上，同时配上相应的解释。孩子们所遇到的很多关于加拿大鹅的词汇表示的是鹅的身体结构，所以我把它们汇总在一张图里。我知道可以用复印机,把拍摄的照片或相关图书里的照片放大,也知道有些孩子需要更多的挑战(比如本和尼古拉斯)。我请这两个孩子画一幅加拿大鹅的画,准备将其贴在教室公告栏的词汇墙上。当看到两个孩子的作品时,我非常惊讶,因为他们画的鹅比画架上的要纤瘦得多。于是,我找来一本图书给他们看,希望他们能注意到其中的不同之处。然而,这两个孩子所关注的却是书里的两种不同姿态的鹅——站着的和飞起来的。在观看书里的画面时,我问他们当鹅飞翔时腿放在哪里,本知道鹅的腿会收回,而且他分析说:"它们的腿像飞机轮子那样,会收回去。"最后,本和尼古拉斯画了两只鹅——一只站立着,一只在飞翔(见图8.10)。我想,与在画架上绘画不同,贴在公告栏的那张纸尺寸更大。画纸面积大小的变化对这两个男孩来说是个挑战,因此他们才会将鹅画得那么纤瘦!

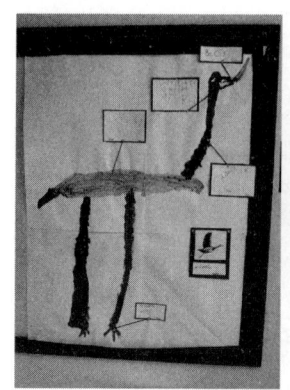 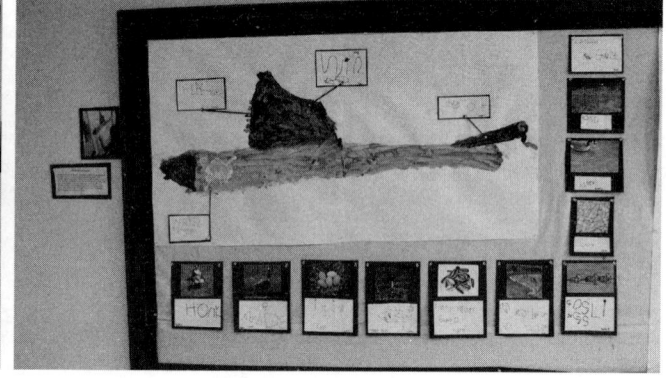

图 8.10

布里奇斯老师问孩子们,是否想要画一张更大一点的鹅的画,挂在词汇墙的墙面上。左边那张是他们画的第一只鹅。当孩子们注意到鸟类书籍里通常所呈现的鸟既有站着的也有飞起来的时,他们决定画第二只飞起来且腿收回去的鹅。

第三阶段:项目活动的结束

当这学年快要结束时,"鹅妈妈"离开了鹅巢,在"鹅爸爸甘德"周围漫步。我们邀请过的专家吉利斯先生,再次来到学校时告诉孩子们,他觉得鹅蛋因为寒冷的温度被冻坏了，可能没法孵化出小鹅了。听到这个消息，孩子们很难过，但并没有沮丧。对他们中的很多人来说，鹅蛋是抽象的，因为它们既看不见也摸不着。他们每天能见到并能真实互动的是鹅，能感受到的是这些活生生的、有趣且迷人的生命。

因此，"加拿大鹅"项目活动可以自然而然地结束了。在围绕所学内容进行小组讨论和分享后，孩子们最终决定制作一本书。他们将所学内容画出来或写下来，并把这些作品放到这本书里（见图 8.11）。孩子们回忆的东西令我印象很深刻，例如，有个孩子记得，"鹅爸爸甘德"要比"鹅妈妈"高大，而之前我们在探讨如何区分这两种鹅时，只简单地提到过一次。

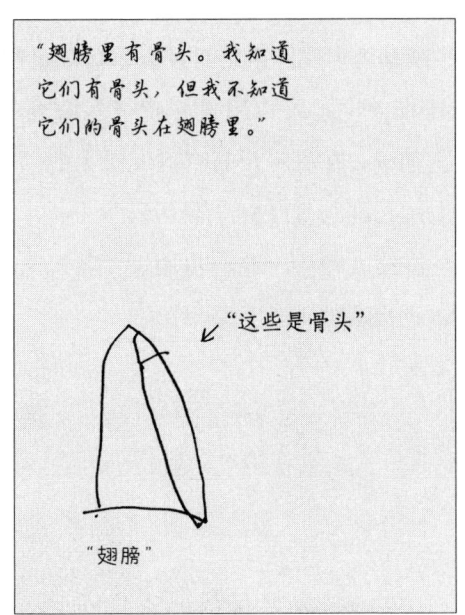

图 8.11

作为"加拿大鹅"项目活动的高潮活动，孩子们制作了一本书。每个孩子写下他（她）所学到的东西。有个孩子惊讶地发现，鹅的翅膀里有骨头。

挑战

由于动物的行为是不可预知的，所以"加拿大鹅"项目活动所带来的挑战非常大！其中一点就是，作为重要的资源，有段时间这些鹅离开了几天，并且我们不知道它们是否会回来。而最初关于鹅蛋的兴趣，让孩子们关注到了鹅，但我们不能查证鹅巢里到底有多少个蛋。如果能看见小鹅跟着大鹅，当然会更棒。作为教师，我希望给孩子们提供更多动手操作的工具和物品。他们看见了校园周围的羽毛和一些空的、坏了的鹅蛋，发现了一些空的鸟巢。研究之后，我们觉得那些羽毛是鹅的羽毛，但不能确定。在这个过程中，孩子们学到了很多关于鸟和蛋以及生命循环的知识。他们在教室外使用学到的新知识，继续讨论着看见过的鸟，并继续带来看到的鸟巢的图片。索菲娅甚至带来了一张她在家附近拍到的加拿大鹅带着小鹅的照片。我们都从自然中学到了很多，了解了户外世界中生物的生活是什么样的。我非常确定很多孩子和家长将在来年春天时再来看看这些加拿大鹅是否会飞回来，而且会非常希望看见孵出的小鹅。

  在本章中，我们特别关注了可以激发儿童很多潜能的项目活动的主题领域——自然方面的主题领域。在另一个具有巨大潜力的领域中，儿童可以通过开展项目活动将动手应用技能与STEM学科（科学、技术、工程、数学）的原则要求有机整合起来。在第九章中，我们将通过"飞机"项目活动实例来呈现在幼儿园班级里STEM经验是如何产生的。

第九章

将 STEM 作为项目活动的探究经验

在美国，无法为儿童提供充分的科学教育引起了人们极大的关注。2007年，卡耐基基金会（Carnegie Foundation Commission）警告说，美国必须培养能以创新驱动繁荣发展的现代劳动力。在倡导改革 K—12 教育的文件中，包括"州共同核心标准（数学和语言、艺术领域）""面向下一代的科学标准"，STEM 教育已经成为更多教育工作者对更具思考性、更有效的教学的一致呼吁。

STEM 与项目活动

尽管对于 STEM 教育的构成要素存在一些不同的认识，但我们都相信这一教育主张，绝不仅仅意味着在原有的课程中增加更多数学和科学的内容。STEM 是关于科学、技术、工程、数学几个领域的内容和技能的整合，并且这些内容和技能可以运用到真实的世界中。从这几个领域的内容、技能、认知品质的整合与应用的角度来说，项目活动事实上可以为 STEM 教育的开展创造良好的条件。

幼儿是天生的 STEM 学习者

对于幼儿来说，整合是件相对容易的事情，因为他们是天生的探索家。幼儿经常以整合的方式学习，他们不会将所学的不同领域的内容拆分成相互割裂的经验。儿童的这一特点在项目活动中表现得尤为明显。幼儿希望了解那些他们觉得特别有趣的话题（比如：下雨后在人行道上的是什么虫子？它们为什么会爬到路面上？它们为什么只在下雨后出来？）。此时儿童想要了解虫子，不是因为他们要"进行科学研究"，而是因为恰巧有人把一罐虫子和放大镜放到了科学区的桌子上。他们整合关于路面上的虫子的新经验，是因为希望了解在自己走过的那条路上、出现在他们生活中的虫子。由于很想要研究，他们会积极、细致、聚精会神地观察，因此更容易记住所学到的东西。

幼儿的学习是整体的，他们能够将之前所学到的知识和技能整合到持续发展的轨迹中。幼儿数物品，是因为他们想知道很多东西，或者想确认它们的数量是否足够去完成相应的活动，又或者想知道谁的东西更多。他们在苏打水瓶上写出名称，不是为了练习写字母，而是因为如果没有标明，他们在餐厅游戏中售卖时会拿错。这些都是幼儿自然而然地表现出来的。无数研究者、教师和家长在教室里或其他地方，都已经看到过或记录过类似的早期学习经验。此外，关于认知能力发展的学术研究促使我们进一步认识到，在进入正式的学校教育之前，儿童学习科学领域的天然能力以及大量的科学学习就已经出现。杜施尔、施韦因格鲁伯和肖斯（Duschl, Schweingruber, & Shouse, 2007）在围绕幼儿科学学习的研究中提到：

在所有年龄阶段中，对解释和探究的关注是儿童学习与思考的核心。即使是最年幼的儿童，也会对高度抽象的模式和因果关系敏感。他们会进行归纳概括、关系推断，理解世界的意义。儿童理解的丰富性和多元化也在不断发展（包括隐性的和显性的、符号的和非符号的、联想的构成和解释的构成等）（p. 54）。

儿童是天生的STEM学习者。他们可以在日常忙碌而有趣的活动过程中，整合所要学的科学、技术、工程和数学领域的内容。当然这一切的前提是拥有一位支持他们学习、为他们提供资源的教师，拥有接触专业人士的机会，拥有促进他们思考的、具有挑战性的经历。

当然，这并不是说，在教室的某些区域内放置一些科学物品或设备没有必要，也不是说教师不该在集体或小组活动中通过教师计划、主导的活动教授儿童科学内容和技能。虽然这两方面也很重要，但我们强调的意思是，项目活动为STEM学习提供了独特的机会。因为项目活动最接近儿童天然的学习方式，并且能有效整合所涉及的不同学科。

与科学探究典型程序的关系

由于项目活动建立在科学探究的典型程序上,因此它与更高教育阶段的STEM学习紧密关联:探究开始于一系列关于有趣现象的问题,对问题可能的答案进行假设,不断收集数据并寻找可能的答案。与科学探究的典型程序类似,一旦对某个项目活动的主题达成共识(通常由孩子和教师共同决定),儿童就会被鼓励去猜测问题可能的答案是什么,讨论回答相应的问题需要什么信息,讨论如何汇总信息和收集资料,然后验证猜想的答案。相关的实地工作(包括开展调查、演练采访、询问来访专家问题、开展实验、画出和测量相关事物等),促使儿童不断发现。而这些发现被当作新知识和新理解,在项目活动中进行讨论。在这个过程中,儿童通常带着极大的热忱参与探究,在大部分的探究计划实施过程中起主导作用,并承担相应的研究工作。

促进认知目标的发展

项目教学法的有效性,在于其中所蕴含的儿童思考能力和认知能力的发展——在整合科学、数学和工程时内化新的信息以及做出决定的过程中。而在教师主导的活动中,罗列好的割裂的表现指标、学习基准或者其他类型的成绩标准,是"应该学习什么?"这一常规问题的答案。这些学习结果很少会整合STEM经验强调的、非常重要的相关技能。

在本书的第一章中,我们曾阐述过认知目标和学业目标的区别。早期教育工作者经常会陷入为儿童入学"做好准备"的困局——准备好获得学校里的"学业成功",准备好在学业技能考试中取得好成绩。如果早期教育中倡导强化STEM经验的呼吁,导致强调割裂知识点和学科技能而忽视认知目标的课程,那将是不幸的。实际上,在项目活动中儿童所获得的经验,通常更能增强和支持幼儿的认知品质,促使他们渴望追求更好、更充分、更深层次理解的天性进一步发展。认知目标方面的发展是儿童在项目活动中感受到的最高奖赏。而这些认知目标的发展,也能够促使儿童对STEM所涵盖的学科产生积极的、持久的兴趣和探索动力。

STEM 涵盖的不同学科领域

在开展项目活动的班级里，我们将看到什么样的 STEM 经验呢？

"S"是指科学

教师有意指导的活动和项目活动，能够为儿童提供科学学习的经验。正如前面所提过的那样，项目活动建立在典型的科学探究程序的基础上。因此，进行某个项目活动本身就是在获得科学经验。儿童在项目活动中运用的探究方法和探究策略也是在科学领域中获得经验时会使用到的。尽管如此，科学领域内不同子学科所涉及的内容、技能、认知品质仍然有所不同。穆莫（Moomaw，2013）在讨论儿童 STEM 教育时，将科学领域分为物理科学、生命科学和地球科学三类。

- 物理科学包括物体及其特征（重量、形状、大小、质地、颜色、构成和温度）、物体在空间中的运动。物理科学中的经验经常可以被整合到其他领域的项目活动主题中。例如，"卡车"项目活动可以为儿童学习重量、大小、形状、位移提供机会。
- 生命科学是很多项目活动主题（比如本书第八章中介绍的"加拿大鹅"项目活动）的来源。生物（尤其是每天在生活中遇到的生物）对儿童来说非常有趣。生命科学包括植物和动物赖以存活的生长周期及习性的相关研究。
- 地球科学是另一个可以产生丰富的项目活动主题的领域，涉及围绕石头和贝壳、本地资源（一个池塘或一条河流）等方面的主题。地球科学可以很容易地融入生命科学的项目活动中，例如，关于"鸭子"的项目活动可能会促使儿童讨论"湖里的水从哪里来？湖是怎样被建造出来的？"。

当然，三个子学科都涉及很多的科学概念和技能，它们贯穿整个科学过程且能被整合到很多主题的研究中。一旦与科学领域有关的项目活动主题形成了，教师就需要参照这个特定领域的教育目标和学习标准，并思考如何整合这些内容和技能，使之成为儿童在项目活动中的探究经验。

"T"是指技术

技术是用来改造自然世界以满足人类需求或需要的手段（International Technology Education Association，2007，p. 242）。对幼儿来说，技术包含我们每天用来满足需要的简单设备。成人习以为常的东西对幼儿来说可能是非常重要的新技术，例如，在"加拿大鹅"项目活动中，望远镜的使用对那群三四岁儿童而言是新技术的学习和使用。穆莫（2013）曾指出，厨房用具（如苹果切片器、削皮器、手持榨汁机、研钵和研杵等）是儿童能理解和使用的简单器具，他们可以在项目活动中使用这些东西。我们已经见到过，在成人看来很简单的工具和设备，比如钳子和木制比萨饼铲（用于把热比萨从烤箱里拿出来），也会令儿童沉迷于使用。而这些经验的表征会出现在儿童的建构活动、游戏或艺术作品中。幼儿在生活中也会遇到更复杂的工具使用技术，比如互联网搜索、数码相机的使用以及幻灯片演示等。

在项目活动中融入技术，需要教师有计划地确保儿童将有机会学习和使用相应的技术。根据王、坎齐、麦奎尔和潘（Wang, Kinzie, McGuire, & Pan, 2010）的研究，技术可以从三个方面促进幼儿探索经验的发展。

- 技术可以支持问题情境的丰富和结构化。技术为复杂任务提供了背景结构和情境脉络，支持儿童与专家以"专家思维"的方式互动，支持儿童不断增加复杂化表征，并且可以增强儿童的活动动机和参与水平。通过邮件、电话和网络语音通话，技术还可以增加儿童接触专家的机会。通过网络搜索，可以找到关于某个探究主题的特写照片以及和主题相关的背景信息。使用数码相机和摄像机，可以把"现场"带回教室，这样儿童就可以随时回顾和深入研究与专家在一起时的所见所闻。这些照片、视频或录音就成了儿童复杂化表征的来源。
- 技术可以使资源使用更加便利。适宜的资源不再仅仅局限在图书馆里，各种电子化资源可以成为儿童探究的素材。就像成人那样，儿童可以使用网络快速搜索和找到很多信息化资源。例如，在"蝴蝶"项目活动中，儿童可以看到许多种类的蝴蝶，可以讨论独自观察到的、从书中看到的、通过网络搜索到的关于各种蝴蝶之间的相似或不同之处的知识。
- 技术可以支持儿童的认知过程。在项目活动中，幼儿可以看懂类似于饼状图的表征，可以对照片进行比较和分类，并且把所学内容、所观察到的和所创造的东西用新的图像化表征方式呈现出来。儿童可以将自己的学习过程拍摄下来，以进行回顾讨论。他们还可以把之前和之后的网络图拍摄和保存下来，并通过比较前后两张图的内容来看看所学内容。当别人展示和分享时，儿童可以学习倾听他人以及相互合作。

近年来，在项目活动中教师最常用的技术资源主要是数码相机、扫描仪和影印机。支持小小探索家的教师主要运用影印机来辅助教学和留存档案。以黑白或彩色方式影印的文件或照片，可以用来制作项目活动词典——解释主题网络图中的词汇或用来叙述事情、演示作品。为了保存儿童的绘画或网络图的发展过程，教师可以先拍照或复印这些作品。教师可以在复印的儿童画作上做标注，这样就不会破坏他们的原始作品。还有一些教学中不常见但可以让幼儿在项目活动中应用的技术工具，如下所示。

- 摄像机。通过摄像头所拍摄的画面，小组中的儿童能看到彼此的工作和视角更广的画面，可以从不同的角度研究实际的物品。摄像机拍摄的画面可以持续储存。
- 能将图像更高质量地放大的数码显微镜。例如，儿童可以使用显微镜观看花蕊和花粉颗粒，或者看一看水里的有机物。许多儿童可以同时观看这些图像。
- 通过邮件、网络研讨会或共享会议与全世界的专家、其他项目活动小组进行在线交流。
- 融合黑板与显示屏功能的交互式电子白板。
  ◇ 若被作为大型的计算机显示屏使用，儿童在交互式电子白板上可以很便捷地观看线上视频、网站内容，或者使用附带的摄像头与世界上任何地方的人进行线上互动。

◇ 若被作为白板使用，其交互式的特征允许儿童和教师在上面书写、画画、重写、保存或打印某个文档，以及制作网络图。

尽管有人会觉得计算机及相关技术设备可能不适合幼儿，但如果用来支持儿童在项目活动中的探究和表征，那么这些技术资源不仅适宜，而且能显著引发儿童的兴趣、激励儿童对自身学习的掌控。

"E"是指工程

关于最贴近幼儿的"工程"的界定，我们认为是解释工程师到底是干什么的：工程师是经过系统的技术和科学知识培训来解决实践问题的人（International Technology Education Association，2007）。工程聚焦的是问题解决的系统过程。在参与项目活动的过程中，儿童经常要解决切实面临的真实问题。儿童可以设计研究和观察的流程，制订实施计划，尝试新的想法，从而找到解决问题的方法。赞和范·米特伦（Zan & Van Meeteren，2015）推荐了将工程实践经验引入早期教育阶段的五种方法。这些方法尤其适合在项目活动的探究中加以运用。

- 找到儿童正在努力解决问题的地方。大部分的项目活动都会涉及问题解决。在幼儿的项目活动中，问题解决最常出现在各种表征活动中。例如，进行"飞机"项目活动时建构、制作飞机模型或玩游戏的情境中可能涉及问题解决。这个契机也可能出现在为完成某个特定目标而寻找方法的过程中。例如，制作日程表以确保孵化器中的蛋如期孵化。赞和范·米特伦建议关注此类问题解决的例子中的工程经验。
- 克制住帮助儿童解决问题的冲动。这个建议对刚开始实施项目教学法的教师来说具有普适性。必须谨记的是，当教师站在儿童的背后、让儿童自己解决问题、让儿童决定先试什么时，儿童能学到更多的东西。
- 分析活动中蕴含的"自己弄清楚"的潜力。教师可以分析：在这个项目活动中，哪些是引发儿童思考的机会？他们可以设计和尝试什么？他们靠自己能解决什么问题？使用这种教学法经常要求教师有相当大的耐心。

- 允许儿童有充足的时间与问题"周旋"。为解决某个问题,儿童通常需要进行多次尝试。幼儿园中的项目活动平均要持续6~8周。
- 近距离观察以确定教学指导的方法。在项目活动中,教师负责支持儿童的探究工作和努力。不知道儿童想什么,不知道他们发现了什么有趣和有挑战性的事情,不知道他们正在努力完成什么,将无法支持他们的探究。教师需要细致观察的另一个原因是,他们需要将儿童的项目工作记录成档案。

"M"是指数学

数学是关于模式与顺序的科学,是关于测量、属性、数量关系的研究,是对数字和符号的运用过程(International Technology Education Association,2007)。项目活动为儿童学习数学概念和技能提供了原因、目的,也提供了使用和实践的动机。埃里克森研究院的"早期数学合作小组"提出了早期教育阶段中最为重要的26个数学核心概念(Brownell,2014)。这些数学概念对于儿童的数学学习是核心的、相互关联的,贯穿儿童的学习过程,并且是其未来学习的基石。其中的许多核心概念(如集合)和技能很容易被整合到项目活动的经验中,而且是以儿童觉得非常有用和有意义的方式进行整合。我们强烈建议,开展项目活动的教师可以参照布朗尼尔(Brownell,2014)所描述的指导框架,将相应的数学概念整合到项目活动的探究中。"早期数学合作小组"将这些数学核心概念分成九组,是教师思考如何将数学整合到项目活动探究中的良好参照。

- 集合。与这个项目活动有关的哪些物品可以用来创造集合?儿童可以根据什么属性将这些物品分类?
- 数感。在这个项目活动中,如何帮助儿童发展对数量的感知?围绕项目活动主题,如何帮助儿童将数字与物品联系起来、感知等量的作用?
- 计数。在这个项目活动中,什么内容能帮助儿童感受到数数的价值?如何使他们有目的地数数?
- 数的运算。在这个项目活动中,儿童做什么事情能鼓舞他们进行比较和归纳出集合？如何将数字的故事融入项目活动中？例如，当第一次到湖边散步时，我们看见两只加拿大鹅，接着来了一只天鹅，那么，我们在湖边总共看见了几只鹅？

- 模式。这个项目活动中存在哪些机会能使儿童自然而然地体验到存在的模式？你如何帮助儿童识别模式的可预测性，并概括出模式？
- 测量。"早期数学合作小组"建议在儿童6岁前多给予儿童测量方面的基础经验。儿童有机会用多种方式（高度、重量、多少等）测量物品吗？儿童有机会学习测量的方法（如精确测量、从一端开始测量）吗？
- 数据分析。项目活动为儿童提供了有意义地收集数据的丰富机会，他们可以通过汇总、分析数据发现所探究的问题的答案吗？
- 空间关系。在这个项目活动中，儿童有机会深化空间知觉吗？你可以用什么方式帮助儿童感受物品在不同空间中相互关联的不同方式？儿童有机会合作制作地图或模型来表征他们的三维经验吗？
- 形状的界定。当检核与项目活动主题相关的物品时，儿童有机会见到不同的形状吗？在项目活动中，当儿童进行表征和创造结构时，你将如何向他们解释形状的定义？

"飞机"项目活动

"飞机"项目活动的实践案例蕴含了丰富的STEM经验。这个项目活动持续了7周，发生在伊利诺伊州皮奥里亚市的UPC探索中心的一间教室里。这个班级的凯伦·科勒老师讲述了"飞机"项目活动的故事，史蒂芬妮亚·兰道尔和苏珊·布伦多林诺是该班级的助教。

第一阶段：项目活动的开始

我们的学校坐落在霍利山机场的航行路线上，时常能看见大大小小的飞机从学校上空飞过，孩子们经常会谈论这些飞机。通过观察，我们相信孩子们对飞机或做与飞机有关的事情有足够的兴趣，这可以形成一个项目活动。我们将关于飞机的科普图书读给孩子们听，并把这些书放在阅读区。我们引导孩子们讨论乘坐飞机的经历。在一次讨论中，我们惊讶地发现竟然有超过一半的孩子之前乘坐过飞机。我们询问孩子们"关于飞机，你知道什么？"，并把他们的回答记下来（见图9.1）。从中可以看出，孩子们关于飞机的大部分知识集中在飞机舱里面的经验。于是，我们寻找了更多关于飞机方面的资源。参与我们中心的教育计划的一位家长是美国民间空中巡逻队的少校，他为我们提供了关于这方面的更多资源（见图9.2）。当我们和孩子们一起阅读图书和观看相关照片时，他们的首批问题开始涌现："飞机能飞多快？""它是如何飞到天上去的？""为什么它可以保持一直飞行的状态？"

> **关于飞机，你知道什么？**
>
> 喷射流让飞机能够飞起来。——爱丽丝
> 开飞机的是它的主人。——麦德林
> 它们飞行时需要靠机翼。——贝克
> 飞机前面有尖端。——布莱迪
> 飞机里有座位。——海莉
> 你需要坐在座位上飞机才能起飞。——玛利亚
> 飞机里可以看表演或电影。——菲奥娜
> 飞机非常棒！——杰克森
> 飞机飞得超级快。——布莱迪
> 飞机可以飞。——索菲娅
> 你可以透过飞机的窗户往下看。——麦德林
> 飞机有轮子，所以可以降落。——乔西
> 飞机有起飞的轮子。——麦德林
> 你必须系上安全带才能保证安全。——爱丽丝
> 行李运输车把钩子挂在行李拖车上来拉动它，飞机牵引车能让飞机动起来。——布莱迪
> 飞机上有零食。——艾登
> 飞机上有食物。——玛利亚
> 飞机上还有糖果！——海莉

图9.1
一旦孩子们有时间去识别和了解背景知识，问题就很容易形成了。

图 9.2

当绘画和游戏时,孩子们把图书当作资源。

第二阶段:项目活动的探究

我们联系了既是家长又是飞机专家的乔治·谢尔德少校,沟通了带孩子们去霍利山机场实地参访的相关事宜。当实地参访联系妥当后,我们和孩子们一起进行了再次讨论,以明确他们想要探究的问题。

- 飞机需要有翅膀才能飞吗?因为小鸟有翅膀!
- 飞机是如何飞向天空的?
- 为什么飞机上有那些按钮?它们有什么用?
- 你长大后才会开飞机吗?
- 飞机的油去哪里了?
- 赛斯纳飞机可以飞到太空吗?能飞到月亮上吗?能飞到火星上吗?
- 为什么赛斯纳飞机那么小?我爸爸开的是大飞机!
- 飞机如何才能转弯?
- 飞机需要像汽车那样去加油站吗?
- 那些杆子对飞机的翅膀有什么用?
- 为什么飞机的转向轮能前后移动?
- 赛斯纳飞机可以飞很长很长的时间吗?可以飞到迪士尼吗?
- 空姐从什么地方给你拿果汁?

- 为什么飞机降落在地面上时会"弹跳"几下?

孩子们还有一部分问题与飞机的组成部分及其相应的功能有关。
在规划实地参访时,我们根据孩子的个人兴趣,将他们分成五组。
- 确定飞机组成部分的小组(门、窗、轮子、机翼等)
- 测量飞机组成部分的小组(机尾、螺旋桨、机翼)
- 拍摄飞机照片的小组
- 绘画飞机的小组
- 采访谢尔德少校的小组(见图9.3)

图 9.3
作为飞机专家,谢尔德少校与采访小组的孩子进行了交谈。

与美国民间空中巡逻队合作的好处之一是,我们可以利用那里的很多资源。这个巡逻队的其他几位职员,在我们的参访中也提供了帮助。在参访过程中,孩子们获得角色体验的机会。他们可以体验使用飞行模拟器,操作搜索和救援航标灯、归位装置,并制作纸飞机(见图9.4和图9.5)。美国民间空中巡逻队的飞行员还向孩子们展示了飞行时所使用的不同类型的地图(见图9.6),并且送给我们一张航空地图。

图 9.4
能够持有和使用紧急航标灯令孩子们很兴奋。

图 9.5
每个孩子轮流玩飞行模拟器。

图 9.6
飞行员向孩子们介绍飞机场在地图上的什么位置。

回到教室后,孩子们很渴望分享在实地参访过程中所收集到的所有信息。有些孩子根据拍摄小组的照片,用素描或油彩画来表现一架飞机(见图9.7)。另一部分孩子则根据看到的飞行模拟器,用鞋盒或黏土制作飞机模型。孩子们还叠了不同类型的纸飞机,并且猜测哪种能飞得更高或更远。有一组孩子决定玩飞机扮演游戏,他们在门厅用椅子搭建了一架飞机,里面包括飞行座舱、行李区和食物推车等。

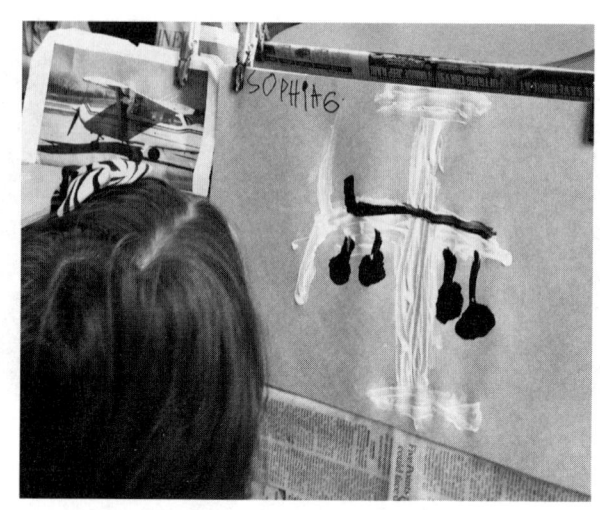

图 9.7
孩子们拍摄了照片，并参考照片来进行表征。

在项目活动的尾声，孩子们会聚在一起分享自己所做的事情。在实地参访期间，不同小组的孩子会根据自己研究和记得的东西，为其他孩子提供相应的支持。比如，当一组孩子决定制作一架"更大"的赛斯纳飞机时（他们能够到里面玩），测量小组和绘画小组把他们参观时收集的信息和图片与同伴共享。拍摄小组则提供了特定的飞机组成部分的照片，帮助同伴根据实地参访所看见的飞机重新进行制作。

第三阶段：项目活动的结束

当各个小组确定他们已经完成了自己的表征作品时，我们开始讨论如何向家长和专家分享所学到的东西。由于很多孩子已经参观过社区最近新开的一家博物馆，他们开始讨论建造自己的"飞机博物馆"，以展示所有的作品。于是，"飞机展"诞生了！紧接着，各个小组讨论在展览中向家长介绍什么信息，准备给相应的作品配上故事描述。大约一周后，家长们来到学校参观，每个项目活动小组的成员都站在他们的作品旁轮流向家长介绍。

"飞机"项目活动中的 STEM 经验

"飞机"项目活动为儿童提供了丰富的 STEM 经验。这个项目活动实施的历程和步骤，基于幼儿的年龄水平"凝练"了科学探究的过程：儿童明确想要了解什么—形成问题—利用资源（包括专家）寻找答案—将所学到的东西进行表征和汇报。此外，儿童实际参与了物理科学的经验探索，包括使用不同材质的物品（如使用黏土和不同质地的纸板和纸，建造机翼，制造螺旋桨，制作机尾）。设计、制作和测试纸飞机的过程，为儿童提供了很多关于折叠、纸的重量以及对结果进行比较的思考和讨论的机会。

数学方面的经验包括儿童在收集不同类型的飞机以及其他物品时对不同集合的感知。在制造可以爬进去假装驾驶的"大飞机"的过程中，儿童遇到了空间知觉的挑战。他们还制作了各种造型的飞机。在实地参访的过程中，测量飞机各个组成部分的经验，引发了儿童在户外环境中的进一步探索——测量相似的物品（包括滑梯、原本和树屋），并将测量数据与收集到的真实飞机的信息进行比较。他们会数飞机、座位、飞机的组成部分以及人的数量，并将关于飞机的调查结果和各种经验绘制成图表。另外，他们利用鞋盒制作了不同造型的飞机以及参观过的赛斯纳飞机。

在建造大型的赛斯纳飞机的过程中，儿童获得了工程方面的经验。在为飞机设计机翼时，儿童想出各种办法来解决如何支撑较长机翼的重量的问题。当之前选择的长条形纸板因不够厚实而无法支撑时，他们遇到了需要解决的新问题（见图 9.8）。为了找到"更硬、更长"的东西，以确保"机翼是直的、不弯曲、不能碰到地面"，儿童最终的解决办法是使用扫帚柄和 PVC[1] 管。

---

[1] 全称是"Polyvinylchlorid"，是一种材料，主要成分为聚氯乙烯，加入其他成分可增强其耐热性、韧性和延展性。——译者注

图 9.8

这些机翼一开始看起来很好,但后来塌了,这导致了需要解决的新问题。

儿童计划为座舱控制面板以及整架飞机绘制操作示意图,因为他们发现这有助于交流和吸引每个人的关注。这些孩子不仅和自己组的成员合作,也在每天结束时和其他组的成员合作,相互分享成果、相互学习。

儿童在"飞机"项目活动中获得的技术经验,包括使用简单工具(如剪刀和黏土)的经验,也包括操作复杂工具(如螺旋桨)的经验,还包括对这些工具的工作原理的了解。在项目活动中,这群孩子知道了飞行员如何使用飞行模拟器进行训练,专家帮助他们学习使用搜索和救援航标灯以及归位装置。在使用互联网和图片的过程中,他们还学习了如何用技术来支持自己的学习和寻找问题的答案。

正如本书第二章中提到的,将 STEM 经验整合到项目活动中,开始于选择有价值的探究主题。当所选择的主题丰富、真实且能吸引儿童参与时,整合 STEM 经验的目的将更容易实现。即便如此,观察儿童的兴趣,并有意识地将 STEM 经验整合到项目活动中,仍然是教师必须做的事情。

从第一章到第九章,我们呈现了实施项目教学法的过程,并且重点介绍了项目教学法可以提供的两种特别重要的机会——亲近自然、整合 STEM 经验。在指导教师学习开展项目活动的过程中,我们发现刚接触项目活动的教师会存在一些共性的问题或忧虑,例如:怎样在项目活动中整合必修课程?项目活动如何满足儿童的特殊需要?项目活动在支持英语语言学习者方面是否有潜能?我们将在接下来的第十章中专门阐述相关内容。

第十章

教师在项目活动中面临的挑战

在教师学习开展项目活动的过程中，我们会发现就像第一章中横向轴所呈现的那样，采用以"儿童主动发起和做决定"为取向的教学方式对有些教师来说是个挑战。他们在思考无法在本班内进行项目活动的原因时，经常表现出我们称之为"是的，但是"的思维方式。虽然这些教师能够认识到项目活动对儿童有好处，但他们觉得在自己的班级里开展项目活动会存在很多难点。因此在本书的最后一章，我们将试图针对这些方面的问题为教师们答疑解惑。

回应教师面临的挑战

"我可以开展项目活动，但我仍然面临着必修课程与学习标准！"与"州早期学习标准"类似，"州共同核心标准""面向下一代的科学标准"以及STEM经验，都可以整合到项目活动中。虽然在项目活动实施过程中或在孩子的兴趣里，并非所有的教育内容指标或必修课程都能自发体现，但很多教师已经掌握了如何在遵循儿童主导的原则、促使儿童参与学习的同时，实现一些既定的课程目标。必修课程要求儿童学习和练习技能，项目活动则为其中大部分的学业技能提供了很多应用的机会，包括听、说、读、写及计算等方面的技能。另一些认知方面的技能，如观察、分类、探究、假设以及预测，通过项目活动则很容易经常被儿童有目的地实践和运用。

课程中更侧重于技能而不是概念的领域，有助于培养儿童的读写能力——阅读和书写能力。儿童可以通过多种方式学习这些读写技能，但大部分儿童需要成人的正式指导才能掌握。阅读图书和书写方面的早期经验对儿童非常重要。实施项目活动并不意味着要完全取代正式的读写教育指导环节，而是说儿童在项目活动中可以经常学习阅读和书写的新技能,并且有很多机会运用和练习在其他教学环节中所学到的方法。由于阅读和书写促进了探究的过程且目的明确,因此项目活动中丰富且潜在的读写机会就可以真正促进儿童学业成绩的发展。当感受到运用读写技能的目的和用处时,儿童似乎更愿意进一步掌握这些技能。他们把图书当作探究资源,开始分辨字母和词语,从图书以及其他印刷材料(期刊、符号、操作说明、菜单)中获取信息,抄写字词并运用到自己的作品里。此时,这些有关的图书和材料,就成为小小探索家的重要学习资源和信息来源。

项目活动也鼓励儿童尝试进行书写,因为他们明白了书写的目的:跨越时空和他人交流。他们会写下问题,以便记住它们。他们为图片写上词语、标注事物的组成部分。他们可以写信给实地参访场所的人员和专家。他们可以为项目活动的相关照片写下发生时的情景。在学前班或小学一年级阶段,主题网络图中的词语经常可以由儿童自己去写。儿童可以将自己实地参访的经验写成故事,告诉别人自己学到了什么。项目活动的主题经常自动出现在这段旅程的入口处。他们可以制作"词汇墙",将对他们而言很重要的词汇放进去,因为他们要通过它来讲述自己对哪些事物兴趣浓厚。由于书写被当作探究的工具,因此,儿童会认为它非常重要。

儿童的口语语汇需要通过经验来发展。在项目活动中,儿童通过直接动手操作,更容易记住词语和概念。很多教师分享说,儿童在项目活动中所学到的词语数量和复杂性经常出乎他们的意料。

为确保将必修课程和学习标准有机地融入项目活动中,我们建议按照本书第二章中所列举的"计划步骤"来执行。关于这方面的深入讨论,请参阅《成为年幼的思考者》(*Becoming Young Thinkers*,Helm,2015)一书。

"我可以开展项目活动,但我的教室里有特殊需要儿童。" 有的教师认为,项目活动不适合像瑞吉欧·艾米利亚学校里所描述的那些有特殊需要或"特殊权利"的儿童(Smith,1998)。但无论是在有个别特殊需要儿童的教室还是全纳教室里,我们已经看到过很多成功的项目活动案例。丽贝卡·埃德米斯顿

（Rebecca Edmiaston，1998）围绕全纳教室环境的研究发现，项目活动对所有幼儿的需求的满足都非常适宜。她认为，这主要有五方面的原因。第一个原因是，项目活动是合作性的。也就是说，项目活动鼓励儿童和教师共同合作，所有儿童以自己的方式在探究中做出贡献。第二个原因是，项目活动建立在儿童兴趣的基础上。埃德米斯顿讲述了一个全纳教室环境中的项目活动故事。

在一所开展全纳教育的幼儿园里，有个班级正在探索能否把"鞋子"作为下一个可能的项目活动主题。在讨论期间，从旁观者的角度看，有个残疾幼儿在地板上不停地挪来挪去，试图看自己的鞋底，显然没有参与到小组的集体讨论中。从某种意义上说，他可能会被认为处于"游离"状态。但这个孩子的老师意识到，当其他孩子思考关于自己鞋子的问题时，这个孩子其实是在琢磨自己鞋底的条纹。于是，这位老师立刻告诉其他孩子，这个孩子正在观察鞋底的图案。而这个孩子的行为，也吸引了其他孩子的兴趣。他们立刻开始观察自己和同伴的鞋子。后来，有几个孩子开始对网球鞋的线条图案、不同颜色，以及广告词是如何印上去的产生兴趣。再之后，有些孩子画了关于鞋底的画，有些孩子甚至尝试制作自己的鞋子。在这个活动中，通过对鞋底不同类型的线条图案的兴趣，这个有特殊需要的孩子也实现了自己的发展目标——"辨别相似与不同"（p.1）。

在项目活动中，儿童的兴趣是被鼓励的，并且所提供的学习经验能够满足所有儿童的需要。

埃德米斯顿认为，项目活动适合所有儿童的第三个原因是，并非所有儿童都会做同样的事情。项目活动中包含了不同种类的经验和探索活动，而且并不要求所有儿童都参与每一项经验，因此可以考虑到儿童个体能力的差异，并实施个别化教育计划。第四个原因是，项目活动中的很多工作是在人数较少的小组中进行的。这使得教师更容易把握儿童个体的发展目标，兼顾有特殊需要的儿童。最后一个原因是，丰富的档案以及对儿童使用各种方式来了解和表达自己的活动记录的重视将促进儿童自我效能感的强化。在这本书中，我们分享了教师如何通过观察确定兴趣，如何鼓励不擅长口语的儿童更多地表达，如何支持儿童使用多元化的方式进行探究。这些都是可以用来支持特殊需要儿童的良好策略。

"**我可以开展项目活动，但我的教室里有第二语言学习者。**"项目活动对另一个群体——正在学习第二语言的儿童——也非常有好处。在美国，这部分儿童主要是指在双语学校中或在外国语言培养计划里正在学习英语的孩子，或者母语为英语但正在学习其他语言的孩子。在项目活动中，很多典型的事件同样适用于第二语言学习者。教师可以通过项目活动来帮助第二语言学习者实现语言发展的目标。佩雷斯和托里斯-古兹曼（Pérez & Torres-Guziman, 1995）强调，早期的真实读写事件非常重要——此时阅读和书写是有意义和有目的的。他们建议，教学要从儿童的兴趣开始、围绕某个"话题"进行规划，因为"孩子的兴趣是开启课程计划最好的地方"（p. 70）。其他研究则侧重强调第二语言教学中文化知觉的重要性（McLaughlin, 1995；National Association for the Education of Young Children, 1995）。将项目活动的重点聚焦于儿童的当前环境、兴趣及其家庭将有助于实现这些目的。佩雷斯和古兹曼的建议还包括，在项目活动中教师应自然而然地引发有目的的合作学习和高潮活动。

以上提到的很多建议都建立在强调动手操作以及直接经验的学习的基础上。克里斯蒂安（Christian, 1994）曾说，在双语教室里，"亲身经历的或动手操作的学习活动尤其好，因为学生可以通过经验和语言来理解意义"（p. 107）。克里斯蒂安还建议，图像化的表征策略（如网络图）、小组讨论和实地参访的直接经验可以帮助儿童了解一些可能由于语言表达差异而遗漏的内在关系。而这些经验会促进儿童对新词汇或新概念的学习。在双语幼儿园中教授西班牙语和英语的丽贝卡·威尔逊老师总结了自己所发现的在班级课程中融入项目活动的一些优点。

项目活动对于两种语言体系中的儿童的读写能力发展都有帮助。儿童会使用两种语言体系中的图书和资源，而且会努力弄懂它们的意思，因为他们想要了解相应的项目活动主题。当我们明确要问专家问题时，他们需要思考专家使用的是哪种语言，这样才可以相互交流。每个儿童都可以在项目活动中逐渐适应。无论语言发展水平处于什么阶段，儿童都可以找到自己能做的事情，并对项目活动做出自己的贡献。

作为一个母语非西班牙语的教师，我发现项目活动也可以促使儿童使用更多复杂的西班牙语的词汇和句子，因为孩子们想要知道这些事物准确的名字。非常重要的是，这将能够帮助我的西班牙语学生持续获得发展语言技能的经验。例如，在"花园"项目活动的实践案例中，我学习并使用了不同种类的花园工具的名称（这些词汇我以前没学过，如三齿中耕机）。我需要依赖家长资源来获得这方面的知识。在"花园"项目活动中，我请教了一位儿童的父亲——如何用西班牙词汇来描述孩子们在"车库"里建构的机械升降车。这种方式可以使家长提供帮助，也可以使他们成为项目活动探究过程中的一部分。而孩子们的家长对这个项目活动以及我们正在做的事情也很感兴趣。

王·菲尔莫尔（Wong Fillmore，1985）为正在学说英语的儿童推荐了一些学习策略，其中的很多策略已经成为项目活动的组成部分，或者很容易被整合到项目活动中。针对项目活动和第二语言的学习，王·菲尔莫尔推荐了以下策略。

- 演示。这种方法可以在进行实地参访或专家来到教室里时进行。将物品（如工具）带到教室或在扮演游戏中使用，会促进儿童对所演示内容的理解。
- 榜样和角色扮演。如第三章所建议的，关于如何向专家提问，儿童可以进行角色扮演，从而获得有价值的语言锻炼机会。创设扮演游戏环境可以鼓励儿童进行角色扮演和运用与项目活动主题有关的词汇（见第四章），如果儿童能参与到环境或游戏结构的设计中效果更佳。
- 基于已知信息的情境，提供新的信息。围绕某个主题讨论已经知道什么，并用图像化的结构（如网络图、清单、词汇墙）呈现出来，会促使儿童将新接触的词语和概念与已经知道或经历过的经验联系起来。这种方式尤其适合不太精通英语的儿童，如果图像化的结构能把两种语言之间的区别清晰地呈现出来，那么效果会更好，如图 4.10 中的词汇墙，一侧是与"车库"有关的英语词汇，另一侧是对应的西班牙语词汇。

- 重复词语、句式和常用规则。项目活动具有时间跨度较长及需要深入探究的本质特点，使得儿童能有机会不断重复接触这些语言元素。在这个过程中，儿童有时间以有意义的方式重复使用相关的词汇、短语和句子，直到它们成为自身语言的一部分。整合与项目活动主题相关的歌曲、故事书以及韵律，也能为儿童提供重复感受语汇的机会。
- 根据不同的语言能力水平和参与水平设置相应的问题。在项目活动中，儿童的问题可以是"是"或"不是"这样只需简单回答的问题，也可以是"他们怎样……？"这样的复杂问题。教师可以鼓励所有儿童参与问题的思考，鼓励他们回答问题并把相应的答案记录下来。

注意将这些策略运用到项目活动中，可以帮助教师引导第二语言学习者达到相应的语言发展目标。教师为某个或某组第二语言学习者提供项目活动经验，以此作为支持其发展的重点，事实上也将促进整体项目活动的价值的发挥。

最后的思考

和其他教学程序或教学取向一样，项目活动可能开展得很好，也可能效果不佳。高质量的项目活动将重点放在融合儿童活动经验的有价值的主题上。儿童将充分参与到重要的过程中，例如：儿童将参与制定探究的日程，促使自己不断深入地探索主题；儿童将参与筹备那些可以详细地代表探究经验成果的作品。大部分与我们合作的教师表明，通过几个项目活动的实践经历，他们能够建立起完全的信心，将会完全信任儿童在探究过程中的自主能力、责任感以及坚持的品质。而一旦树立这样的信心，教师就开始成为合作学习者。他们将学习和儿童一起探寻最佳的学习环境，通过其中的经验促使儿童良好地成长。这些教师在分享体会时说，当项目活动"如火如荼"时，无论对于参与的儿童还是教师自身，都是非常有趣且令人感到满足的体验。

至于导致当前学校教育现状的那些标准要求或问责制，我们将从项目活动中儿童经验的重要性角度来重新看待它们。与其试图通过标准化测验分数来评判教育经验的价值，不如问问我们自己：我们希望所有儿童拥有的经验的标准是什么？当我们要评价或评估某个项目活动的效果时，我们可以问问自己：每个孩子在大部分的时间里获得的是何种经验？或许我们还应该问问自己：作为一个孩子，日复一日地生活在这样的环境中会有什么感觉？

可能我们需要告诉儿童的父母或自己的同事，哪些类型的经验不适合儿童。作为教育共同体的一分子，我们建议大家一起摈弃这个惯常被用来表示教育目标的词汇——"成绩"。当我们强调希望儿童拥有（或不需要拥有）的经验时，我们才最有可能支持儿童在早期教育阶段的发展。我们对这些问题的回答不应仅仅基于我们收集来的经验，还要基于针对早期经验对儿童长期发展的多方面影响的大量研究（Galinsky，2010）。

进一步思考将前面所提到的问题的答案作为评估早期教育方案是否适宜的基础，我们需要在希望儿童获得什么样的经验方面达成共识，并判断这些经验对儿童长期或短期发展的作用。以下几条关于"重要经验"的判断标准可以作为指引我们评估所有教育方案的参照。例如，我们建议幼儿在大部分时间里应该获得以下经验：

- 认知参与，被兴趣吸引，面对挑战
- 对自己认知能力的作用和自己的问题有信心
- 参与广泛多元的互动，如谈话、讨论、交换观点、争论、制订计划
- 参与对周边环境中事物的探究，遵循兴趣，了解知识，促进理解
- 在很多活动中表现自主，能对所完成的任务负责任
- 知道满足感可能来自克服障碍或挫折以及解决问题
- 帮助他人解决问题，能更好地理解别人
- 给其他人提供建议，对其他人的努力和成就表达感激
- 以有目的的方式，运用正在发展中的基本的读写和运算技能

● 形成属于同伴小组的归属感

以上所列的这些重要经验，建立在早期经验影响幼儿的学习与长远发展的相关哲学主张以及受到广泛认可的实践研究的基础上。尽管幼儿能从学业经验中获得一定的发展，但过于强调对学业技能的直接教育会导致教师忽视那些对幼儿十分重要的认知品质的培养和支持，磨灭幼儿对日常所遇到的事物进行更好、更多、更深理解的原初渴望。换言之，我们建议教师应该在促进其认知品质发展的基础上帮助幼儿掌握学业技能，而不是以牺牲幼儿的认知品质发展为代价。我们也建议教师，根据所在特定地区的情况，一起对这份重要经验的清单进一步优化。

总之，通过研究托儿所、幼儿园、学前班以及一年级的项目活动的实践案例，我们对儿童、家长和教师的热情投入印象最为深刻。在高质量的项目活动案例中，我们透过档案能看见儿童深入学习的能量以及参与式学习的经验。教师似乎因为这些小小探索家，而被重新激发活力。很多教师不仅成了儿童的合作学习者，还经常会开启自己的新旅程。透过观察、倾听、记录，教师不仅是项目活动主题的探究者，还是思考儿童究竟如何学习的探究者。我们见证了项目教学法对教师和教学的改变。正如教育主管凯茜·威格斯所说："学习项目教学法影响了我们教学的所有领域，而不仅仅是开展项目活动本身。"这也许就是项目教学法的最大益处——"学与教"继续成为所有探究者的冒险之旅，无论是幼儿还是成人。

附录　项目活动计划日志

教师姓名：_____

项目主题：_____

项目活动日期：_____ 到 _____

学校/机构名称：_____

儿童年龄：_____

"项目活动计划日志"简介

"项目活动计划日志"具有两方面的作用。第一个作用是,可以为教师首次实施项目活动提供支持和鼓励。与本书所有的章节内容一样,围绕在早期教育阶段的教室里如何开始第一次的项目活动,"项目活动计划日志"为教师提供了一步步细致的指导,可以帮助教师以及小小探索家进行相应的准备、计划和实施。

第二个作用则是计划外的。我们发现,有些已经实施过项目活动的教师,现在开始把这份日志作为一种便捷的方式,来系统思考和记录有关项目活动开展的信息。通过"项目活动计划日志",教师可以"追踪"自己的计划任务、项目活动过程中发生的事件以及相关的档案。可以说,对忙碌的教师而言,这份日志为他们提供了再次确认、保存项目活动实践过程中关键信息的良好机会。而其更为重要的作用还在于,这份日志似乎为教师提供了反思教学实施效果的媒介和目的。而这些反思,经常会成为他们随后与同事共同分享的东西。

教师可以通过不同方式使用"项目活动计划日志"。教师可以从这本书里直接把相关页面复印下来。曾有教师将这份日志复印后制作成活页夹,并在其中添加了一些空白的笔记页和剪贴簿。也有教师在其中粘贴了一些照片,把它做成小型的文件夹。"项目活动计划日志"把项目活动实施的每一阶段中的主要任务都呈现了出来,而且过程中需要思考的问题也都罗列在相应的页面上,并通过"教师日志"系列(用🅣标签特别标注)为教师提供反思实践效果的提醒。另外,这份日志包括家长可以参与的领域和活动,并通过🅟标签表示出来。有些校长或项目活动的领导者会将这份日志制成笔记本,以便鼓励教师开展项目活动。当第一轮使用完这份"项目活动计划日志"后,教师及所在的教育机构(中心或学校)可以考虑建立项目活动的实践资源库,以便积累相关的教育资源。这样既能鼓励教师回顾在指导项目活动时的自我发展,也能为之后开始项目活动的其他教师提供思路和支持。

这份日志提供了"我们如何学习：项目教学法的介绍"。教师可以将这部分的讲义内容，在学年开始时发给家长，以便帮助他们提前了解项目教学法。教师也可以将这部分的内容以电子或者纸质打印件方式，提供给要去实地参访场所的工作人员，并且应该在实地参访之前，交给与之互动的专家。在项目活动的进行过程中，随身携带这部分的讲义内容也很有必要。

第一章中介绍的项目活动实施流程图（图1.3），在"项目活动计划日志"中被再次呈现，以便帮助和提醒教师把握项目教学法的结构。已经使用过这份日志的教师报告说，在项目活动实施过程中审视项目活动实施流程图有助于他们思考每日计划的方向和重点。在这份日志中，项目活动实施的每个阶段被设计成贯穿整个实践过程的"界标"，以便提示教师应开展专门的活动。如果你所执教的儿童处于学步儿阶段，那么你将希望看到这份日志中所提供的学步儿项目活动实施流程图（图7.13），并且可以重新回顾本书第七章中所涉及的如何计划符合学步儿知识和技能水平的活动的相关内容。逐项比较两个流程图可以帮助教师更深入地思考项目教学法如何更好地支持更年幼的儿童。

"项目活动计划日志"是一个指南，是一段行程的地图。实施项目活动如同旅行，并不总是可以沿路直行。在过程中，教师可能会遇到辅路，可能会遇到弯路，这会使教师感到充实和快乐。这本书、这份日志、书中的流程图，就像是学习世界里的条条道路，为教师提供了可能的前行方向及可能的去处。但是，这些指南不像建造房屋的蓝图那样需要你小心翼翼地精确执行。旅程前往何处，儿童和教师想在哪里停下，全由你们自己决定。

我们如何学习：项目教学法的介绍

（1）什么是项目教学法？

项目教学法是一种由某个或某组儿童发起、围绕某个主题进行深入探究的教学方法。

（2）项目教学法和其他教学方式有何不同之处？

在实施这种教学法的过程中，儿童围绕某个主题进行较长时间的学习。确定选择某个主题，是因为儿童感兴趣，而且对他们自身及生活很有意义。儿童将非常深入地探索，其中表现出的水平经常超出成人的预期。教师会将数学、阅读、科学等领域的相关知识内容整合到项目活动中。

（3）如何为项目活动制订计划？

儿童在教师的帮助下，会为自己制订很多计划。这些计划通常包括实地参访或与专家交流。任何对某个主题有丰富的知识的人都可以成为这个项目活动中的专家。

（4）儿童如何学习？

儿童通过使用各种各样的资源来解决自己的问题，包括使用传统资源（比如图书）。为了与专家交流，儿童需要提前计划好相关的问题。在实地参访过程中，每个儿童都会承担相应的任务或与专家交流。儿童把参观的东西记成笔记，或者画下来。他们会围绕建构物品、创设游戏环境，制订相应的计划。这些活动将帮助儿童梳理自己正在学习关于这个主题的哪些内容。

教师通过将问题结构化，以及协助儿童寻找解决问题的办法和资源来支持儿童独立解决问题。随着知识的增长，儿童会自己重新编制或者重新书写。他们记录所学内容的方式包括项目活动的自制图书、海报、墙面绘画、美工作品、结构图、建构物以及日志等。

（5）教师如何知道儿童的学习正在发生？

教师收集儿童的作品，观察他们正在干什么，并分析他们的作品，这种行为可被称为"建立档案"。学校或中心的课程目标得以落实，档案就是用来确认儿童正在学习的特定目标中的概念和技巧的文件。在项目活动中，我们通常以展示作品的方式来展现儿童正在学习什么。

（6）这是儿童唯一的学习方式吗？

项目教学法是为儿童提供学习经验的方式之一。它整合了很多较正式的教学方式下的学习活动，具有更大的好处。它可以提供机会让儿童运用他们正在学习的能力解决问题，向他人分享他们所获得的项目活动经验，发展团体合作能力（如与别人一起工作），同时促进儿童思考如何应对挑战，而这有助于其脑部的发展。

（7）其他人如何为项目活动提供帮助？

儿童会有自己想要探究的问题，并且正在学习通过你或很多其他资源来寻找问题的答案。认真对待儿童的问题，倾听他们想说的话。为他们提供绘画或拍摄正在学习的东西的空间和机会。当多种感官参与时，儿童的学习效果最佳，因此任何他们可以摸一摸、近距离观察或者听一听的东西都是非常有帮助的。可以带到教室里以供儿童学习的物品，也是有价值和值得感激的（尤其是机器的构成部分、工具、产品的样品等）。我们希望你能追根究底且再接再厉，通过查看已有的档案来了解幼儿在项目活动中究竟如何学习。

项目活动实施流程图

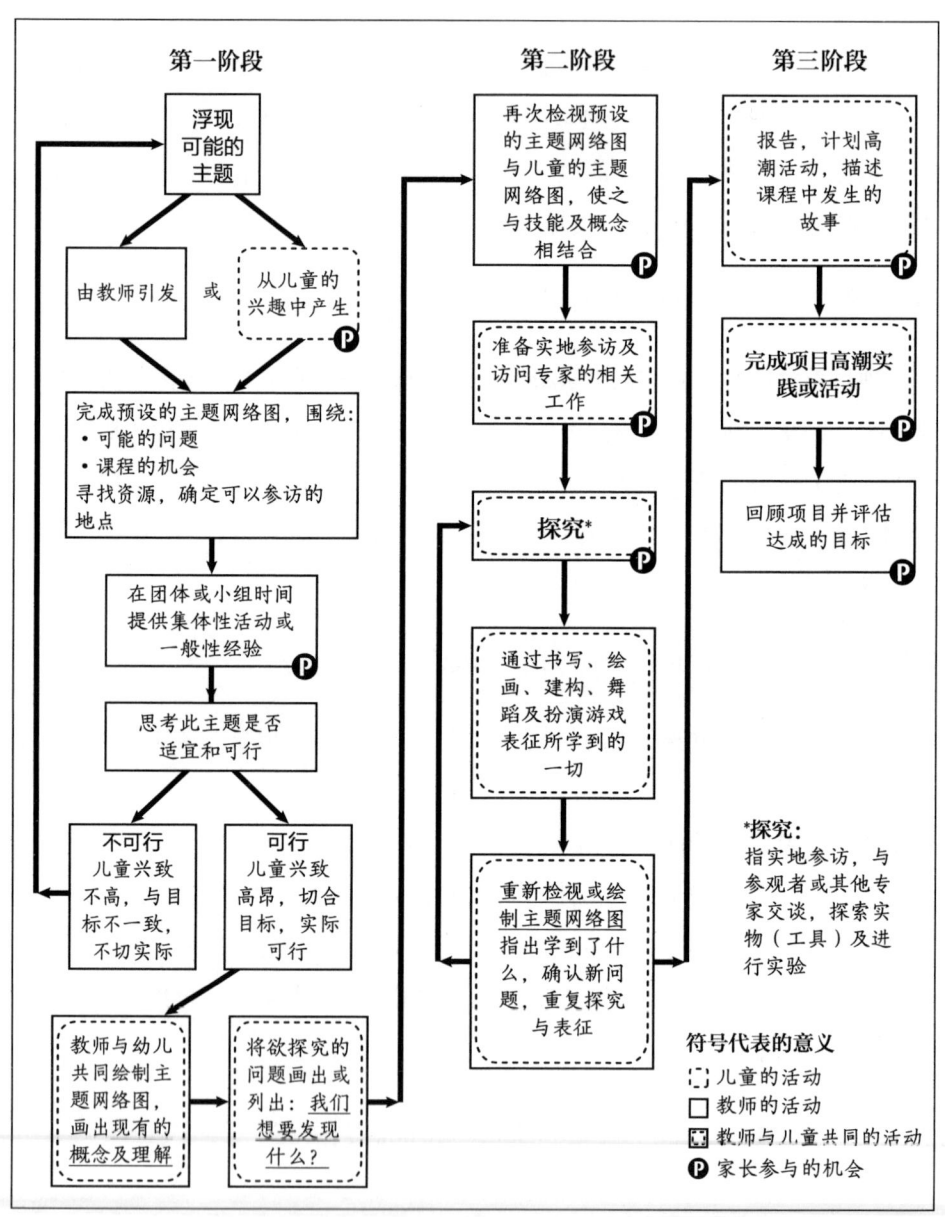

学步儿项目活动实施流程图

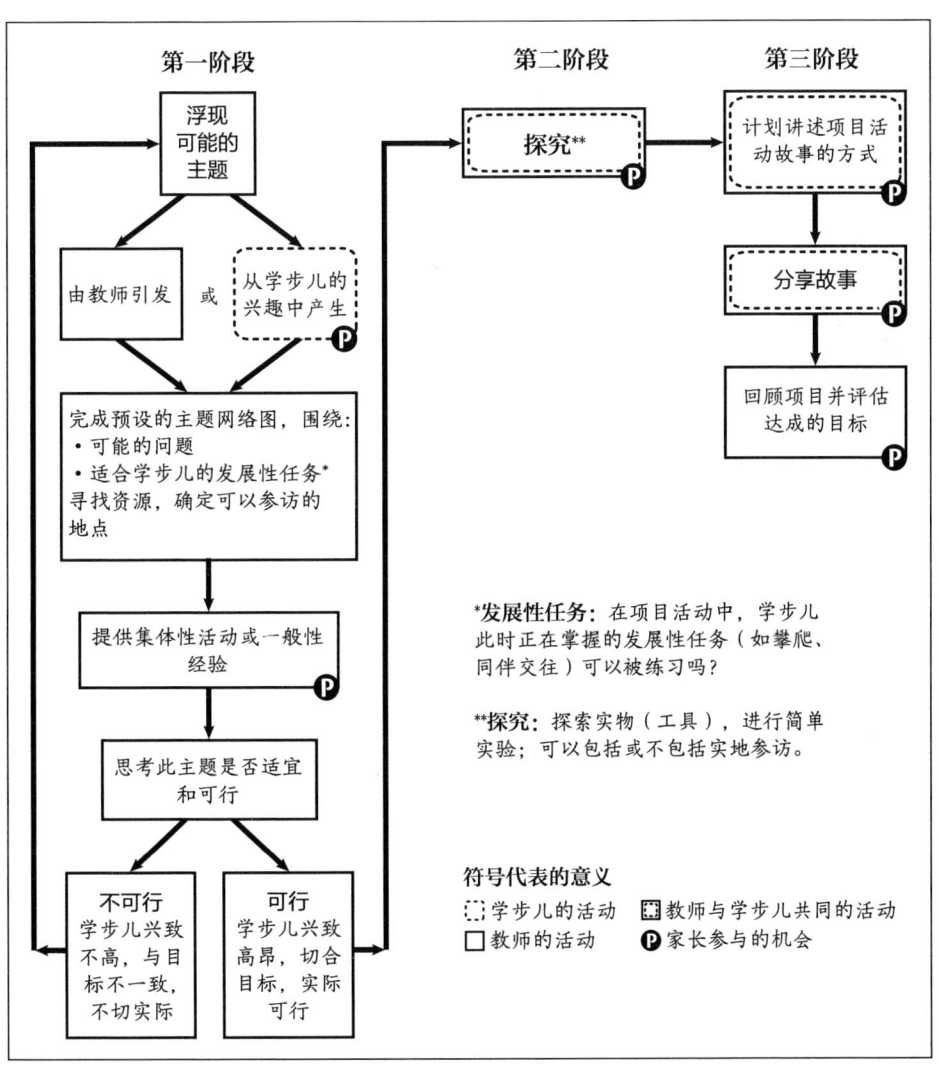

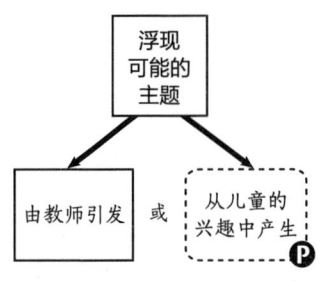

第一阶段·项目活动的开始

明确儿童的兴趣与选择一个主题

哪些主题更可能引起班级儿童的兴趣?

如何了解儿童的兴趣?
☐ 谈话　　☐ 绘画　　☐ 观察　　☐ 提问　　☐ 家长报告

如果没有形成儿童发起的主题,可以从更广泛的主题领域中寻找课程的生成。什么事件或什么学习经验,可以作为寻找主题的起点?到学校周边或附近地区走一走,经常能帮助你识别儿童对什么东西感兴趣。

对照你的课程目标或学习标准思考。这个主题能提供丰富的机会以切实整合相应的课程目标吗?在下面的内容领域中,儿童会自然而然地应用哪些内容?

语言的使用 阅读和书写	数学和工程
科学和技术	社会学习

选择最佳的主题

以下这些问题能帮助你识别哪些主题最有潜力发展为有效的项目活动。你应该能够对大部分问题做出肯定的回答。

- ☐ 这个主题能锚定儿童的经验，并且能帮助他们理解和认识自己的生活世界吗？
- ☐ 这个主题能否为儿童提供足够有价值的经验，是否值得在项目活动中投入相应的教育时间？
- ☐ 与这个主题有关的术语和探究过程，会鼓励儿童近距离地探索和精确观察事物吗？
- ☐ 在探究过程中，这个主题能为儿童提供运用各种技能的机会吗？
- ☐ 与这个主题有关的经验，能促使儿童发展第一章中提到的那些认知品质吗？
- ☐ 这个主题能为儿童提供通过各种形式表征所学内容，并发展表征能力的机会吗？
- ☐ 这个主题偏具体，还是更抽象？
- ☐ 有大量的第一手经验和真实物品（至少25种真实物品——不包括图书或视频）供小小探索家操作吗？
- ☐ 儿童几乎不需要成人协助，就可以自己进行探索吗？在这个主题下儿童可以不依赖图书、网络或视频进行探索吗？
- ☐ 关于这个主题的真实物品和探究过程，儿童不需要依靠成人的榜样示范、演示、图片、绘画以及其他间接的资源，而是通过自己直接学习就能了解吗？
- ☐ 有与主题相关且位于附近的、可以很方便地拜访甚至再次参观的场所吗？
- ☐ 这个主题与儿童及其家庭的文化有关联吗？
- ☐ 有让儿童自己解决问题以及发展高阶思维——分析、评估、创造的机会吗？

☐ 儿童觉得这个主题引人入胜,并对此很感兴趣吗?

☐ 这个主题下的探究能深化儿童对课程核心的理解吗?它可以帮助儿童达到"州共同核心标准"所要求的年龄阶段标准吗?

在这些问题中,最后两个问题强调了开展具有深度的项目活动的重要方面:①儿童对这个主题参与、感兴趣的程度;②促使儿童理解课程核心的潜力。

| 完成预设的主题网络图，围绕：
• 可能的问题
• 课程的机会
寻找资源，确定可以参访的地点 |

制定计划网络图

遵循第六章中所描述的原则和过程，通过编制计划网络图，查看在你的项目活动中，哪些内容可以被整合。

将网络图的复印件或照片单独粘贴在这里。

| **TJ 教师日志：** | 花时间反思选择这个主题的原因。 |
| **选择主题** | 记录下你的想法。 |

你选择这个主题的原因是什么？

这个主题可能的发展方向是什么？

关于这个主题，你已经知道了什么？你还想知道什么？

> 在团体或小组时间提供集体性活动或一般性经验 ⓟ

尝试找到一个主题及项目活动的开始

可以根据几种情况开启项目活动：儿童表现出了兴趣，教师介绍了这个主题，或者儿童和教师对某个主题达成共识（Katz, Chard, & Kogan, 2014）。对幼儿而言，花时间介绍一下主题将是非常有帮助的。

主题：＿＿＿＿＿＿＿＿＿＿ 第一阶段的开始时间：＿＿＿＿＿＿＿＿＿＿

建立共同的经验背景

通过汇总儿童已有的信息、想法和经验，建立关于这个主题的共同的背景知识，形成共享的视角。在初步的讨论中，教师可以鼓励儿童通过多种方式，围绕这个主题进行交谈、玩游戏以及描述目前的理解（Katz & Chard, 1989, p.82）。

儿童的年龄越小，小组的构成越多样，教师越需要花费更多的时间去帮助他们铺垫共同的理解。教师可能需要为儿童提供与这个主题有关的不同经验。关于这个主题，儿童需要拥有足够的知识，后续才能发展出想要探究的问题。

可以通过什么来帮助儿童聚焦主题？

☐ 图书　　☐ 视频　　☐ 相关物品　　☐ 讨论　　☐ 扮演游戏

ⓟ 在聚焦主题的过程中，你将如何发挥家长的作用？

关于这个主题，儿童已经知道了哪些内容？如何将他们的知识记录下来？关于如何探寻儿童的已有知识，详细内容请见第二章。

☐ 网络图　　☐ 问题清单　　☐ 绘画/建构物　　☐ 讨论内容的记录

拓展儿童的兴趣以及建立共同的词汇

哪些资源可以用来激发儿童的兴趣和澄清儿童的问题？

☐ 图书　　☐ 建构材料　　☐ 参观者　　☐ 相关物品　　☐ 家长

你将通过什么为儿童提供展现所学知识的机会？他们是怎样开始探索这个主题的？

☐ 素描/速写　　☐ 油彩画　　☐ 建构物　　☐ 游戏　　☐ 语言作品

可以通过什么鼓励儿童进行表征？

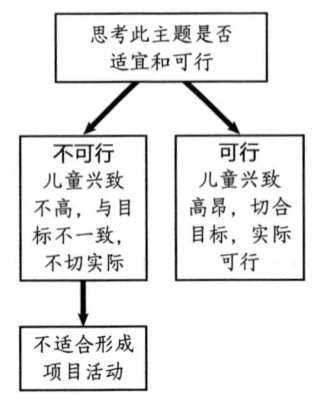

做出主题选择的决定

如果这个主题发展成项目活动,那么它为儿童提供了哪些实践操作机会?

儿童仍然感兴趣吗?你是怎么看出来的?

你能找到哪些实物工具(可以被带到教室里供儿童动手探究)?

你能邀请到哪些专家到班级里?

你已经识别出很多可以整合到项目活动中的课程目标了吗?这个主题特别适合融入哪个课程领域?

是否选择这个主题?
□ 是,继续识别儿童的知识。
□ 否,为项目活动寻找其他主题。

备注:如果这个主题不适合形成项目活动,那么你可以继续把它作为教师主导的单元教学内容来组织儿童学习,或者转换到其他的主题上。接着等候下一个更好的、可以发展成项目活动的主题。

制订收集相关档案的计划

现在请思考如何为这个主题的项目活动建立档案。

请查看下面所列的建立档案的方法。关于建立档案的更多信息，请见第六章或参考《开启儿童的学习之窗》一书（Helm，Beneke，& Steinheimer，2007）。

在这个主题的项目活动中，可以使用哪种建立档案的方法？在项目活动的进行过程中，可以经常回顾此页的内容，并将那些已经收集到的材料记录下来。

- ☐ 项目活动叙事：讲述故事
- ☐ 儿童发展的观察：关于儿童的观察记录
- ☐ 课程知识和技能检核表
- ☐ 逸事记录
- ☐ 儿童的个人作品
- ☐ 个体和小组的发展成果
    - ☐ 体现儿童书面语言发展状况的素材：标志、信件、图书
    - ☐ 体现儿童口头语言发展状况的素材
    - ☐ 网络图和清单
    - ☐ 照片（图片）
    - ☐ 表征性绘画：之前/之后两次对比的绘画、符号性的图片
    - ☐ 音乐和动作
    - ☐ 建构物：游戏环境、雕塑、积木、插塑玩具
- ☐ 儿童的自我反思

可以邀请所在机构（学校或中心）的专职人员来帮助你收集和建立项目活动的档案吗？

P 有家长帮助你建立档案（如拍照、记录儿童的口述语言、录像等）吗？

下面的这个档案计划表，需要教师随着项目活动的推进逐步完善（见第五章）。

"档案收集任务"涉及拍摄照片、记录交流语言等。如果助教承担了这个任务，那么此时通常是寻找其他人承担助教原有工作的时机。例如，教师可以请家长准备小吃。教师还需要提前思考和准备相关的材料和设备。

项目活动事件	可能的档案类型	需要的设备或材料	分配收集任务	收集负责人

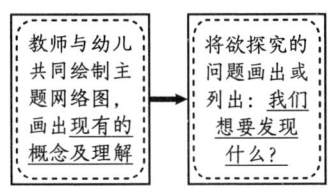

明确儿童已知什么和想要解决什么问题

在一个成员多或少的小组里,可以围绕主题和儿童一起讨论他们已经知道了什么。他们已有的与主题相关的概念和理解是什么样的?以网络图或清单的形式记录讨论的内容。如果你使用了网络图的形式,可以把它单独粘贴在这里。

和儿童一起记下他们想要了解主题的哪些方面。可以概括出哪些问题以形成可能的研究?将讨论的内容记录成网络图或清单。如果你使用了网络图的形式,可以把它单独粘贴在这里。

| 再次检视预设的主题网络图与儿童的主题网络图，使之与技能及概念相结合 ⓟ |

第二阶段·项目活动的发展

项目活动的主题：_____

主题的重点：_____

第二阶段的开始时间：_____

再次检查教师的网络图

现在由于已经明确了主题，教师需要重新检核计划网络图——查看这个主题与之前网络图中预设的主题相比，是否已经发生了很大变化，并且整合了必修课程的目标。详细策略请参考第六章。

| 教师日志：向前看 | 你计划在项目活动中整合哪些课程目标？在开展项目活动之前，你需要为儿童提供哪些经验？ |

制订能满足特殊需要的计划

这是考虑班级里有特殊需要的儿童以及支持他们参与项目活动的良好机会。在你的班级里，哪些儿童在项目活动中可能需要个别化或重点的支持？

面对有特殊需要的儿童，你可以将哪些个别化的教育目标整合到项目活动中？

如何修改或拓展学习经验，以促使全体儿童在项目活动中发挥各自的作用？

在计划项目活动实施以及实地参访的过程中，你将邀请哪些人参与其中？

为第二语言学习者做出哪些必要的调整，才能促使他们完全参与到项目活动中？

> 准备实地参访及
> 访问专家的相关
> 工作
> P

为探究做好准备

这一阶段所强调的是，介绍新的信息和寻找问题的答案。这一阶段包含实地参访，与带真实物品到教室的来访专家进行交流，查阅图书、图片或者其他物品。在这个过程中，鼓励儿童遵循自己的兴趣，解决自己所面临的问题。

你将如何聚焦探究的重点？

☐ 讨论　　☐ 新的网络图　　☐ 问题清单　　☐ 任务分配

备注 / 结果：

你将把哪些其他资源带到教室，以支持儿童更深入地探索？

☐ 图书　　☐ 工艺品　　☐ 拜访者　　☐ 网站　　☐ 建构材料

☐ 家长

备注 / 结果：

需要帮助儿童学习哪些技能？本书的第三章中描述了这些相关的技能，并且介绍了实践和整合它们的策略。在参与项目活动的过程中，儿童会进一步学习这些技能。

☐ 向成人提出问题

☐ 匹配数据

☐ 观察和交谈所见所闻

☐ 进行观察性绘画和实地素描

☐ 运用建构工具和材料，如皮尺、胶水和订书机
☐ 使用黏土
☐ 使用照相机或录像机

你将如何为儿童的实地参访做好准备？
☐ 讨论　　☐ 技能练习　　☐ 事项提醒　　☐ 演练
备注/结果：

制订实地参访的计划

形成日程规划

将实地参访的流程列出来。

安排交通行程

你需要安排前往参访地点的交通行程吗？若带儿童外出，你需要征得家长的同意吗？

与参访地点的工作人员沟通

你将采用什么方式和参访地点的工作人员沟通以及做哪些准备，以便为儿童提供最大限度的探究机会？

- ☐ 电话沟通
- ☐ 提前踩点
- ☐ 包含提醒事项的信函
- ☐ "我们如何学习"的讲义页

与参访地点的工作人员进行沟通所涉及的事项检核清单（见本书的第三章）：

- ☐ 此次参访中的安全注意事项
- ☐ 儿童的探究和第一手经验（尤其是儿童可以直接感官接触的）非常重要
- ☐ 儿童最近已经知道和理解哪些内容

- □ 儿童对什么样的学习感兴趣（分享一些他们可能会问的问题）
- □ 儿童将怎样记录他们的所见所闻和想弄清楚的问题（如录音、录像、绘画、书写、拍照）
- □ 某个任务或活动的演示机会
- □ 儿童可能想要描绘或记录的内容的主题或场景
- □ 可以借到教室里进一步探究的物品（工具、设备、产品等）
- □ 有一位与幼儿有交流经验的向导或主持人非常重要

关于沟通结果的记录：

计划和准备成人志愿者 / 随行者 Ⓟ

有多少儿童将去参观？ _____

需要多少成人随行？ _____

如何帮助成人志愿者提前做好相应准备？
- □ 电话沟通　　□ 罗列要求的信函　　□ 开会
- □ 注意事项的摘要　□ "我们如何学习"的讲义页

涉及成人志愿者的提前准备工作的检核清单：
- □ 此次参访中的安全注意事项
- □ 可能需要特别帮助的特殊儿童的相关信息
- □ 儿童探究和第一手经验的重要性
- □ 儿童与真实物品互动和感官接触的重要性
- □ 儿童最近已经知道和理解哪些内容
- □ 儿童对什么样的学习感兴趣（分享一些他们可能会问的问题）

- [ ] 观摩成人示范绘画、书写和记录的重要性
- [ ] 成人可以怎样帮助儿童记录所见所闻和想弄清楚的问题（如录音、录像、绘画、书写、拍照）
- [ ] 可能的任务或活动的演示、儿童可能会描绘或记录的主题内容与场景
- [ ] 可以借到教室里进一步探究的物品（工具、设备、产品等）
- [ ] 时间流程

为实地参访过程中的表征活动制订计划

列出参访期间可能进行观察性绘画的机会。

将参访期间需要拍摄的照片列出来。

汇总实地参访需要的材料和相关支持设备

在实地参访期间，你需要带上哪些材料或支持设备？
- [ ] 记事夹板
- [ ] 录制设备： [ ] 照相机　　[ ] 摄像机　　[ ] 录音机
- [ ] 纸、铅笔、美工材料
- [ ] 包、盒子或收集材料可用的其他容器
- [ ] 其他

组织儿童 P

在参访过程中,你将如何组织儿童?
- ☐ 把儿童安排给指定的成人
- ☐ 分成有专门任务的小组
- ☐ 纳入一个大组

如何给成人志愿者分配照顾儿童的任务?
将成人所要帮助的儿童列出来,并把儿童分成小组。

探究* P

TJ 教师日志: 实地参访	叙述实地参访期间发生了什么。儿童去了哪里?儿童看到了什么和做了什么?他们和谁互动过?这些经验的重点是什么?

来访专家的安排

会有来访者进入班级教室吗？你需要对教室或某个空间提前安排吗？

与来访专家沟通

你将如何帮助来访专家做好准备，以便为儿童提供最大限度的探究机会？
☐ 电话沟通　　☐ 包含提醒事项的信函　　☐ "我们如何学习"的讲义页

与来访专家沟通时涉及的事项检核清单：
☐ 对于此次来访，需要注意的安全事项（带到教室里给儿童探索的东西安全吗？）
☐ 儿童探究和第一手经验的重要性
☐ 真实物品（尤其是儿童可以直接通过感官互动的物品）的重要性
☐ 儿童最近已经知道和理解哪些内容
☐ 儿童对什么样的学习感兴趣（分享一些他们可能会问的问题）
☐ 儿童将怎样记录他们的所见所闻和想弄清楚的问题（如录音、录像、绘画、书写、拍照）
☐ 某个任务或活动的演示机会
☐ 可以带来让儿童描绘或记录的东西
☐ 可以留在教室里进一步探究的物品（工具、设备、产品等）
☐ 使用儿童能理解的语言的重要性

关于沟通结果的记录：

围绕成人志愿者的计划和准备 Ⓟ

当来访专家到教室时,需要其他成人在场吗?
如果需要帮助,需要多少个其他志愿者?＿＿＿＿＿＿
怎样帮其他成人志愿者提前准备?
☐ 电话沟通 　☐ 罗列要求的信函 　☐ 开会 　☐ 注意事项的摘要
☐ "我们如何学习"的讲义页

与成人志愿者沟通时涉及的事项检核清单:
☐ 此次来访活动中的安全注意事项
☐ 可能需要特别帮助的特殊儿童的相关信息
☐ 儿童探究和第一手经验的重要性
☐ 儿童与真实物品互动和感官接触的重要性
☐ 儿童最近已经知道和理解哪些内容
☐ 儿童对什么样的学习感兴趣(分享一些他们可能会问的问题)
☐ 观摩成人示范绘画、书写和记录的重要性
☐ 成人可以怎样帮助儿童记录所见所闻和想弄清楚的问题(如录音、录像、绘画、书写、拍照)
☐ 可能的任务或活动的演示、儿童可能会描绘或记录的主题内容与场景
☐ 可以留在教室里进一步探究的物品(工具、设备、产品等)
☐ 时间流程

汇总来访专家到教室时需要的材料和相关支持设备

☐ 记事夹板
☐ 录制设备:☐ 照相机 　☐ 摄像机 　☐ 录音机
☐ 纸、铅笔、美工材料

为与来访专家的互动做好计划 ⓟ

在来访专家在教室里参观的过程中,你将如何组织儿童?

☐ 把儿童安排给指定的成人　　　　☐ 分成有专门任务的小组

☐ 儿童可以个别地接触或观察来访专家　☐ 纳入一个大组

成人志愿者如何承担责任?如果他们被分配到不同的小组中,请将小组列在这里。

TJ 教师日志: 来访专家	叙述来访专家到来期间所发生的事情。儿童看到了什么、做了什么?这些经验的重点是什么?

表征所学内容

> 通过书写、绘画、建构、舞蹈及扮演游戏表征所学到的一切

你将如何引导儿童回顾他们的经验和参访经历？

- ☐ 讨论草图
- ☐ 回顾照片
- ☐ 之前/之后两次绘画的比较
- ☐ 口述经验
- ☐ 修改网络图
- ☐ 回答清单上的问题
- ☐ 制作剪贴簿
- ☐ 举办展览

其他：

你将如何鼓励儿童使用间接资源？

- ☐ 介绍图书
- ☐ 增加教室里的选择机会
- ☐ 鼓励游戏、创设游戏环境

儿童如何表征关于主题已经学到了什么？

- ☐ 素描/速写
- ☐ 油彩画
- ☐ 建构物
- ☐ 游戏
- ☐ 语言作品

你将通过什么来鼓励儿童进行表征？

通过这个项目活动，你将如何提供以下经验？

- ☐ 问题解决：儿童通过自己的努力可以弄清楚什么问题？

- ☐ 建构技能的运用，如运用标尺、胶水及组织材料。

☐ 作为小组成员一起工作。

☐ 使用多种方式（如绘画、搭建、扮演游戏、书写、建构、音乐表演等）表征所学内容，并进行交流。

TJ 教师日志：儿童的认知品质	叙述儿童认知品质和探究技能的发展。从项目活动中，你看到儿童表现出了哪些认知品质？儿童是主动地参与到项目活动中吗？

> 重新检视或绘制主题网络图
> 指出学到了什么，确认新问题，重复探究与表征

回顾儿童的主题网络图和问题清单

儿童已经学到了什么？他们找到自己的问题的答案了吗？

儿童形成要探究的新问题了吗？如何才能找到新问题的答案？

什么经验能进一步帮助儿童？
- ☐ 更多的资源（如图书）
- ☐ 实地参访档案的回顾
- ☐ 再一次的专家拜访
- ☐ 更多的表征机会
- ☐ 再一次的实地参观
    - ☐ 参观同一地点
    - ☐ 参观不同地点

可以提供哪些额外的经验？

确定什么时候结束项目活动

- ☐ 儿童对他们的新知识满意吗？
- ☐ 进一步探究所要求的技能（如更难的阅读和书写）是儿童不具备的吗？
- ☐ 儿童对主题不再感兴趣了吗？

如果答案是肯定的，那么项目活动就可以准备结束了。

报告,计划高潮活动,描述课程中发生的故事

第三阶段·项目活动的结束

在第三阶段,儿童的工作将转向完成和总结所学内容。儿童能够"阐述自己知道了什么,使其意义强化且更加具有促进个体发展的价值"非常重要(Katz & Chard, 1989, p. 84)。

与其他人分享我们已经学到的东西

可以收集哪些体现儿童学习的材料并和儿童一起进行讨论呢?
- ☐ 素描/速写　　☐ 油彩画　　☐ 建构物　　☐ 语言作品
- ☐ 最终的网络图　☐ 清单　　　☐ 游戏

与儿童讨论项目活动,他们认为自己学到了什么?

儿童想和谁分享自己的项目活动?

在这个探究中,儿童将如何分享他们所学的东西?
- ☐ 举办展览
- ☐ 游戏环境中的角色扮演
- ☐ 制作项目活动的历史书
- ☐ 书写报告
- ☐ 游戏、戏剧、音乐
- ☐ 制作个人的剪贴簿或作品集
- ☐ 学校展示

- ☐ 面向家长开放的空间 **P**
- ☐ 面向家长开放的展览
- ☐ 带回家的书
- ☐ 社区展览

> **完成项目高潮实践或活动** P

回顾档案

你收集了哪些能体现儿童学习的不同类型的档案？

☐ 项目活动的故事，由教师或儿童讲述的完整的故事或故事片段

☐ 关于儿童发展的观察记录

☐ 与课程目标一致的知识和技能检核表

☐ 儿童作品集或展览中的儿童作品

☐ 儿童关于其工作和所学内容的自我反省

你已经收到了哪些具体的档案资料，以作为呈现儿童学习的证据？

☐ 个别儿童制作的成果作品（速写、油彩画、建构物）

☐ 某个小组集体制作的成果作品（速写、油彩画等）

☐ 数字化记录或教师记录的儿童口头语言发展片段

☐ 网络图和清单（包括第一阶段和第三阶段）

☐ 音乐和动作的使用

☐ 游戏环境（大型结构作品、积木、插塑玩具或某个游戏区的安排）

评估学习中的参与

将参与式学习的概念运用到你的项目活动中（见第五章）。

1. 儿童能对自己的工作和活动负责吗？

    ☐ 对自己的学习过程，他们拥有选择权和决定权吗？

    ☐ 他们能对自己的学习经验承担责任，而且向教师解释或表现他们想要做什么事情了吗？

2. 儿童被他们的工作吸引、全神贯注了吗？

    ☐ 他们在工作中感受到了满足和快乐吗？

    ☐ 他们体验到了解决问题、理解想法或概念的乐趣了吗？

3. 儿童是有策略的学习者吗?
   - [ ] 他们的问题解决策略和技能得到发展了吗?
   - [ ] 他们将在一个经历中所学到的技能运用到另一个相似的经历中了吗?

4. 儿童的合作能力正在发展吗?
   - [ ] 他们可以与其他孩子一起工作吗?
   - [ ] 他们可以告诉其他人自己的想法吗?
   - [ ] 他们能心平气和地处理不同意见吗?
   - [ ] 他们能相互提供支持、建议和鼓励吗?
   - [ ] 他们意识到自己及其他人的长处了吗?

5. 项目活动中的任务具有挑战性和整合性吗?
   - [ ] 任务足够复杂,需要持续数天甚至数周的时间吗?
   - [ ] 任务要求儿童充分思考和运用社会技能才能获得成功吗?
   - [ ] 儿童感受到读写、数学、科学以及沟通技巧的用处了吗?
   - [ ] 所有儿童都被鼓励提出较难的问题、对问题进行界定,并参与对话了吗?

6. 儿童在项目活动中的作品被用来评估他们的学习了吗?
   - [ ] 相关档案能够体现儿童学习以及儿童如何建构知识和创造物品吗?
   - [ ] 这些档案包含儿童个人和团体的努力吗?
   - [ ] 这些档案可以使儿童在项目活动中的认知品质(比如解决问题、提出疑问等)"看得见"吗?
   - [ ] 这些档案包含了半成品和成品吗?
   - [ ] 儿童参与档案收集的过程,而且被鼓励根据档案进行反思了吗?
   - [ ] 儿童被鼓励建立标准(如什么样的观察性绘画是好的,或者什么样的问题是好问题)了吗?

7. 教师能够促进和引导儿童的工作吗?
   - ☐ 教师提供丰富的环境、经验、活动了吗?
   - ☐ 教师鼓励儿童共享知识和责任了吗?
   - ☐ 教师调整信息的难度水平,并根据儿童的需要提供支持了吗?
   - ☐ 教师帮助儿童将新信息与先前的知识建立关联了吗?
   - ☐ 教师帮助儿童发展获取新知的策略了吗?
   - ☐ 教师为儿童提供榜样示范和辅导了吗?
   - ☐ 教师感觉到自己是儿童的合作学习者和共同探究者了吗?

TJ 教师日志: 最后的叙述	写一篇关于这个项目活动的最后叙述。这个项目活动对你和儿童来说是参与式学习的经验吗?如果重新安排,你将如何进一步提高儿童参与的水平?结束后的思考:

| 回顾项目并评估达成的目标 Ⓟ |

项目活动的评估：学会怎样做得更好

| 🆃🅹 **教师日志：项目活动的评估** | 回顾项目活动的档案。关于主题的选择，你有什么感悟？它是一个好主题吗？为什么它会促进儿童的探究？它还有什么不足之处？ |

回顾这份项目活动计划日志中的"第二阶段·项目活动的开展"。儿童获得你希望其掌握的内容知识和技能了吗？

你从项目活动的第一阶段中学到了什么？

你从项目活动的第二阶段中学到了什么？

你从项目活动的第三阶段中学到了什么？

在下一轮的项目活动中，你想做出哪些调整？

对执教同一年龄段的教师或打算探究同一主题的教师，你有什么建议？

参考文献 [1]

American Academy of Pediatrics. (2006). Clinical report: The importance of play in promoting healthy child development and maintaining strong parent–child bonds. *Pediatrics, 119*(1), 182–191.

The American heritage dictionary of the English language (5th ed.). (2011). Boston: Houghton Mifflin Harcourt.

Barrell, J. (2006). *Problem based learning: An inquiry approach.* Thousand Oaks, CA: Corwin Press.

Beneke, S. (1998). *Rearview mirror: A preschool car project.* Champaign, IL: ERIC Clearinghouse on Elementary and Early Childhood Education.

Beneke, S. (2004). *Rearview mirror: Reflections on a preschool car project* [DVD including video and electronic version of Beneke's 1998 book *Rearview mirror: A preschool car project*]. Champaign, IL: ECAP Publications, University of Illinois at Urbana-Champaign.

Berk, L. (2008). *Child development.* Boston: Allyn and Bacon.

Berk, L., & Winsler, A. (1995). *Scaffolding children's learning: Vygotsky and early childhood education.* Washington, DC: National Association for the Education of Young Children.

Berliner, D. C. (2009). *Poverty and potential: Out-of-school factors and school success.* Boulder, CO, & Tempe, AZ: Education and the Public Interest Center & Education Policy Research Unit.

Blakemore, S., & Frith, U. (2005). *The learning brain: Lessons for education.* Oxford, UK: Blackwell.

Bodrova, E., & Leong, D. (2006). *Tools of the mind: The Vygotskian approach to early childhood education* (2nd ed.). Englewood Cliffs, NJ: Prentice-Hall.

Brenneman, K., Stevenson-Boyd, J., & Frede, E. C. (2009, March). Math and science in

---

[1] 为了环保，也为了节省您的购书开支，本书参考文献不在此一一列出。如果您需要完整的参考文献，请通过电子邮箱 1012305542@qq.com 联系下载，或者登录 www.wqedu.com 下载。您在下载中遇到问题，可拨打 010-65181109 咨询。

preschool: Policies and practice. *Preschool Policy Brief, National Institute for Early Education Research, Issue 19.*

Brownell, J. O. (2014). *Big ideas of early mathematics: What teachers of young children need to know.* Boston: Pearson.

Bryson, E. (1994). *Will a project approach to learning provide children opportunities to do purposeful reading and writing, as well as provide opportunities for authentic learning in other curriculum areas?* Urbana, IL: ERIC Clearinghouse on Elementary and Early Childhood.

Bureau of Labor Statistics, U.S. Department of Labor. (2013, May). *Happy Mother's Day from BLS: Working mothers in 2012. The Economics Daily.*

Cadwell, L. (1997). *Bringing Reggio Emilia home: An innovative approach to early childhood education.* New York: Teachers College Press.

Cadwell, L. (2003). *Bringing learning to life: The Reggio approach to early childhood education.* New York: Teachers College Press.

Carle, E. (1984). *The very hungry caterpillar.* New York: Putnam Publishing.

Carrus, G., Pirchio, S., Passiatore, Y., Mastandrea, S., Scopelliti, M., & Bartoli, G. (2012). Contact with nature and children's wellbeing in educational settings. *Journal of Social Science, 8*(3), 304–309.

Catherwood, D. (2000). New views on the young brain: Offerings from developmental psychology to early childhood education. *Contemporary Issues in Early Childhood, 1*(1), 23–35.

Chard, S. C. (1994). *The project approach: A practical guide, I and II.* New York: Scholastic.

Chard, S. C. (1998a). Drawing in the context of a project. In J. H. Helm (Ed.), *The project approach catalog 2* (pp. 1:11–1:12). Champaign, IL: ERIC Clearinghouse on Elementary and Early Childhood Education.

Chard, S. C. (1998b, July 11). *Representation and mastering the medium.* Message posted on Projects-L Listserv. Champaign, IL: ERIC Clearinghouse on Elementary and Early Childhood Education.

万千教育 学前教育类书目

书号	书名	著、译者	定价(元)
幼儿行为观察与应对指导			
2308	0—8岁儿童纪律教育——给教师和家长的心理学建议（第七版）	蔡菡 译	72.00
9138	幼儿行为的观察与记录（第五版）	马燕 等 译	32.00
2045	幼儿问题行为的识别与应对——给家长的心理学建议（第二版）	冯夏婷 主编	58.00
7797	幼儿问题行为的识别与应对（教师篇）（第6版）	王玲艳 等 译	38.00
1262	幼儿活动档案记录与解读（第二版）	马燕 等 译	46.00
幼儿行为观察与应对指导合计			246.00
幼儿园教师专业成长指导			
2547	认识婴幼儿的游戏图式	张晖 等 译	48.00
2113	做会沟通的幼儿教师	胡剑红 等 主编	38.00
2236	幼儿园文案撰写规范与技巧	刘敏 等 著	52.00
2311	幼儿园探究性环境创设（四色）	康丹 等 译	48.00
2056	小脑袋，大问题（四色）	孟晨 译	48.00
2309	破解幼儿园教师的90个工作难题	杜长娥 徐钧 主编	52.00

编号	书名	作者	定价
2112	幼儿园优质教研活动设计方案	朱清 等著	38.00
1781	给青年幼儿教师的建议	吴邵萍 著	40.00
8470	答新手幼儿教师120问	刘洪霞 主编	28.00
1798	幼儿园新手教师指导手册	王芳 等著	48.00
1783	从新手到骨干——幼儿教师专业成长故事	尹坚勤 编著	42.00
1780	幼儿教师追求幸福的方法	余胜兰 著	42.00
9111	做个幸福快乐的幼儿教师 ——为你的专业成长支招	莫源秋 著	28.00
9047	幼儿教师临场应变技巧60例	冯伟群 著	25.00
8930	幼儿教师易犯的150个错误	伍香平 编著	32.00
0070	幼儿教师必知的礼仪规范	向多佳 编著	38.00
9611	幼儿园教师必知的60条教育政策与法规	洪秀敏 编著	34.00
幼儿园教师专业成长指导系列合计			**681.00**
幼儿园教师教学技能与活动指导			
2727	从头到脚玩绘本（全彩）	董旭花 张海豫 主编	78.00
2253	理解儿童心理从绘画开始（全彩）	陈侃 著	38.00
0760	幼儿园备课·说课·听课·评课	俞春晓 等著	42.00
9499	幼儿教师必须修炼的10项教学技能	俞春晓 著	25.00

......
欲了解更多图书信息，请登录：www.wqedu.com
联系地址：北京市西城区三里河路6号院2号楼213室 万千教育
咨询电话：010-65181109，65262933

*本目录定价如有错误或变动，以实际出书为准。